Jean-Claude Kaufmann
Der Morgen danach

édition discours

Klassische und zeitgenössische Texte
der französischsprachigen Humanwissenschaften

Herausgegeben von Franz Schultheis
und Louis Pinto

Band 36

Jean-Claude Kaufmann

Der Morgen danach

Wie eine Liebesgeschichte beginnt

Aus dem Französischen
von Daniela Böhmler

UVK Verlagsgesellschaft mbH

Ouvrage publié avec le concours du ministère français chargé de la Culture – Centre national du livre

Veröffentlicht mit Unterstützung des Französischen Ministeriums für Kultur

Bibliographische Information der Deutschen Bibliothek
Die Deutsche Bibliothek verzeichnet diese Publikation in der Deutschen Nationalbibliographie; detaillierte bibliographische Daten sind im Internet über http://dnb.ddb.de abrufbar

ISSN 0943-9021
ISBN 3-89669-752-8

Titel der Originalausgabe:
Premier matin. Comment naît une histoire d'amour

Einbandgestaltung und Foto: Annette Maucher, Konstanz
Satz und Layout: Claudia Wild, Stuttgart
Druck: Legoprint, Lavis

UVK Verlagsgesellschaft mbH
Schützenstr. 24 · D-78462 Konstanz
Tel. 07531-9053-0 · Fax 07531-9053-98
www.uvk.de

Inhaltsverzeichnis

Einleitung

Wer würde nicht von der Liebe träumen, wer hätte nicht je von ihr geträumt? Und wer würde es wagen, dieses Gefühl, dem doch kein anderes gleicht, zu tadeln oder von sich zu weisen? In dieser unserer Gesellschaft ohne jeden klaren Richtungsweiser, in der sich ein jeder selbst nach dem Sinn seines Lebens befragt, ist die Liebe plötzlich zu dem einen Ideal geworden, auf das sich alle Welt einigen kann. Sie ist sanft oder lodernd, bringt Geborgenheit oder Leidenschaft, sie ist ein emotionaler Schutzmantel, der Zugang zum anderen, der uns vor der egoistischen Kälte der Moderne rettet.

Deshalb erzählen wir uns Geschichten. Wieder und wieder. Liebesgeschichten, die immer wieder auf's Neue beginnen. Sie sind schön wie das Aufbrechen der Gefühle, das uns diese Leichtigkeit verleiht, und manchmal auch traurig, denn es gibt keine wahren Liebesgeschichten ohne Liebeskummer; und immer sind sie erbaulich, denn unseren armseligen, gewöhnlichen Leben fällt es ansonsten alles andere als leicht, sich auf die Ebene unserer Sehnsüchte emporzuheben.

Auch das Paar erzählt sich Geschichten, selbst wenn die Liebe darin nur noch ein leises Relikt ist. Es inszeniert sich in einer Erzählung, die mit Sinn ausgestattet ist und die in Gestalt der ersten Begegnung einen eindeutigen Anfang hat, auf den dann weitere Episoden folgen, welche eine logische Abfolge bilden: erst die stürmischen Zeiten des Anfangs, dann das Sicheinrichten in der Beziehung, schließlich die Ankunft des ersten Kindes und so weiter. Und das ist gut so. Denn man kann nicht leben, ohne sich eine (möglichst schöne) Geschichte seines eigenen Lebens zu erzählen: Wir müssen unablässig an diesem Faden spinnen, der selbst noch so zusammenhanglose Ereignisse verbindet. Das Problem ist nur, dass diese Erzählung die Wirklichkeit manchmal so stark überlagert, dass an letztere nur noch schwer heranzukommen ist – insbesondere, wenn man als Forscher Befragungen zum Leben als Paar durchführen möchte. Denn das, was er durch seine Befragung erhält, entspricht mit ziemlich großer Wahrscheinlichkeit eher dem Familienmythos als der konkrete Wahrheit der Handlungen und Gedanken. Dieses Hindernis muss der Soziologe deshalb mit besonderer Raffinesse umschiffen. In einem meiner früheren Bücher, *Schmutzige*

Wäsche, bin ich dem Problem dadurch begegnet, dass ich ganz präzise Fragen zum Ablauf des ehelichen Alltags und zur Entstehung der Paarbeziehung gestellt habe, die sich alle um den Umgang mit der Wäsche drehten. Daraus ging ein Bild hervor, das sich von den offiziellen Geschichten oft sehr deutlich unterschied.

Was ist die Liebe? Wie entsteht sie ganz konkret? In dieser neuen Untersuchung musste ich einen anderen Trick anwenden, um nicht nur die fixfertigen Geschichten geliefert zu bekommen. Mein Ziel bestand nicht darin (wie es dem Soziologen oft vorgeworfen wird), die Illusionen der Liebe einfach aus einem boshaften Verlangen nach der Zerstörung von Illusionen heraus zunichte zu machen, und noch weniger ging es mir darum, ihren Zauber zu zerstören. Es ging ganz einfach darum, ihre Funktionsweise möglichst genau und präzise kennen zu lernen. Übrigens werden wir am Ende dieses Buches sehen, dass auf der Suche nach einem neuen Imaginären der Liebe ein neuer Zauber entsteht, der den heutigen emotionalen Verhaltens- und Ausdrucksweisen angemessener ist; wir laufen also nicht Gefahr, unsere schönen Emotionen dadurch zu verlieren, dass wir der Wahrheit ins Gesicht sehen.

Was könnte nun dieser Trick sein, um an die Wahrheit der Liebe heranzukommen? Vielleicht einen Gegenstand zu nehmen, der der Wäsche innerhalb der Funktionsweise des ehelichen Alltags vergleichbar ist – beispielsweise das Bett? Die Idee war nicht schlecht, warf aber verschiedene Problem auf, und es erwies sich schließlich als klüger, einen ganz konkreten, wichtigen Moment und einen präzisen, mit diesem Moment verknüpften Kontext zu wählen. Eine der häufigsten Verzerrungen der schönen Geschichten, die wir uns erzählen, besteht darin, den Anfang umzuschreiben, der häufig sehr viel mehr Unsicherheiten aufweist, als später behauptet wird. Ist diese Manipulation erst einmal vollzogen, braucht die offizielle Liebesgeschichte nur noch ihre Logik abzuspulen, unter Umständen einige Widrigkeiten zu beseitigen und eine Stufe nach der anderen zu erklimmen. Und dabei war am Anfang oft noch gar nichts klar.

Der Trick, um dieses täuschende Umschreiben der Geschichte zu vermeiden, bestand nun ganz einfach darin, die Befragung auf einen ganz bestimmten Augenblick zu konzentrieren, noch bevor aus dem Paar ein Paar geworden ist, aber nach der ersten Begegnung. Und da gab es nicht den geringsten Zweifel: Der »Morgen danach«, der

Morgen nach der ersten gemeinsamen Nacht, war der perfekte Moment. Eines der Probleme des Bettes als Analyseinstrument bestand darin, dem Sex einen zu breiten Raum einzuräumen, ohne dass genau bestimmt werden könnte, welche Bedeutung er für die Intensivierung der Gefühle hat. Der Morgen danach hingegen ist eine Art mehrdeutiges Intervall, an dem die verschiedenen konstitutiven Elemente der Liebe ins Spiel kommen können. Die Leidenschaft des Vorabends ist zur Ruhe gekommen, die Atmosphäre ist ruhiger; zärtliche Sinnlichkeit kann das Verlangen jedoch wieder zum Erwachen bringen. Alles ist möglich am Morgen danach, es ist ein besonders inhaltsreicher und offener Augenblick. Paradoxerweise kann gerade der allzu große Reichtum eines Untersuchungsgegenstands dem Forscher manchmal Probleme bereiten, wenn es ihm nicht mehr gelingt, seinen Gegenstand klar einzugrenzen, und er sich darin verheddert statt ihn zu beherrschen. Glücklicherweise bannt der Morgen danach diese Gefahr, indem er eine Zeiteinheit und einen Ort bietet, die eines klassischen Theaterstücks würdig wären. Die typischen Szenen (das Aufwachen, das Bett als Refugium, das Aufstehen, der Gang ins Badezimmer und das Frühstück) spielen sich innerhalb weniger Stunden ab und beschränken sich auf zwei oder drei Zimmer (das Schlafzimmer, das Badezimmer, die Essecke). Der Kontext ist somit auf wunderbare Weise präzise und erlaubt es der Untersuchung, in der Tiefe zu schürfen und einen vielfältigen Reichtum ans Licht zu bringen, ohne befürchten zu müssen, sich zu verzetteln.

Jede Forschung führt den Soziologen in ein anderes Universum, eine ganz besondere Atmosphäre. Diejenige des Morgens danach verströmt eine ungewöhnliche Mischung extremer Gefühle, die gegenseitigem Verstehen normalerweise nicht gerade förderlich ist: Wohlfühlen und Angst, Lachen und quälende Fragen, Vergnügen und Schmerz. Zusammen mit der Einheit von Zeit und Ort bringt dies eine offensichtliche Theatralität hervor. *Der Morgen danach* ist ein visuelles (oder cinematografisches) Buch, was nicht auf meine eigene Absicht oder meinen Schreibstil zurückzuführen ist, sondern auf die außerordentlich präzisen Bilder und Handlungsabläufe, die mir beschrieben wurden. Schritt für Schritt werden Sie mit manchen der Personen vertraut werden, Personen, die Stars wider Willen sind und mit jedem neuen Auftreten ein Stück mehr zu rekurrenten

Helden werden. Es wird deutlich werden, dass der Morgen danach hinter seiner scheinbaren Banalität und Leere, hinter der scheinbaren Bedeutungslosigkeit der Ereignisse, im Gegenteil ein Augenblick des Lebens ist, in dem die verrücktesten Knoten geschürzt werden.

Und die für die Zukunft folgenreichsten. Ich habe tatsächlich überrascht festgestellt, dass dieses – wie gesagt hervorragende – Analyseinstrument nicht nur ein Analyseinstrument war, das es zu erkennen erlaubt, wie Liebe heute tatsächlich zustande kommt. Der Morgen danach ist zugleich selbst ein entscheidendes Ereignis, ein Ereignis, das heute in der Folge von Mikro-Abenteuern, die Auslöser für ein Leben zu zweit sind, das entscheidendste ist. In seiner scheinbaren Bedeutungslosigkeit, mit seinem schlaftrunkenen Erwachen, seinen verliebten oder müden Zärtlichkeiten, seinen Schmusereien zum Füllen der Gesprächslücken, seinen Augenblicken der Scham oder Langeweile, seinen kleinen Gereiztheiten und heimlichen Gedanken, ist der Morgen danach alles andere als ein Nicht-Ereignis. Denn fortan entscheidet sich am Morgen danach die Zukunft des Paares.

Dank

Dieses Buch wäre nichts als ein fleischloses Skelett geworden, wären da nicht die genauen und aufrichtigen Zeugnisse der befragten Personen, die keine Mühe gescheut haben, um in den Hinterstübchen ihres Gedächtnisses Erinnerungen aufzuspüren, die wunderbar lebendig und präzise sind. Danke.

Mein Dank geht auch an Mathilde Perrot für die äußerst professionelle Leichtigkeit, mit der sie die Menschen dazu brachte, über intimste Dinge zu sprechen, an Gaëtan Bénis und Karim Gacem für ihre Beiträge, an Michèle Lalanne-Lestieu für das Geschenk von Pirandello, an Soizic Hidrio, Cécile Lacorre, Bertrand Dreyfuss und Marie-Paule Rochelois für ihre Lektüre des Manuskripts und, wie immer, an François de Singly für seine immer währende Unterstützung.

Teil 1:
Szenen
am Morgen danach

Das Erwachen

»Nur diese unerhörte Minute meines Erwachsens am Morgen muß ich Ihnen doch andeuten. Ich erwachte aus einem bleiernen Schlaf, aus einer Tiefe der Nacht, wie ich sie nie gekannt. Ich brauchte lange, ehe ich die Augen aufschlug, und das erste, was ich sah, war über mir eine fremde Zimmerdecke, und weiter tastend dann ein ganz fremder, unbekannter, häßlicher Raum, von dem ich nicht wußte, wie ich hineingeraten. Zuerst beredete ich mich, noch Traum sei dies, ein hellerer, durchsichtigerer Traum, in den ich aus jenem ganz dumpfen und verworrenen Schlaf emporgetaucht sei – aber vor den Fenstern stand schon schneidend klares, unverkennbar wirkliches Sonnenlicht, Morgenlicht, von unten her dröhnte die Straße mit Wagengerassel, Tramwayklingeln und Menschenlaut – und nun wußte ich, daß ich nicht mehr träume, sondern wach sei. Unwillkürlich richtete ich mich auf, um mich zu besinnen, und da ... wie ich den Blick seitwärts wandte ... da sah ich – und nie werde ich Ihnen meinen Schrecken schildern können – einen fremden Menschen im breiten Bett neben mir schlafen ... aber fremd, fremd, fremd, ein halbnackter, unbekannter Mensch ...«

Stefan Zweig, *Vierundzwanzig Stunden aus dem Leben einer Frau*[1]

»Jener Morgen damals? Oh je, da muss ich aber tief in meinem Gedächtnis kramen!« Georgette hat in ihrem Leben nur einen einzigen Mann gehabt, nur einen einzigen Morgen nach dem ersten Mal erlebt, und das ist lange her, 57 Jahre. Doch die Erinnerungen kommen zurück, eine nach der anderen, und zeichnen mit erstaunlicher Genauigkeit die Konturen dieser Szene.

Nicht bei allen Personen, die wir befragt haben, war das Gedächtnis so gut, selbst wenn der besagte Morgen danach noch gar nicht so lange zurücklag. Das liegt nicht etwa an einem neuronalen Problem von Gedächtnisschwund, sondern an einem der für den Morgen danach typischen Mechanismen, der darin besteht, einen Teil der Beobachtungen und Gedanken zu verdrängen, die das laufende Unternehmen gefährden könnten. Denn hier steht einiges auf dem Spiel. Es geht um nicht mehr und nicht weniger als darum, ob die

1 S. Fischer Verlag, Frankfurt 1995.

Protagonisten sich über diese eine Liebesnacht hinaus auf den gemeinsamen Weg eines wahren »Pas-de-deux« als Paar einlassen werden. Wir werden sehen, wie und warum deshalb eine gewisse Amnesie (Produkt der Blindheit des Augenblicks) nötig ist. Das Paradoxe daran ist, dass dieses wesentliche Ereignis, das heute mehr und mehr zum Gründungsakt von Beziehungen wird, als völlig unbedeutend und voller Zwanglosigkeit erlebt werden muss, um wirksam zu funktionieren. Das passt jedoch dem Interviewer überhaupt nicht in den Kram, denn dadurch ist er dazu verdammt, hart zu arbeiten, um hier und da auch nur ein paar kleine Brocken davon an die Oberfläche zu holen.

Je nachdem, über welches Thema sie reden, sprechen die Menschen nicht auf dieselbe Weise. Mit jedem Befragungsthema taucht der Interviewer in eine ganz spezielle Atmosphäre ein. Das Klima während der hier präsentierten Interviews kann in wenigen Worten folgendermaßen zusammengefasst werden: Lachen, Zärtlichkeit, Nostalgie. Der Morgen danach als solcher ist zunächst eine umfassende Wahrnehmung, die allem, was er beinhaltet, eine bestimmte Färbung verleiht. »Es gehört alles zusammen, da herrscht eine besondere Atmosphäre« (Charles-Antoine). Lachen und Zärtlichkeit, wie sie dann in den Interviews zu Tage treten, aber auch Angst und Unbehagen. Eine nur schwer definierbare Atmosphäre, die sich schon wenige Sekunden nach dem Erwachen einstellt.

Das gewöhnliche Erwachen

Jeder macht tagtäglich die Erfahrung des Erwachens und der Zeit, die er dafür benötigt, um »aufzutauchen und seine Gedanken zu ordnen« (Walter). Die Variationen von Mensch zu Mensch sind hier sehr groß. Deshalb sind die verschiedenen Rhythmen am Morgen danach selten synchron. »Kaum habe ich morgens die Augen geöffnet, stehe ich auch schon auf. Bei ihr ist das anders. Ich kann nicht im Bett bleiben, wenn ich wach bin. Ich muss dann aufstehen und was tun.« Vincent war sehr erstaunt – er verstand Aglaé einfach nicht. »Sie hatte beim Aufwachen völlig andere Gewohnheiten als ich. Bei ihr ist das so im Stil: Sie kommt heim, schaltet den Fernseher an, macht Musik an. Aber morgens – bloß nicht! Nur ja nicht den Fernseher einschalten! Nur ja keine Musik anmachen!« Dieselbe Verhaltensänderung in Bezug auf Konversation. »Sie ist eine Person, die viel redet. Aber inzwischen weiß ich, dass sie in der ersten Stunde nach dem Aufstehen nicht ansprechbar ist.« Beim ersten Mal hatte er gedacht, dieses »komische Gesicht« sei auf eine Migräne als Folge der Exzesse am Vorabend zurückzuführen. Aber sehr schnell musste er sich dem Offensichtlichen beugen: Auch an den darauf folgenden Morgen gestaltete sich Aglaés Aufwachphase, begleitet von einem griesgrämigen Gesicht, langsam und penibel.

Entgegen einer sich hartnäckig haltenden Illusion macht der Zufall der Begegnungen seine Sache nicht unbedingt immer gut: Alban hätte vielleicht besser den Weg von Aglaé kreuzen sollen. Denn er benötigt ungefähr dieselbe Zeit wie sie, um wirklich aufzuwachen. »Manchmal eine ganze Stunde, und dies nicht sonderlich gut gelaunt.« Unglücklicherweise (in dieser Hinsicht) lebt er an der Seite von Lisa, und an ihrer Seite vollzieht sich folglich auch sein schwieriges Auftauchen aus dem Schlaf. »Sie hingegen muss am Morgen unbedingt über alles reden.« Ein unglaublicher Druck. Seit vier Jahren leben sie als Paar, aber in zwei verschiedenen Wohnungen, und dieser unterschiedliche Aufwachrhythmus ist an dieser Entscheidung sicher nicht unbeteiligt. Eine unterschiedliche Geschwindigkeit beim Erwachen ist somit für den Morgenmuffel sicherlich genauso schwer zu ertragen wie für denjenigen, der die mürrische Mine ertragen muss.

Aber ich gehe zu schnell zu Werke. Das Aufwachen teilt sich in mehrere Phasen auf, und ich habe die allererste vergessen, die wenigen Sekunden, die auf genau den Moment folgen, in dem sich die Lider öffnen. Der Schlaf ist kein schwarzes Loch der Gedanken. Er ist gekennzeichnet von Traumphasen, in denen das Gehirn Energie verbraucht und von der Anstrengung ermüdet wie Muskeln. Während der Nacht haben wir ein anderes mentales Leben, das, aus bislang noch weitgehend ungeklärten Gründen, die Taggedanken grundlegend umordnet und neu zusammensetzt (Jovet, 1992). Genau im Moment des Erwachsens erlebt deshalb jeder einen Augenblick der identitären Schwebe, und es geht dann darum, die Anhaltspunkte für seine gewohnte Persönlichkeit so schnell wie möglich zu rekonstruieren. In diesem Punkt kommt es nicht in Frage, sich eine Stunde Zeit zu lassen, wie es Aglaé und Alban im

Hinblick auf die späteren Phasen des Ingangsetzens der Gesten und Gedanken tun. Eile ist geboten. Es besteht Gefahr. Ein zu lange anhaltender Schwebezustand (der über einige Sekunden hinausgeht) könnte unsere innerste Überzeugung davon zerstören, dass wir eine Einheit und unteilbar sind, dass wir immer mit uns selbst identisch und Teil einer logischen, mit Sinn ausgestatteten Geschichte sind. Die ersten Sekunden nach dem Erwachen sind deshalb gekennzeichnet von einer intensiven mentalen Aktivität, die darin besteht, den roten Faden der Existenz wieder aufzunehmen, die biografische Geschichte dort fortzuführen, wo sie am Abend zuvor abgerissen ist.

Unter normalen Umständen verläuft dieser Prozess ohne besonderen Druck. Kaum mit den Fingerspitzen erfühlt oder mit der Nase erschnüffelt, kaum mit dem ersten Blick erkannt verleihen einem allein schon die Orientierungspunkte des Alltags (der Schrank, der seit zehn Jahren unverändert an seinem Platz steht; der Ehepartner, der seit noch längerer Zeit derselbe ist) die Sicherheit biografischer Kontinuität. Es genügt somit, noch einige Details drumherumzubasteln, um den sich ankündigenden Tag so zu beginnen, wie es sich gehört. Je ungewöhnlicher hingegen die Umstände sind (unbekanntes Bett, ungewohnter oder gar überraschender Partner), desto angespannter ist die mentale Arbeit, denn es muss in möglichst kurzer Zeit eine Verbindung zum Vorabend hergestellt werden. Eine länger anhaltende Leere oder sogar ein Zweifeln würde ein wirkliches existenzielles Risiko bedeuten. Man muss, auf die eine oder die andere Weise, den Faden seines Lebens schnellstmöglich wiederaufnehmen. Schon ein einfacher Ortswechsel, wie etwa die Tatsache, in einem Hotel aufzuwachen, führt zu einer kognitiven Mobilmachung, selbst dann noch, wenn diese Erfahrung aus beruflichen Gründen zur Gewohnheit geworden ist. »Das sind keine zehn Sekunden, es ist lediglich ein Millionstel einer Sekunde, bis ich mir sage: ›Hotel!‹, das ist das Allererste. Direkt danach ist alles ziemlich gemischt. Ich sehe die Möbel, die Einrichtung des Zimmers (da gibt es trotz allem Unterschiede), und dabei denke ich darüber nach, wo ich bin, zu welchem Zweck, was das Programm für diesen Vormittag ist, ob ich mich beeilen muss oder nicht ... Aber es ist merkwürdig, zugleich denke ich immer auch über mich nach, über mein Leben, darüber, wer ich in diesem Hotel bin, warum, und über den Unterschied zu meinem Leben zuhause. Das ist alles sehr subtil, aber ich fühle mich doch ein wenig anders, man wacht nicht auf die gleiche Weise auf, man ist zum Nachdenken gezwungen.« Der Morgen danach hält noch sehr viel größere Überraschungen bereit, besonders dann, wenn er nicht von langer Hand geplant war.

»Wer bin ich?«

»Ich schaute mich in dem Zimmer um und fragte mich: Was mache ich eigentlich hier?« Sophie war sowohl über die unbekannte Inneneinrichtung als auch über die plötzliche Entdeckung einer höchst problematischen Person an ihrer Seite erstaunt und geschockt. Alles zusammen bildete ein Ganzes. Ein unverständliches und unerträgliches Ganzes. »Das Erste, woran ich dachte, war Flucht.« Der rote Faden ihres Lebens konnte nur dadurch wieder aufgenommen werden, dass sie diese neue Realität, die sich ihr hier bot, sofort von sich wies. Sie konnte nicht die Frau an diesem seltsamen und feindseligen Ort sein, sie musste unbedingt ihre wahre Identität wiederfinden. Sie musste fliehen, diesen Morgen vergessen und auch die Entgleisungen der vergangenen Nacht, die dazu geführt hatten, dass sie jetzt hier war. Deshalb bildete das alles, die Inneneinrichtung und die problematische Person, auch eine Einheit. Denn alles zusammen musste zurückgewiesen werden.

Die Zurückweisung ist nur selten so hart und entschlossen. Bei Rodolphe sind es eher diese kleinen negativen Morgenerlebnisse, die er regelrecht zu sammeln scheint. »Manchmal bist du am Abend völlig aus dem Häuschen, und am nächsten Morgen hast du dann das Gefühl, das ist nicht die Person, mit der du eingeschlafen bist. Es ist nicht der Riesenunterschied, es ist nicht ... du glaubtest einfach, mit Cindy Crawford einzuschlafen, und du wachst mit Miss Olida auf. Aber trotzdem ...« Und ohne Rücksicht auf jedes Taktgefühl fährt er im Hinblick auf seine aktuelle Partnerin fort: »Ich habe das schon am ersten Tag bemerkt, ihre Augen neigen zum Anschwellen. Das sieht dann morgens etwas merkwürdig aus, da war ich schon überrascht.«

Doch ich sollte kein allzu düsteres Bild vom Morgen danach zeichnen. Denn im Allgemeinen ist die Überraschung eher eine angenehme. Was jedoch keineswegs vor dem identitären Schwebezustand schützt. Die rosa Brille der Verliebtheit bringt einen dazu, zu akzeptieren, was einen für gewöhnlich überraschen oder schokkieren würde, aber die biografische Arbeit, die es zu leisten gilt, ist deshalb nicht einfacher. »Man erwacht und denkt sofort an das, was passiert ist. Die beiden Dinge lassen sich nicht trennen« (Erika). Denn es genügt nicht, einfach den Faden wieder aufzunehmen. Man muss ein neues Drehbuch entwerfen. Franck war schon sehr früh zur Arbeit aufgebrochen und hatte jedes Geräusch vermieden, um Colombine nicht zu wecken. »Am Morgen bin ich aufgewacht und war ganz allein in der Wohnung. Ich habe mich gefragt: Wo bin ich? Was mache ich hier? Wer bin ich? Ich habe ganz schön lange gebraucht, um die Füße wieder auf den Boden zu kriegen.« Und dabei träumte sie heimlich davon, dass diese Nacht nur der Beginn einer langen Beziehung mit Franck wäre. Doch im Moment des Aufwachens ist der Traum zu wenig greifbar, um in dieser Notsituation konkrete Abhilfe zu schaffen. Die Zukunft wird sich in den Momenten entscheiden, die folgen werden. Man müsste klare Gedanken fassen und genau wissen, was man will.

Zu Überraschungen (und mentaler Neuorganisation) kommt es auch dann, wenn die Nacht von langer Hand geplant und bereits in ihren kleinsten Details vorgezeichnet war. Da ist zunächst die Überraschung, sich in einem ungewohnten Raum – »Es war bei seinen Eltern, im Dachzimmer« – und »mit jemandem im Bett« wiederzufinden (Erika). »Wir haben die Augen geöffnet und uns angesehen, wirklich voller Neugier, aber auch Verlegenheit« (Fanny). Pierre ist einer der wenigen, die selbst das geringste Erstaunen leugnen (oder zu leugnen versuchen). »Zwischen der Marinette, die ich vorher kannte, und der Marinette, die ich in meinem Bett entdeckte, gab es nicht den geringsten Unterschied.« Natürlich war das wirklich dieselbe Person, und schließlich hatte er lange davon geträumt, mit ihr an diesen Punkt zu kommen. Die Überraschung beim Anblick von Marinette war deshalb zweifellos von so kurzer Dauer, dass sie schnell aus dem Gedächtnis gestrichen wurde. Und ein Fremdheitsgefühl in Bezug auf die Wohnung stellte sich nicht ein, weil er bei sich zu Hause war. Er gibt indessen zu, dass er angesichts verschiedener scheinbar belangloser Gegenstände einige merkwürdige kleine Schocks verspürt hat. »Man wird sich der Gegenwart des anderen durch kleine ... durch völlig belanglose Sachen bewusst. Du gehst zum Beispiel zur Toilette und entdeckst einen Pullover auf der Couch oder ihren Kulturbeutel im Badezimmer. Und du sagst dir: Hoppla, da ist doch jemand.« Auch wenn er seinem Satz dadurch die Tragweite nimmt, dass er ihn humorvoll beendet, ist es offensichtlich, dass die Verwirrung tiefer ging, als er zugeben und sich selbst eingestehen möchte. Die Gegenstände, an denen sein Blick hängen blieb, waren in der Tat Zeichen einer größeren Erschütterung seiner Existenz. Sicher, er hatte dies vorher schon vage erträumt. Aber an diesem Morgen nach der ersten gemeinsamen Nacht sah er, wie alles ganz konkret unter seinen Augen Gestalt annahm.

»Du blickst ins Dunkel«

In dieser Art von Nächten bedeutet die Nacht nicht nur Schlaf. Das Verlangen lässt die Körper immer wieder erwachen. Und trotz der Müdigkeit öffnen die Gedanken kurzfristig Fenster der Schlaflosigkeit. Im Vorüberfliegen erfasst der Blick Bilder von der Fremdheit des Ortes, Details, Geheimnisse, die der benommene Geist nicht sofort zu durchschauen sucht. Aber er speichert sie heimlich ab. Am nächsten Morgen werden diese Elemente kurz rekapituliert, denn sie können für das Anknüpfen an den biografischen roten Faden äußerst wertvoll sein und vielleicht den Auftakt bilden für ein neues Kapitel der eigenen Lebensgeschichte.

Das ruhige Sammeln vereinzelter Bilder ist auch das Los desjenigen, der schon aufwacht, während der Partner noch schläft (und diese Phase kann manchmal ziemlich lange dauern). »Ich blieb einfach liegen, bewegte mich nicht und wartete, bis er aufwachte« (Anna). Da wird nicht systematisch beobachtet, nicht zu analysieren, zu evaluieren, zu kalkulieren versucht. »Du lässt dich eben treiben, lässt deinen Blick herumschweifen. Du durchbohrst die Sachen nicht mit deinem Blick, sondern es ist einfach nur dieses ›Ach, schau mal an ...‹ Du musterst die Dinge, ohne sie wirklich unter die Lupe zu nehmen« (Anna). Der Blick wandert ziellos umher, und auch die Gedanken gehen auf Wanderschaft. Doch hier und da bleibt der Blick an bis vor kurzem noch unbekannten Formen hängen, die sich jetzt aber bereits in beinahe vertraute Anhaltspunkte verwandeln.

»Ich habe alles zusammengesucht, was ich bereits kannte – hier ein Plüschtier und dort eine Hutschachtel« (Boris). Dieses Vertrautwerden mit den Gegenständen findet anhand von Fragmenten statt, die Träger von Rätseln oder Geheimnissen sind. »Ich war wach, während sie noch schlief. Das ist diese Phase, in der du ins Dunkel blickst, und dann siehst du den Schrank, siehst alles, was sich abzeichnet, die Stereoanlage gegenüber (du versuchst, die Platten zu erraten), die Schutzumschläge der Bücher (du versuchst, die Bücher zu erraten). Und du betrachtest die Klamotten am Fußende des Bettes« (Boris). Das Zimmer des Morgens danach ist immer, immer etwas Neues und zumindest unter manchen Aspekten überraschend, selbst für den Gastgeber. In manchen Fällen (wenn der Besuch am Vorabend der erste war) ist er sogar eine wahre Offenbarung. Denn am Vorabend waren die Gedanken so sehr woanders, dass die Augen nicht sehr gut sehen konnten, verschleiert vom Verlangen, verzerrt von unklaren Gefühlen, zu denen nicht selten auch die Angst zählt. »Das ist etwas völlig anderes. Am Vorabend schaust du viele Sachen an, aber du hast schon nicht mehr den Kopf dafür, es geht dir nicht besonders gut, du sagst dir, Mist, wie werde ich das bloß alles machen? All das und so ... Du zermarterst dir was-weiß-ich-wie das Hirn« (Colombine).

Der Blick ist nicht allein; in aller Stille, aber durchaus geschärft treten alle fünf Sinne in Aktion. Mit ihrer Hilfe versucht der einsam Erwachte zu erfassen, welchen Geistes der Raum ist. »Ich lag da und versuchte, die ganze Atmosphäre zu erfassen. Ich schaute herum, lauschte auf die Geräusche, auf die Stimmen von Menschen, die redeten« (Anna). Vincent ist ein authentischer Stadtmensch, und er ist zufrieden und stolz, das zu sein. »Das klingt vielleicht blöd, aber ich mag es, wenn ich morgens die Autos vorbeifahren höre.« An diesem speziellen Morgen jedoch waren die so vertrauten Stadtgeräusche verschwunden. Im Gegenteil, er fühlte sich eingehüllt in eine dichte Stille, die er als bedrückend empfand, eine Stille, die allenfalls von ein paar ungewohnten Geräuschen gestört wurde. Dem Muhen einer Kuh draußen vor dem Fenster. Und dem Rascheln der Mäuse im Haus. »Da ist ein Speicher oben drüber, der nicht mehr genutzt wird. Es hatte dort Mäuse, die konnte man richtig hören. Ich fand das schrecklich!« Unglücklicherweise war Vincent damit erst am Beginn einer langen Liste unangenehmer Entdeckungen. Sein

Geruchssinn zum Beispiel verhieß auch nichts Gutes. »Es roch nach ... sie hat so einen kleinen Pot-Pourri, ich mag das nicht besonders.« Colombine hingegen fühlte sich vom ersten Augenblick an davongetragen von einem eigenartigen und starken Geruch, der sie in eine Welle von Exotik hüllte. »Es war ein kräftiger, scharfer Geruch, zwischen Chilli und Curry.« Als sie aufwachte, war sie allein. Und doch, dieser Geruch, das war ER, zweifelsfrei ER, in seiner tiefsten Wahrheit. »Man konnte über diesen Geruch seine Gegenwart, die Person selbst spüren. Das war total schön.«

Jeder der fünf Sinne arbeitet auf seine besondere Weise und in speziellen Augenblicken an diesem Morgen der Liebe. Der Geruchssinn und das Gehör nehmen diffuse Informationen auf, die schon im Schlaf oder Halbschlaf gesammelt werden. Während sich der Geruchssinn das ganze Zimmer vornimmt, inspiziert das Gehör auch das Draußen. Auch der Tastsinn tritt sehr früh in Aktion, aber innerhalb eines engen Rahmens, der das Bett kaum überschreitet. »Die Decke, also dieses Oberbett oder wie auch immer das heißt, mit den Fransen, so im Stil 10 cm dick, dieser Oma-Scheiß, weißt du, also ich weiß nicht, wie ich das hingekriegt habe, aber ich hatte das Ding immer irgendwo, wo es nicht hingehörte, diese Scheißfransen. Das hat mich total genervt, auch weil das genau ihr Stil war, dieser blödsinnige alte Kram« (Walter).

»Diese Seite von ihr kannte ich nicht«

Der Mann mit dem verbundenen Ohr gesellte sich für Vincent zu einer ganzen Reihe anderer negativer Hinweise, zum Pot-Pourri, zur Kuh, zu den Mäusen und zu anderen Elementen, die eine Art diabolisches Bestiarium bevölkerten (wir werden später noch sehen, dass auch Spinnen in ihm sehr dunkle Erinnerungen weckten). Und dabei war sein Erwachen doch von der angenehmen Art gewesen, durchflutet von einem zarten Glück. Die Sinne sammeln nicht nur Informationen, die alle miteinander übereinstimmen. Letztere werden vielmehr zunächst in völliger Unordnung zusammengetragen, in einem Puffergedächtnis abgespeichert und auf später verschoben. Und doch setzt sich ein dominantes Gefühl durch, das sehr schnell den Ton angibt. Jeder Morgen danach wird unmittelbar von einer Grundwahrnehmung geleitet, die positiv oder negativ sein kann. »Du spürst sofort, ob der Typ stört oder ob er schon zu einem Teil deiner Wohnungseinrichtung geworden ist. Und auf einer anderen Ebene hast du entweder Lust auf ihn oder er ekelt dich an. Selbst wenn du nicht so weit gehst, spürst du, ob du dich wohl fühlst, ob er ein Teil deines Lebens ist. Das ist nichts, was du denkst, sondern du fühlst es einfach sofort« (Marlène). Und trotz der Mäuse, der Spinnen, des Pot-Pourris und des beunruhigenden Porträts spürte Vincent sofort, dass Aglaé ein Teil seines Lebens war. Die störenden Beobachtungen waren Teil eines mentalen Paralleluniversums, das jenseits dessen lag, was sein Handeln in diesem Moment lenkte. Der Blick ist anders, seine Funktionsfähigkeit hängt vom Wachsein ab (während der Nacht sammelt er nur in Phasen der Schlaflosigkeit Bilder). Aber wenn er in Aktion tritt, sind seine Fähigkeiten ohnegleichen. Denn das Bild beinhaltet eine größere Konzentration von Informationen als das Geräusch oder der Geruch (Kaufmann, 1996). Die Gegenstände reden. Oder besser: Sie könnten reden. Sie treten nur langsam, einer nach dem anderen, aus der Stille hervor. Als würden sie eifersüchtig die Geheimnisse hüten, die sie bergen, und sie nur widerwillig preisgeben. Also schaut Ego, und schaut, und schaut, um sie zum Sprechen zu bringen. Denn er spürt, das sie bedeutende Geheimnisse bergen. »Ich sah die Regale und so, den ganzen Nippes. Und es hingen auch Bilder in ihrem Schlafzimmer, die mir überhaupt nicht gefielen. Das hatte ich zuvor gar nicht bemerkt! Zwei Bilder von Van Gogh (das eine dieses Porträt, du weißt schon ... und das andere weiß ich nicht mehr, welches das war). Ich schaute die Bilder an, und ich weiß nicht, ich war total darauf fixiert, ich mochte sie überhaupt nicht. Ich habe mich gefragt, was sie an diesem Bild wohl interessant fand, diese Seite von ihr kannte ich nicht. Das war nicht die Person, die ich kannte. Nach zwei Wochen kann man jemanden gar nicht kennen.« Vincent hatte gedacht, nach den vierzehn Tagen, die sie sich jetzt trafen, würde er Aglaé wirklich kennen. Just an diesem Morgen, in der perplexen Kontemplation angesichts des *Selbstbildnis mit verbundenem Ohr*, verstand er, dass er sie überhaupt nicht kannte. Er mochte das Bild nicht, dieses Gesicht, den merkwürdigen Verband, die bohrenden Augen, die ihn anzugreifen schienen, ihn ganz persönlich. Es waren zwei Dinge. Er mochte es vom ästhetischen Standpunkt her nicht (er fand es abscheulich und es passte ihm nicht, dass Aglaé es mögen konnte). Und vor allem verstand er das Geheimnis nicht, das das Bild barg, er verstand gar nichts an diesem Bild, das ihm durch seine Undurchdringlichkeit zu verstehen gab, dass er überhaupt nichts über Aglaé wusste. Trotz dieses Unbehagens konnte er seinen Blick nicht davon wenden, in der Hoffnung, doch noch seine geheimen Wahrheiten zu entdecken. »Es war vor allem dieses ›Warum?‹, das ich verstehen wollte.«

Für uns, die wir uns für von Rationalität durchdrungene Wesen halten, mag es erstaunlich sein, dass die rationalsten Gedanken in diesem Augenblick selten die handlungsleitenden sind. Sie haben das besondere Talent, sich mit Vorliebe in dieser Art Parallelgedächtnis niederzulassen. Die Handlung nimmt ihren Lauf, angetrieben von einer positiven Grundstimmung, während einige flüchtige Details als Fragmente von Zweifel und kritischem Nachdenken an einem Nebenschauplatz lagern. Häufig kommt der Blick auf diese Art ins Spiel und öffnet kurze Fenster der Reflexivität, die zur allgemeinen Grundstimmung dieser Szene in Missklang stehen. »Die Tapeten und die Zeichnungen an der Wand habe ich genauer unter die Lupe genommen. Es war komisch, er hatte seine eigene Geschichte, sogar mit anderen, mit anderen Mädchen als mir.« Auch Anna fühlt sich beim Erwachen gut und kann sich gut vorstellen, dass Éric zu einem Teil ihres Lebens wird. Aber ihr Blick bleibt auf all den Hinweisen hängen. An der Wand eine (lange) Liste von Namen, weiblichen Eroberungen, wie Trophäen. Und sie denkt an ihre Gereiztheit von letzter Nacht, als es darum ging, die Schlafzimmertür offen zu lassen, obwohl Éric mit einem Freund zusammenwohnt. Sie hatte sich gesagt, dass diese Art von Gesten bedeuten könnten, dass sie im Vergleich zu seiner Clique nur an zweiter Stelle stand. »Das war eine ganz andere Welt, in die ich da hineinkam, eine ganze Clique von Freunden, in der ich mich an seiner Seite wiederfand.« Éric war nicht bereit, sich für Anna von seinen Freunden zu trennen. Und sie wollte diesen Kindereien nicht so viel Aufmerksamkeit schenken. Dennoch konnte sie nicht vermeiden, dass ihr das Blut in den Adern gefror, als sie ihren eigenen Namen, *Anna*, ganz unten auf der Liste entdeckte. »Daran habe ich dann aber doch herumgegrübelt!« Anna spürte, dass Éric zu einem Teil ihres Lebens werden könnte, deshalb zwang sie sich, den Blick zu lösen und den

Gedanken Einhalt zu gebieten, die sie auf gefährliche Weise mit Misstrauen erfüllen könnten. Sie verdrängte sie mit Humor, nahm die Sache auf die leichte Schulter. »Da standen noch andere Namen daneben, das war schon irgendwie lustig.«

»Wie in einem Film«

Der Morgen nach dem ersten Mal ist weder ein bedeutungsloses Ereignis noch eine beliebige Szene ohne jede Spielregeln. Heimlich sind ganz präzise Mechanismen am Werk. Einer der wichtigsten ist die mentale Gespaltenheit; das Ich ist nicht mehr eins, sondern zwei. Erinnern Sie sich an Colombine. Sie fragte sich, »Wer bin ich?«, und sie brauchte »lange, um die Füße wieder auf den Boden zu kriegen«. Und doch durchdrang sie dieser Geruch von der ersten Sekunde an. Colombine lag da, vollkommen eingehüllt von diesem exotischen Geruch, der ER war. Sie war zugleich sie selbst und woanders, eine Andere. »Ich lag auf dem Teppich – wir hatten nur mit einem Leintuch geschlafen. Ich öffnete die Augen, und da waren überall so asiatische Sachen, ich kam mir ein wenig vor wie in Afrika. Es hatte da diese schwarzen Vorhänge, die so ein bisschen kolonialistisch wirkten. Und ich bin mir vorgekommen wie in einem Film – für dreißig Sekunden, die Zeit, die es dauerte, alle Gegenstände etwas genauer zu betrachten, ihnen Aufmerksamkeit zu schenken.« Die besondere Einrichtung von Francks Zimmer und die Tatsache, dass Colombine alleine aufwachte, verstärkt die Situation noch. Gerade erst den Träumen der Nacht entstiegen, fühlte sie sich davongetragen in ein fiktionales Universum (auch wenn sie dabei die Kontinente ein wenig durcheinander bringt), was dadurch noch verstärkt wird, dass sich ihre Identität in einem Schwebezustand befindet. Doch die Situation ist nicht durch und durch unwirklich; die Person da ist sie selbst und zugleich doch nicht sie selbst. Nun ist ein solches »Switchen« am Morgen danach durchaus üblich, wenn auch in der Regel nicht ganz so ausgeprägt. Nicht jeder schafft es, sich, wenigstens für einen Moment, wie in einem echten Film zu fühlen. Aber jeder kann die subtilen Variationen der inneren Gespaltenheit spüren, indem er mehr oder weniger intensiv in die Atmosphäre des Ortes eintaucht.

Die mentale Gespaltenheit beschränkt sich nicht auf die wenigen Sekunden nach dem Erwachen. Sie durchläuft anschließend eine ganze Reihe von Gegensätzen, die sich paarweise aneinanderreihen, während die cinematografische Illusion langsam verschwindet und immer mehr konkrete Elemente auf rationalere Weise integriert werden. Die größte Überraschung findet übrigens nicht unbedingt gleich am Anfang statt. Denn wenn die filmische Illusion groß ist, kann sich der Übergang vom Schlaf oder Traum bruchlos vollziehen. Erst danach wird die mentale und identitäre Arbeit besonders komplex. Denn es muss zwischen Wahr und Falsch, zwischen Realem und Illusion sortiert werden. »Was ich mich gefragt habe, war: ›Bin ich denn bei der richtigen Person?‹, und: ›Ist das alles auch wirklich wahr?‹« (Colombine). Diese scheinbar einfache Sortierung ist in Wahrheit enorm schwierig, insofern es um nicht mehr und nicht weniger als darum geht, sich ein für allemal zwischen dem alten und dem neuen, noch unergründlichen Ich zu entscheiden.

Agathe hatte nicht das Glück, sich »wie in einem Film« zu fühlen, der Schock des Fremdheitsgefühls war aber nicht weniger groß. Die Folgen der wilden Party vom Vorabend (die, wie wir sehen werden, sehr häufig dem Morgen danach vorausgeht und oft bereits ein etwas schmerzhaftes Aufwachen ankündigt) hätten eigentlich schon gereicht. »Ich war in keinem normalen Zustand, denn ... das Fest am Abend vorher, ein Kater, der Kopf ein völliges Wrack ...« Aber hinzu kamen diese Worte in einer fremden Sprache. »Ich war total überrascht, denn ich war nicht in meiner gewohnten Umgebung (ich war bei ihm). Ich war nicht in meinem Land: Ich wache an der Seite eines Engländers auf, der nicht meine Sprache spricht, und bin gezwungen, unwillkürlich Englisch zu sprechen. Also habe ich mich gefragt, wo ich eigentlich bin. Du drehst den Kopf und sagst dir: Hoppla! Ich muss Englisch sprechen, was mach ich eigentlich hier? Ich war überrascht, sehr überrascht!« Agatha muss nicht nur den roten Faden ihres Lebens wieder aufnehmen und zwischen dem alten und einem neuen, hypothetischen Ich wählen. Sie muss zusätzlich auch noch unmittelbar sehr konkrete Verhaltensprobleme lösen, so tun, als wäre alles klar, Englisch sprechen, ohne sich irgendwelche Fragen zu stellen. Das Erwachen ist nicht immer einfach am Morgen danach.

Das Bett als Refugium

> »Kaum hatte sie die Tür wieder geschlossen, zog sie die Vorhänge zu, und nun kam das Allegro der Rückkehr ins Bett, der erneuten Küsse, des wechselseitigen Geplauders, der Kindheitserinnerungen. Man hatte sich so viel zu erzählen. O Köstlichkeit der Freundschaft, der Augenblicke ohne Begierde. Manchmal zeigte sie ihm mit einem Blick sanften Vorwurfs die noch eben verhüllten Spuren der Liebesnacht, verlangte als Wiedergutmachung zärtliche Küsse auf diese Orden der Leidenschaft, die sie mit Stolz trug, und was dann folgte und für sie beide so interessant war, kann man sich denken.«
>
> Albert Cohen, *Die Schöne des Herrn*[1]

»Wenn der Tonfall umschlägt«

Schon wenige Blicke genügen, um sich darüber klar zu werden, dass es nicht leicht werden wird, das nächtliche Abenteuer fortzuführen. Die Geräusche, Gerüche und Bilder, die man aufgefangen hat, werfen so viele Fragen auf. Zweifellos werden einige Entscheidungen zu treffen sein. Später. Im Moment scheint das Bett, diese warme Höhle, noch wie ein Schutzraum zu funktionieren. Es genügt, sich darin zu vergraben, und schon findet man die Selbstverständlichkeit einer wärmenden Hülle, eines sehr realen (konkreten und süßen) Lebens, jenseits der (fernen und harten) Realitäten des gewöhnlichen Lebens.

Anders ist es, wenn es ein Morgen mit bösem Erwachen ist, wenn Körper und Geist, sobald sich die Augen öffnen, nicht mehr stillhalten können und nur noch eines im Sinn haben: zu fliehen, und zwar weit, weit weg. »Du spürst einen Bruch. Wenn alles ok ist und es dir gut geht, läuft alles mit der gleichen Dynamik weiter, der Morgen ist die Fortsetzung der Nacht und du fühlst, dass es an diesem Morgen weitergehen wird. Aber wenn der Tonfall umschlägt ... Manchmal bist du selbst schon auf halbem Weg weiterzumachen, aber dann spürst du, dass der andere umgekippt ist, dass er, kaum

1 Verlag Klett-Cotta, Stuttgart, 1983.

erwacht, schon woanders ist, dass es nicht so ist wie zuvor« (Marlène). Natürlich sind auch Irrtümer in der Interpretation des anderen möglich. Der Umschwung im Tonfall kann zum Beispiel einzig und allein darauf zurückzuführen sein, dass der Partner kein »Morgenmensch« ist, wie sich Charles-Antoine selbst beschreibt. »Nein, morgens im Bett bin ich nicht sehr gesprächig.« Aber eine überstürzte Flucht aus dem Bett und die Zurückweisung zärtlicher Nähe sind dennoch schlechte Zeichen. »Wenn du gerne bleiben würdest, weil du sie liebst und Perspektiven für eine gemeinsame Zukunft siehst, dann würdest du den Morgen danach am liebsten so lange wie möglich in die Länge ziehen. Wenn es jemand ist, den du erst am Abend vorher kennen gelernt hast, hast du keine Lust, dass sich das lange hinzieht, und der Morgen danach kürzt sich deutlich ab. Ich habe einen Horror vor solchen Vormittagen, die sich hinziehen, mit einer Person, die du einfach nur für eine Nacht mit nach Hause genommen hast. Solche sich ewig in die Länge ziehenden Morgen danach habe ich immer nur mit Mädchen erlebt, mit denen ich dann auch lange zusammengeblieben bin« (Tristan).

Wenn der vorherrschende Eindruck positiv ist, geht es just darum, den Tonfall nicht zum Kippen zu bringen. Denn das andere Leben ist ganz in der Nähe, dort draußen, jenseits des Refugiums Bett, und es ist voller Gefahren, die nur ganz vage wahrgenommen werden. Es ist voller unausweichlicher Brüche: Ist man erst einmal aufgestanden, wird man nicht mehr dieselben sein. Man wird den Tag beginnen müssen, sich angemessen kleiden, über die Fortsetzung dieser Geschichte nachdenken. Im Augenblick noch nichts von alledem. Der geliebte Körper ist da, in all seiner begehrenswerten Einfachheit und tröstlichen Wärme; die sanften Zärtlichkeiten löschen alle Fragen aus. Es genügt, an die Nacht anzuknüpfen, um einen Umschwung im Tonfall zu verhindern. Die Wärme, die Zärtlichkeit, die Nähe bewahren. »Das ist das Wichtige: Gesten der Nähe. Danach ist es dann irgendwie künstlich.« Sogar das Frühstück. »Schon die Zubereitung des Frühstücks bedeutet eine Entfernung vom anderen. Am Morgen danach hast du keine Lust, dich auch nur einen Zentimeter von der Person zu entfernen. Es geht dir gut und du klebst am anderen.« Tristan weiß, wovon er redet. Um Isa eine Freude zu machen (das ist zumindest seine Version der Geschichte), hat er sich angezogen und ist Petit-Suisses, kaufen gegangen, diese kleinen, runden Frischkäse (Isa wird später erklären, es sei vor allem Tristan, der die Petit-Suisses mag). »Damit, dass ich Petit-Suisses kaufen gegangen bin, wollte ich ihr eine Freude machen. Aber mir hätte es ganz gut gefallen, das nicht zu tun und einfach nur so lange wie möglich so weiterzumachen wie am Vorabend. Also im Bett bleiben, im gleichen Zustand, mit denselben Parametern.«

»Die Zeit in die Länge ziehen«

Die Taktik ist also einfach: »sich treiben lassen«, »die Zeit, die man zusammen im Bett verbringt, in die Länge ziehen« (Tristan). Colombine hasst es, wenn äußere Faktoren diesen herrlichen Moment zerstören. »So ein abruptes Aufwachen ist total unangenehm.« Für sie besteht der Traum darin, »mindestens noch eine Stunde in der Liebkosung zu verharren, dabei zu bleiben eben«. »Dabei zu bleiben« bedeutet, den Tonfall nicht umschlagen zu lassen. Um das zu schaffen, müssen zahlreiche Bedingungen gleichzeitig erfüllt sein. Dass einen die Arbeit nicht dazu zwingt, früh aufzustehen. Und dass das Bedürfnis nach Distanz oder einfach nur nach Aktivität nicht stärker ist als die wohlige Anziehungskraft. In dieser Hinsicht sind die Unterschiede von einer Person zur anderen groß. Manche können dem Ruf des Tages einfach nicht widerstehen, das ist wie ein innerer Motor. Wie auch immer die Situation beschaffen sein mag, sie müssen einfach aus dem Bett hüpfen. Das ist in der Regel bei Isa der Fall. Andere hingegen könnten diesen Zustand intimer Umarmung bis in alle Ewigkeit währen lassen. Tristan gehört zu letzteren. »Danach ruft dich sowieso das Leben wieder zur Ordnung. Das ist doch schade. Wenn ich daran zurückdenke, an solche Morgen danach, den ganzen Tag im Bett ...« Denn genau das ist sein Ziel. »Am Morgen nach dem ersten Mal bleibt man wirklich den ganzen Tag im Bett.« Mit einem kleinen Unterschied im Tonfall (den es noch zu entschlüsseln gilt) bestätigt Isa: »Wir sind ewig im Bett geblieben und haben uns einen Film im Fernsehen angesehen.« Tristan würde die minimalistische Variante des Refugiums Bett hassen, von der Agathe berichtet. Doch erinnern wir uns an die mildernden Umstände: Aufgrund der Exzesse des Vorabends ist sie mit einem schweren Kopf aufgewacht und war überrascht, neben sich jemanden Englisch sprechen zu hören. »Im Grunde war es ganz einfach. Ich bin aufgestanden, habe mein Nachthemd angezogen und bin ins Badezimmer gegangen. Davor haben wir uns aber schon noch einen Guten-Morgen-Kuss gegeben.« Solange man sich über sein eventuelles künftiges Engagement in Sachen Paarbeziehung im Unklaren ist, sollte man in diesem Punkt tatsächlich wohl eher eine gewisse Zurückhaltung bewahren. Das Refugium Bett ist keineswegs unbedeutend.

Zweiter taktischer Aspekt: Anders sein als sonst. Die Welt vergessen. »Das ist ein angenehmer Zustand, eine Art abgeschlossenes Universum« (Tristan). Das Tempo drosseln. »Es ist, als würde man einen Gang herunterschalten« (Tristan). Seine Worte und Gesten sanfter werden lassen. »Du achtest darauf, was du sagst, und auch auf deine Gesten: Du brichst nichts übers Knie.« (Tristan). Alles ist Langsamkeit, Behutsamkeit, Wärme. »Emotionalität, Freundlichkeit, Zärtlichkeit« (Charles-Antoine). »Eine liebevolle Atmosphäre, das Erwachen, die Ruhe. [...] Wir fühlten uns wohl, spürten die Wärme, ein angenehmer, von der übrigen Welt losgelöster Moment, den wir miteinander teilten« (Pierre).

Die Zärtlichkeiten sind andere als während der Nacht, haben einen eher beschützenden Gestus. Sie gewinnen an wohlwollender Zuwendung, was sie an Spontaneität verlieren (sie können sogar zu etwas Mechanischem werden). Die Alchimie ist delikat. Schon eine etwas intensivere Umarmung kann zu einer heißeren, intensiveren Umklammerung führen (oder scheint dahin zu führen). »Wir haben uns noch enger aneinander geschmiegt, es war alles noch intimer« (Gabrielle). In Wirklichkeit entsteht dieses Gefühl aus dem heimlich lodernden Feuer heraus, das von schlummerndem Verlangen gespeist wird. Die Ruhe des Bettes als Refugium ist nur eine oberflächliche Illusion. Seine Wärme stammt von einer körperlichen Nähe, die die Sexualität jederzeit wieder neu zum Erwachen bringen kann. »Und dann entdeckt man wieder neu das Verlangen, die Sinnlichkeit. Ich war erstaunt, mich beim Aufwachen so mutig zu fühlen. Ich wollte nur eines, nämlich wieder von vorne beginnen. Ich war wahnsinnig verliebt, noch mehr als zuvor« (Erika). Das Refugium Bett ist ein sehr beschränkter Raum, mit klaren Grenzen nach außen hin, aber voller Ambiguitäten im Inneren. Es weist die Stärken (und die Schwächen) all dieser Zwischenräume auf, die nächtliche Liebe und Sex von der nur allzu oft darauf folgenden Auflösung im Gewöhnlichen trennen. Die Rückkehr zu den Liebesspielen der Nacht ist aber auch eine Art und Weise, die Zeit in die Länge zu ziehen. »Du bist in dieser Hinsicht einfach nur bequem, aber dann wird dir plötzlich bewusst, dass du noch mal von vorne begonnen hast, um noch eine weitere Runde zu drehen.« (Walter).

Tristan hat ganz und gar nichts gegen Begegnungen der heißeren Art am Morgen danach. Sein Streben jedoch zielt auf etwas anderes: Er ist eine Art unwissentlicher Theoretiker des Refugiums Bett. Dieser besondere Moment, in seiner undefinierbaren und zarten Reinheit, ist für ihn nicht mehr und nicht weniger als die Wahrheit des Liebespaares, ja, er IST das Liebespaar selbst, jenseits aller weltlichen Kontingenzen. Er träumt davon, dass sich dieser Augenblick ewig hinzieht. Und er träumt davon, dieses Gefühl der Gemeinsamkeit und des Verschmelzens noch zu verstärken, noch tiefer in die Intimität hinabzutauchen. Sanftheit, Wärme, Zärtlichkeiten – natürlich. Aber auch ein geheimnisvolles Einssein. »Das berühmte Vertrauen im Bett, das hat nichts mit dem Abend zuvor zu tun (und das ist etwas für alte Ehepaare), das kommt erst am Morgen.« »So ein Morgen nach dem ersten Mal, der sich hinzieht, ist wie eine Oase der Ruhe. Du bist mit einer Person zusammen, mit der du zusammenbleiben möchtest, und du entdeckst ... Der Morgen danach ist etwas Schönes, denn er bietet den geeigneten Rahmen, um sich gegenseitig zu zeigen, wie man wirklich ist.« Im Refugium Bett ist somit ein spezielles Verhalten gefragt. »Ein sanfter, wohlwollender, verliebter Blick, kleine Aufmerksamkeiten.« Mit den Worten sollte man zwar durchaus einen Schritt weiter gehen, zugleich aber immer freundlich und zuvorkommend bleiben. »Du lieferst dich dem anderen aus und versuchst zugleich, ihn zu beschützen. Denn er ist schließlich mit jemandem zusammen, den er nicht kennt, in einer Welt, die nicht die seine ist.« Man darf ihn auf keinen Fall vor den Kopf stoßen.

Reden, um den Partner kennen zu lernen. Reden, um zu versuchen, noch einmal diese seltsame Entdeckung eines anderen Ichs in der Erfahrung der Liebe zu erleben, »um sich gegenseitig zu zeigen, wie man wirklich ist« (Tristan). François de Singly hat beschrieben, wie die Interaktionen eines Paares zu einer gegenseitigen Enthüllung des »intimen Ichs« führen (de Singly, 1996). Nun, dieser Mechanismus ist ganz am Anfang besonders intensiv, besonders im Augenblick der morgendlichen Vertrauensbildung in der Schlupfhöhle des Bettes. »Das sind Augenblicke, in denen du Lust hast, über dich selbst zu reden, Augenblicke, in denen ich möchte, dass mich die Person kennen lernt. Deshalb finden nach dem Aufwachen oft lange Gespräche statt. Das ist eine Welt, die mir gefällt. [...] Es ist gar nicht so sehr die Entdeckung des anderen, sondern es geht um mich, es geht darum, mich selbst zu entdecken« (Tristan).

Eine leere Fülle

Doch man sollte keinem Irrtum aufsitzen: Tristan beschreibt uns ein theoretisches Modell, sein Ideal, seinen Traum. Die Wirklichkeit ist nüchterner. Und der Umgang mit ihr deutlich schwerer. Denn das kleinste falsche Wort kann die Magie zerstören. Was redet man mit dem anderen, wenn einem doch (um einen von Tristans Lieblingsbegriffen zu gebrauchen) so viele »Parameter« fehlen, um ihn einzuordnen? Wer ist dieser andere eigentlich genau, der einem zugleich so vertraut und doch so fremd ist? Welche Art von Gespräch erwartet er, und was wird er von dem halten, was man sagt? Wird ihn die euphorische Aufrichtigkeit intimer Geständnisse nicht erschrecken und ihm lästig sein? Oder werden einen im Gegenteil allzu voreilig ausgesprochene Erklärungen nicht in eine Verbindlichkeit schlittern lassen, die man so schnell eigentlich gar nicht möchte? Die morgendlichen Vertraulichkeiten sind mit äußerster Vorsicht zu handhaben; das Terrain, auf dem man zu Gange ist, ist vermintes Gelände.

Der Umgang mit den Worten nach dem Erwachen ist also eine delikate Angelegenheit, und für den Blick gilt das nicht weniger. Er hat eine störende, forschende Kraft, die durch die Überraschung noch verstärkt wird. Doch auch die Tatsache, sich beobachtet zu fühlen, zerstört die Magie. »Wir lagen uns in den Armen, aber wir haben uns gleichzeitig angeschaut, so richtig gegenseitig gemustert« (Fanny). Natürlich kann das auch einfach nur Zärtlichkeit sein, visuelle Umarmung. Aber wer könnte beurteilen, ob es wirklich nur das ist? Wer könnte schon sagen, ob die Wachsamkeit in den Augen des anderen, die ihren Blick auf einen richten, allein ein Ausfluss der Liebe ist oder ob sie dem kritischen Denken entspringt, das sich langsam zu regen beginnt? Der Blick bringt eine Distanz ins Spiel, die in ihrer Komplexität weit von dem selbstverständlichen »Nahkampf« der Nacht entfernt ist. Die Gnade des Bettes als Refugium droht sich aufzulösen, und es gilt, Gegenmaßnahmen zu ergreifen. Das ist der Grund, warum das Refugium Bett selten so ist, wie Tristan es sich erträumt. In der Regel ist der Morgen danach kürzer (nicht jeder ist bereit, den ganzen Tag unter der Decke zu verbringen) und auch banaler im Hinblick auf die Art von Konversation, die stattfindet. Manchmal sogar sehr banal. »Als sie aufgewacht war, haben wir uns noch fünf oder zehn Minuten im Bett unterhalten. Aber wir wussten nicht so recht ... Na ja, wir wussten schon etwas zum Reden, aber das waren eher so Banalitäten wie: Hast du gut geschlafen? Wie viel Uhr ist es?« (Boris). Doch es gibt Banalität und Banalität. Das »Wie geht's?« unter Kollegen oder Nachbarn ist eine Höflichkeitsfloskel, eine Art zu reden, ohne etwas zu sagen, die aber gerade durch ihre Oberflächlichkeit das soziale Band strukturiert (Javeau, 1998). Nun ist Boris aber nicht mit einer Kollegin oder einem Nachbarn zusammen. Er liegt im Bett mit Prudence, die zu lieben er beschlossen hat, noch bevor die Nacht begonnen hat. Er weiß nicht, was er sonst noch sagen soll, er kann einfach nicht. Aber es kommt für ihn auch nicht in Frage, auf die kalte Ebene einer Höflichkeitsfloskel zu wechseln. Die ganze Kunst liegt deshalb im Klang der Worte und in der Intention, die ihnen zugrunde liegt, und es obliegt dann dem anderen, diese Intention zu erraten. Form und Inhalt divergieren – selbst die belanglosesten Sätze werden wie Zärtlichkeiten ausgesprochen. »Hast du gut geschlafen?« wird zur Liebesbotschaft.

»Wir haben uns nicht wirklich angeschaut – wir haben uns erneut geküsst« (Erika). Küsse und andere Liebkosungen sind das, was das Refugium Bett vor den Fragen des Lebens und der Welt rettet und schützt. Sie setzen den Blicken und dem Denken ein Ende, reißen sie ins Vergessen der liebenden Verschmelzung. Viele Küsse sind alles andere als spontan, sondern vielmehr eine Art Verteidigungsmechanismus, um die Zeit der sorglosen Selbstverständlichkeit in die Länge zu ziehen. Sie unterbrechen den Blick durch körperliche Nähe und verdammen das Wort zum Schweigen. Es ist interessant festzustellen, dass derselbe Mund je nach Gebrauch im Stande ist, auf ganz unterschiedlichen Registern zu spielen. Durch den Kuss schottet er den Schlupfwinkel wieder ab und versetzt ihn in die intimere Zweisamkeit der Nacht zurück. Mit freundlichen, sanft gemurmelten Worten versucht er, die Zeit der Verschmelzung zu verlängern. Doch in der Wegbiegung eines Satzes, im hintesten Winkel eines flüchtigen Gedankens, kann der Mund auch eine plötzliche Bresche schlagen, die den Traum von der Einfachheit auf immer ruiniert.

Während des Interviews wurde sich Tristan irgendwann plötzlich bewusst, wie unrealistisch sein theoretisches Modell ist. Das endlose Sich-Hinziehen des Morgens danach und dieses tiefe Vertrauen können leider nur Ausnahmen sein. Im Allgemeinen muss sich das Refugium Bett mit bescheideneren Ambitionen zufrieden geben. »Das sind ganz einfache Dinge, wenn man sich zum Beispiel unter der Decke aneinander schmiegt und ganz natürlich sein kann.« Das heißt aber noch lange nicht, dass er jetzt zu einer vorsichtigeren Definition kommt – seine neue Bescheidenheit bezieht sich ausschließlich auf Worte und Gesten, nicht aber auf den eigentlichen Inhalt seines Strebens. Die »einfachen Dinge« entsprechen einer Art tiefer Wahrheit in der Arglosigkeit der Liebe, die jeder Künstlichkeit entgegensteht. »Man macht eigentlich gar nichts, außer zusammen zu sein.« Der eilige Zuhörer könnte nur auf den ersten Teil des Satzes achten und daraus den Schluss ziehen, dass Tristan eigentlich nichts Großartiges unternimmt, sondern sich damit zufrieden gibt, seine Zeit auf zweifellos angenehme Weise zu verbringen. Doch für ihn ist dieser Satzanfang lediglich die Hinführung auf die Pointe, die damit nur noch stärker betont wird: »zusammen sein«. Nicht nur einer neben dem andern, nicht einmal einander gegenüber. Zusammen, wirklich zusammen sein. Eben gerade weil er mit Isa nichts anderes tut als das, fühlt er die Authentizität ihrer liebenden Verschmelzung, die strahlende Fülle ihrer Beziehung. Diese leere Intensität des Refugiums Bett ist für ihn eine Art Test. Wenn man Glückseligkeit erreicht ohne die geringste Künstlichkeit, ohne irgendetwas anderes als zusammen zu sein, dann »fühlt man genau, dass das von Dauer sein wird.« Erst später kommt dann die Zeit der verschiedensten Gespräche, »über Ferienpläne und solche Dinge, über Organisatorisches.« Sicher, die sind auch interessant, aber nicht zu vergleichen mit der ursprünglichen Reinheit des stummen und naiven Einsseins. Das Refugium Bett ist kein Epiphänomen, aber ein seltener Augenblick jenseits des gewöhnlichen Lebens, und man muss es verstehen, ihn auszukosten.

Ein Paar werden

Man sollte Traum und Wirklichkeit nicht verwechseln: Die liebende Verschmelzung ist eine relativ seltene Erfahrung, die sich nur in sehr speziellen Kontexten konkretisiert: entweder in ihrer sexuellen Erscheinungsform, wenn die körperlichen Leidenschaften das gewöhnliche Denken erschüttern (Vincent, 1986), oder in ihrer emotionalen Erscheinungsform, wenn einen die Leidenschaft der Gefühle an einen unbekannten Ort trägt, wenn sie das Leben versengen und aushöhlen kann (Schurmans, Dminicé, 1997). Man sollte das Refugium Bett und andere Seifenblasen naiven Einsseins, die ein Gefühl des Verschmelzens vermitteln, nicht unterbewerten. Aber sie bleiben immer zerbrechlich, unsicher.

Frage an Tristan: Auf welche Weise verifiziert er die Ergebnisse seines Tests? Was das betrifft – kein Problem. Es ist die Intensität seines Wohlbefindens, die ihm sagt, ob diese Beziehung etwas für länger ist. Aber wie kann er sicher sein, dass Isa dasselbe empfindet? Ganz offensichtlich interessiert ihn diese Frage kaum und er weicht aus. Für Tristan ist das Erlebnis der Intensität der Liebe im Refugium Bett eine strikt persönliche Erfahrung. Und er ist von dem Paradox, dass er die liebende Verschmelzung individuell erlebt, auch nicht im geringsten irritiert.

Nun erzählt uns aber Isa eine vollkommen andere Geschichte. Nach außen hin sind die Fakten ungefähr dieselben (sie sind tatsächlich den ganzen Tag im Bett geblieben). Doch sie verleiht ihnen nicht dieselbe Bedeutung. Sie hätten nichts weiter gemacht als sich treiben zu lassen, hätten es kaum erwarten können, unter der Decke ihre Petit-Suisses zu essen, und dabei im Fernsehen einen Film angesehen. Eine Art faules Durcheinander, ein Sich-Gehenlassen, das nicht unangenehm ist, wenn es nicht allzu oft wiederholt wird. Mehr nicht. Und was das Faulsein angeht, möchte Isa noch etwas hinzufügen. Sie mag das Faulsein, den Müßiggang nicht – das lässt sie auch morgens aus dem Bett springen. Tristan hingegen ist ein unverbesserlicher Slacker, der gar nicht merkt, wie die Zeit vergeht, und zum Aufwachen immer sehr lange braucht. Er würde ohne den geringsten Skrupel stundenlang im Bett bleiben. Jener Morgen danach war also nur eine Extrapolation seines gewöhnlichen Verhaltens.

Aber warum ist auch Isa den ganzen Tag im Bett geblieben? Fand sie das nicht unangenehm? Am Ende des Interviews erinnert sie sich schließlich doch noch (eine fast ausgelöschte Erinnerung, die weit in die Tiefen des Gedächtnisses verbannt war), dass es etwas gab, dass sie vom Aufstehen abhielt. »Er war beim Aufwachen sehr, sehr zärtlich, sehr, sehr zärtlich.« Tristan hatte mit der Ambiguität des Refugiums Bett gespielt und diesen undefinierten Zwischenbereich mit besonders zärtlichen Zärtlichkeiten gefüllt, um zu verhindern, dass sie allzu früh aufstehen würde.

Wir haben es hier also mit zwei verschiedenen Definitionen einer Situation zu tun, die doch so intensiv gemeinsam erlebt wurde. Die Akteure meinen nur allzu oft, sie würden dieselbe Partitur spielen, während ihre Einheit in Wahrheit nur auf dem äußeren Schein gründet (Corcuff, 1998; Thévenot, 1998). Tristan und Isa geben den Ereignissen, die unter der Decke stattgefunden haben, eine völlig gegensätzliche Bedeutung. Das liegt an einer Reihe von konkreten Gründen: weil sie nämlich nicht dieselben Aufwachgewohnheiten und nicht dasselbe Verhältnis zur Zeit haben. Aber es liegt auch und vor allem daran, dass sie sehr unterschiedliche Vorstellungen davon haben, wie eine Paarbeziehung beginnt. Tristan glaubt, dass alles an diesem Morgen danach passiert, besonders während der sensiblen Phase im Refugium Bett: Jeder muss dann spüren, ob das etwas von Dauer ist oder nicht. Der Morgen danach ist nicht irgendein Mikro-Ereignis, sondern der Gründungsakt. In gewisser Weise glaubt auch Isa, dass der Morgen danach eine Schlüsselrolle spielt. Aber auf eine sehr paradoxe Weise, nämlich indem er als Ereignis verschwindet und durch und durch unbedeutend wird, damit der Fluss des nun partnerschaftlichen Lebens besonders gut und ungehindert fließen kann, so als ob überhaupt nichts geschehen wäre. Wir werden später die Mechanismen dieses merkwürdigen Paradoxes noch genauer betrachten, das den Morgen danach zum Verschwinden bringt, nur um seine Kraft noch mehr zu verstärken.

Für den Augenblick möge es uns genügen festzustellen, dass dieses Paradox das, was für Tristan ein Liebesbeweis ist, in kritikwürdige Faulheit verwandelt.

Das Aufstehen

»Das trifft sich gut, sagte er sich, denn beim Obstessen hielt sie sich immer außerhalb des Bettes auf. Er dankte, sagte ja, darauf hätte er jetzt Lust. ›Ich bringe es Ihnen sofort!‹ sagte sie beflissen. Er fuhr sich über die Nase, peinlich berührt von ihrer Dienstfertigkeit. ›Aber sehen Sie mich bitte nicht an‹, sagte sie, ›denn ich bin jetzt leider nicht präsentabel.‹
Er war an diese seltsamen plötzlichen Anfälle von Keuschheit gewöhnt und schloß die Augen, aber er öffnete sie sogleich wieder, angelockt von dem, was sich ihm da bot. Immer wenn er sie von hinten nackt und in Bewegung sah, überkam ihn Mitleid. So schön sie war, wenn sie ausgestreckt dalag, so war sie immer ein bißchen lächerlich, wenn sie nackt umherging, rührend und lächerlich in ihrer wehrlosen Weichheit, so verletzlich, gefolgt von den beiden wippenden Rundungen über ihren Schenkeln, diesen Rundungen der Schwäche, zu großen Rundungen, wie es bei Frauen zu sein pflegt, absurd und schwer und breit und so wenig für den Kampf geschaffen. Verzaubert und schuldbewußt betrachtete er sie, als sie sich bückte, um ihren Morgenrock aufzuheben, und er hatte Mitleid, unendliches Mitleid der Liebe, wie mit einem Gebrechen, Mitleid mit dieser zarten Haut, dieser zu schmalen Taille, diesen beiden unschuldigen Rundungen.«

Albert Cohen, *Die Schöne des Herrn*[1]

Schamgefühle

Wie groß die Reize des Bettes auch sein mögen, man kann nicht ewig dort bleiben. Aus tausend verschiedenen Gründen. Die Arbeit ruft, manchmal sogar in aller Frühe (manche Morgen danach sind deshalb sehr kurz), man hat Hunger oder Durst oder einfach nur den Wunsch, sich zu dehnen und zu strecken. Oder sich unter der Dusche frisch zu machen. Und dann ist da noch dieses dringendere Bedürfnis, das einem die Natur diktiert. Also muss man das Bett verlassen – egal, ob einen das freut oder man es bedauert.

1 Verlag Klett-Cotta, Stuttgart, 1983.

Genau in diesem Moment wird man sich eines Bruches bewusst. Auch wenn man nicht ausdrücklich daran denkt, fühlt man mehr oder weniger deutlich, dass die Spielregeln im Begriff sind, sich zu ändern. Etwas verändert sich in dieser Welt, die über die Situation bestimmt. Die Personen, die Einrichtung, die Gegenstände sind noch dieselben. Und doch gleiten die Bedeutungen heimlich (aber schnell) in neue Richtungen ab. Entgegen dem, was er von sich glauben machen will, ist der Morgen danach kein ruhiges Kontinuum. Er ist im Gegenteil gekennzeichnet von einer Folge höchst unterschiedlicher Sequenzen, in denen nicht dasselbe auf dem Spiel steht und die nicht mit denselben Gedanken und Verhaltensweisen einhergehen. Insbesondere das Aufstehen steht für einen deutlichen Übergang von einer Phase in die nächste.

Verschiedene Umstände können dazu führen, dass dieser Bruch weniger stark wirksam wird, zum Beispiel, wenn der eine Partner noch schläft. Oder umgekehrt, wenn er bereits aufgestanden ist. Dann ist das Aufstehen weniger problematisch. Aber wenn beide in derselben Position sind, lässt sich nicht selten die Anwendung wahrer Guerilla-Strategien beobachten, um den geliebten Rivalen dazu zu bringen, als erster die Initiative zu ergreifen. »Ich habe darauf gewartet, dass er endlich aufsteht ... Angst! An diesem Morgen nach der ersten gemeinsamen Nacht als Erster aufzustehen, das ist schon ein komisches Gefühl! Du bist es nicht gewohnt, und schließlich musst du ganz nackt den sicheren Schutzraum verlassen. Trotz der Tatsache, im selben Bett aufgewacht zu sein, fühlt sich das ziemlich merkwürdig an. Das läuft dann nach dem Motto: Wer steht zuerst auf? Wer wagt es, als erster die Hüllen fallen zu lassen?« (Colombine)

Warum hat Colombine Angst? Ist es die Angst, sich nackt zu zeigen, ist es Scham? Das wäre aus ihrem Munde schon ziemlich seltsam, schließlich zieht sie sich völlig ungezwungen, ohne die geringste Scham aus, sobald ein Minimum an gesellschaftlichen Konventionen dies zulässt. Im übrigen war sie in der Nacht zuvor weniger schüchtern gewesen. Um vier Uhr morgens, im Überschwang dieses ganz besonderen Augenblicks, hatte sie Franck (der nicht gewagt hatte, sich zu widersetzen, aber in Angst und Schrecken versetzt war) dazu gebracht, die Wohnung »vollkommen nackt« zu verlassen, um die Straße zum Meer zu überqueren und dort ganz allein zu baden. Nicht ganz allein, um ehrlich zu sein, denn einige nächtliche Spaziergänger zwangen Franck zu ziemlich extravaganten Verrenkungen, die Colombine vor Lachen herausplatzen ließen und sie noch heute zum Lachen bringen. Sie hingegen hatte die Straße, die immerhin beleuchtet war, in aller Ruhe, aufrecht und nackt überquert.

Warum also hat Colombine solche Angst, diese Nacktheit am Morgen, allein mit Franck, zu zeigen, eine Nacktheit, die sie doch in der liebenden Intimität der Nacht längst entblößt hat? Weil es »ein komisches Gefühl« ist, weil es sich »ziemlich merkwürdig anfühlt«, antwortet sie. Es ist tatsächlich schwierig, die komplexen Faktoren genau auf den Punkt zu bringen, die eine Situation verändern. In den meisten ungewohnten Kontexten nehmen die Akteure die Veränderungen entweder intuitiv wahr oder sie konzentrieren ihre Interpretation auf ein einfaches Element, das leicht zu identifizieren ist und die Komplexität dahinter verschwinden lässt. Colombine ist dazu verdammt, in diesem Punkt sehr vage zu bleiben, weil sie sich der Standarderklärung – nämlich des Schamgefühls – nicht bedienen kann, denn normalerweise ist sie alles andere als schamhaft. Andere, die eher schamhaft sind, sprachen deshalb ohne Punkt und Komma über dieses berühmte Schamgefühl, das anscheinend ihre Schwierigkeit erklärte, das Bett zu verlassen. Ein bequemer Vorwand, diese Scham. Aber es gibt sie nicht wirklich. Bevor wir versuchen zu schauen, was sich hinter ihr verbirgt, sollten wir aber erst einmal beschreiben, wie sie sich manifestiert.

Die Scham ist alles andere als eine objektive, historisch konstante Tatsache (Bologne, 1986). Die Brüste, das Geschlecht und der Hintern wurden in den verschiedenen Kulturen auf vielfältigste Weise mal verhüllt, mal enthüllt, was deutlich macht, was Kleidung wirklich ist: eine sehr viel stärker kulturelle als einfach nur technische Hülle. Hier nackt ist nicht unbedingt auch dort nackt, gestern nackt ist nicht unbedingt auch morgen nackt (oder umgekehrt). Im übrigen knüpfen sich selbst in ein und derselben Gesellschaft die Kriterien dafür, wo Schamlosigkeit beginnt, auf sehr spezielle Weise an bestimmte Kontexte. Nacktheit in der Arztpraxis ist legitim, und ein normaler BH (der kein Bikinioberteil ist) führt am Strand zu größerer Erschütterung als eine vollständig entblößte Brust. Jeder muss diese impliziten und häufig sehr komplexen Regeln, die sich von einer Situation zur anderen unterscheiden, beherrschen (Kaufmann, 1996). Das Aufstehen aus dem Bett ist ein gutes Beispiel für diese wechselhafte Komplexität.

Auch von einem Individuum zum anderen sind die Unterschiede groß. Das Ich ist Teil einer Familiengeschichte, die von Kindheit an Gewohnheiten im Umgang mit der Nacktheit geformt hat, die später nur schwer verändert werden können. Im Zeitraum einer einzigen Generation, also innerhalb kurzer Zeit, haben die europäischen Gesellschaften die Nacktheit in der Familie entdeckt und zum Allgemeingut gemacht. Die Zwischengenerationen, die ihre Eltern niemals ohne Kleidung gesehen haben, zeigen sich nun ohne die geringste Scham ihren Kindern. Hinter dieser allgemeinen Entwicklung verbirgt sich jedoch eine extreme Ausdifferenzierung der Verhaltensweisen. Es gibt keine zwei Menschen, die genau dieselbe Auffassung von Scham und Nacktheit haben, im Gegenteil, die Unterschiede können beträchtlich sein. Ein gewisser Schock über die kulturellen Unterschiede ist am Morgen danach somit unvermeidbar.

Sie verblassen jedoch in dem Maße, wie die Schamgrenzen sinken. In der Untersuchung sind wir sogar auf einige (eher männliche) Fälle sehr großen Wohlbefindens gestoßen, das (im Unterschied zu Colombine) sogar den delikaten Moment des Aufstehens mit einschloss. Aber das ist selten. In der Regel kommt es in diesem konkreten Augenblick plötzlich zu Schamgefühlen. Es lohnt sich übrigens, das Beispiel von Colombine noch einmal genauer zu betrachten. Denn kaum war sie aus dem Bett, hatten sich ihre Sorgen schon wenige Sekunden später in Luft aufgelöst. »Überhaupt kein Problem. Ich habe mir gesagt, wenn er schon diesen Schritt auf mich zu gemacht hat, dann nimmt er mich auch so, wie ich bin. Selbst wenn ich total mies gebaut wäre, mit so schrecklichen Dingern, dann hätte er mich doch genommen, wie ich bin. Ich hatte also keinen Grund, mir irgendwelche Komplexe einzureden. [...] Der Körper muss atmen, da gibt es nichts zu verstecken.« Ihre Geschichte zeigt (mehr als die anderer, bei denen das Schamgefühl auch sonst groß ist), in welchem Maße der Morgen danach für das Aufstehen einen ganz spezifischen Kontext bildet.

Verschleierungstaktik

»Das große Problem bestand darin, wie ich mich wieder anziehen sollte. [...] Ich musste mich irgendwo verstecken. Ich fragte mich, ob ich nicht am Boden entlang kriechen sollte, um zu meinen Klamotten zu kommen (während ich mich am Abend vorher vollkommen anders verhalten hatte!). [...] Schließlich bin ich aufgestanden und habe versucht, ein Leintuch oder sonst irgendwas, was da rumlag, um mich herumzuwickeln, und so bin ich dann ins Badezimmer gegangen und angezogen wieder herausgekommen.« Sophie versteht das nicht. Genau wie Colombine ist sie eigentlich nicht sonderlich schamhaft. Und doch war sie in diesem merkwürdigen Augenblick auf törichte Weise verkrampft, ohne etwas dagegen tun zu können. »Ich wollte nicht, dass er mich so sieht, als wäre das eine Verletzung meiner Person.« Und dabei war sie in der Nacht vollkommen anders gewesen, frei, und sie hatte sich in ihrer Nacktheit sehr wohl gefühlt, wie auch in ihren anderen Liebesnächten. Doch unglücklicherweise hatte sie auch diesmal – wie an all den anderen Morgen danach – in Bezug auf die Natur der Beziehung zu der »Person, die da ist« eine seltsame Veränderung wahrgenommen. Die Situationsdefinition hatte sich verändert, aber auch sie selbst, ganz persönlich, hatte sich zutiefst verändert. »Der Morgen, das ist der andere Teil von mir.«

Dass man die Gründe für diese ununterdrückbare Angst nicht versteht, erklärt auch die Art und Weise, wie man sich dann anzieht: diskret, verstohlen, sich seiner selbst schämend. Zur Last des nackten Körpers gesellt sich auch noch die Verwirrung aufgrund dieser auf idiotische Weise eiligen und ungeschickten Gesten. Zum Glück ist das Ganze schnell vorüber, und die »Person, die da ist« kriegt kaum etwas davon mit. Diese beiden sich gegenseitig überlagernden Formen von Schmach (das Schamgefühl und der Ärger über sich selbst) sind jedoch von kurzer Dauer und schon bald wieder vergessen. »Ich weiß nicht mehr, ob es das T-Shirt war oder der Slip, den ich unter der Bettdecke angezogen habe, aber ich erinnere mich, dass ich mich einer Art Verschleierungstaktik bedient habe« (Anna). Es geht darum, sich vor den Augen des anderen zu verstecken, ohne dass es der Partner merkt. Also bitte keine übertriebenen Bewegungen. Es wird geraten, im höchstmöglichen Maße die als »normal«

betrachteten Gesten beizubehalten und sie, wenn nötig, allenfalls ein wenig zu beschleunigen, aber nicht übertrieben. Sich zum Beispiel, wie Fanny, für die paar Meter, die zum Badezimmer zurückgelegt werden müssen, nicht anzuziehen und sich letzterem natürlichen, aber durchaus zügigen Schrittes zu nähern. »Es waren drei Meter bis zum Badezimmer. Ich habe sie ganz nackt zurückgelegt, aber ich hab das fix gemacht, hab mich beeilt. Der Weg erschien mir ziemlich weit!« In den meisten Interviews wurde gesagt, dass sich die Dinge in dieser Aufstehszene schnell abspielten. »Ich bin aufgestanden und habe schnell nach meiner Unterhose gesucht« (Pierre). Aber ebenso oft wurde die Selbstkontrolle betont, das Bemühen, die Handlung nicht allzu sehr zu überstürzen, seine Angst nicht zu offenbaren, ein Minimum an Gelassenheit zur Schau zu stellen. »Na ja, ich habe mir schon ein Nachthemd angezogen, aber nicht so übertrieben verschämt« (Agathe); »Shorts und ein T-Shirt, das geht ruck-zuck, ja nicht übertreiben« (Juliette).

Da sind also widersprüchliche Strategien am Werk – das Ganze ist gar nicht so leicht zu bewältigen. Dies gilt umso mehr, als die materiellen Bedingungen des Ereignisses die Schwierigkeiten noch vergrößern können. Wenn man zum Beispiel nicht bei sich zuhause ist und es an bequemer Kleidung fehlt, die in diesem Moment so praktisch wäre (nur selten steht für den Morgen danach ein Koffer bereit). Oder wenn sich die Räumlichkeiten für eine Ästhetik der Gesten, die ein zentrales Element der Verschleierung bildet, nicht eignen. »Es war fast ein wenig schade, aber sich auf eine bestimmte Weise anzuziehen, hätte bedeutet, das Zelt verlassen zu müssen. Und aus dem Schlafsack heraus zu kriechen. So ein Zelt ist eben nicht vier Meter hoch, und am Morgen ist es taghell. Im Vergleich zu einem Schlafzimmer ist so ein Zelt schon ein sehr beengter Raum« (Alban). Die Dinge sind auch deshalb so schwierig, weil man in Sachen morgendlicher Schamgefühle nichts über die Ansichten der »Person, die da ist« weiß. Agatha zögert zunächst, schlüpft dann aber in ihr Nachthemd. »Ich bin nicht schamhaft, aber ich habe mich gefragt, ob ihn das nicht schockieren würde.«

»Am Morgen ist es nicht mehr dasselbe«

Fanny: »Ich hatte keine Lust, aus dem Bett zu springen und nackt in der Wohnung herumzuspazieren [...] Am nächsten Morgen ist der Körper des anderen nicht mehr derselbe.« Der Körper des anderen? Eigentlich denkt Fanny vor allem an ihren eigenen Körper, der in den Augen des anderen nicht mehr derselbe sein könnte. Und wenn sie vom Morgen spricht, dann ist eigentlich genau der Moment des Aufstehens gemeint. Denn noch kurz zuvor, im Refugium Bett, hatte sie aufgrund des intensiven, wortlosen und verliebten Blickwechsels wahre Wonnen empfunden. Umso stärker war dann der Bruch: » Am nächsten Morgen ist der Körper des anderen nicht mehr derselbe«.

Warum? Die Nacht ist bestimmt von Hitze und Leidenschaft, Verlangen und Sex, die einen einander auf eine blind machende Weise nahe bringen. »Wenn es Liebe ist, dann ist es die totale Liebe, dann zählt das Körperliche nicht mehr.« Natürlich spricht Pierre von den körperlichen Äußerlichkeiten, nicht von Körperempfindungen. Während der Nacht, während Liebe und Sex, sieht der Blick nichts anderes als die Liebe. Am nächsten Morgen entdeckt er deshalb einen ganz neuen Körper, teilweise unbekannt und sehr viel gewöhnlicher. Der Blick ist abgekühlt und wird von anderen Gedanken regiert. Was nicht heißt, dass er weniger lebendig ist, sondern er ist geschärft von einer brennenden Neugier. »Natürlich spürst du den Blick des anderen auf deinem Körper« (Gildas).

Doch das genügt nicht, um zu erklären, warum die Veränderung so groß ist. Wenn es einfach nur zu einer banalen Abkühlung und Verhärtung des Blickes käme, würde dieser plötzliche Ausbruch von Schamgefühl nie so extreme Formen annehmen. Nein, da gibt es noch etwas anderes im Angesicht des Blickes, der nun ein distanzierter ist: die Angst.

Die Angst? Was an der Liebe macht denn Angst? Ist es nicht falsch, hier zwei Arten von Gefühlen zu vermengen, die doch eigentlich das genaue Gegenteil voneinander sind? Doch wenn die soziologische Beobachtung in die Tiefen der Liebe hinabtaucht, entdeckt sie, dass sich letztere aus einer Vielfalt unterschiedlicher Gefühle zusammensetzt – einige davon mögen einen erstaunen. Zum Beispiel eben die Angst, die häufig Quelle von Erschütterungen und Erzittern ist. Die Liebe ist ein Aggregat unterschiedlicher Gefühle, zu denen auch die Angst gehört, deren Rolle darin besteht, Identität zu stiften. Ohne die Angst wäre die Liebe ein wenig fade.

In dem Moment, in dem man das Bett verlässt, drückt einen die Angst umso mehr, je größer die Zuneigung zum anderen ist und je größer der Wunsch nach einer festen Bindung. »Ich wusste, dass er eine ganz aufrichtige und sehr, sehr starke Liebe in sich hatte. Aber du hast so sehr Angst davor, für den anderen eine Enttäuschung zu sein, dass du dich nicht traust, dich zu zeigen.« Juliette hatte Angst zu enttäuschen, weil die Liebe, die sie Romano entgegenbrachte, so stark war und weil es um einen lebensentscheidenden Einsatz ging. Wenn die Gefühle weniger stark sind, wird der kritische Moment zwangloser. »Wenn da weniger Gefühle sind, hast du weniger Angst vor dem Blick des anderen. Dann ist er dir einfach nur lästig« (Virginie).

Juliette hat Angst davor zu enttäuschen, Virginie befürchtet, dass ihr die Situation lästig ist. Warum? Aufgrund des morgendlichen Blicks auf ihre Körper, aufgrund dieses Blicks, der ein anderer geworden ist; neugierig, beobachtend, hinterfragend. Die Scham aufgrund der Nacktheit ist nur ein Scheinargument. Hinter ihr verbirgt sich eine viel tiefer sitzende Angst, die sich aus dem mangelnden Selbstbewusstsein nährt, das in unserer Zeit überhand nimmt (André, Lelord, 1999) – besonders, was die zumindest zurückhaltende Meinung bezüglich des eigenen Körpers betrifft. Virginie sagt das ganz deutlich: »Ich bin nicht schamhaft, ich habe Komplexe.« Meist bezieht sich diese abwertende Sichtweise nicht auf den Körper als Ganzen, sondern auf dieses oder jenes Detail, auf das man nicht sehr stolz ist und das im Augenblick des Aufstehens zu einem schrecklichen Makel wird. Fanny ist (wie auch Anna) der Ansicht, dass ihr Busen nicht so ist, wie er sein sollte (sie mag seine Form nicht, während Anna ihren Busen zu klein findet). »Ich habe kein großes Selbstvertrauen. Ich finde, dass ich nicht gerade einen schönen Busen habe. Wenn du ausgestreckt unter der Decke liegst, ist das kein Problem, im Zweifelsfall sieht er ihn nicht einmal. Aber dann aufstehen und herumspazieren – also offen gesagt habe ich mich nicht wohl gefühlt« (Fanny). Unbehagen, Scham, mangelndes Selbstvertrauen. »Ich habe mich für meinen Körper geschämt, ich hatte kein Selbstvertrauen. Ich sagte mir: Er wird mich bestimmt nicht mehr lieben, mit *der* Figur. [...] Es ging alles schnell, ich habe ruck-zuck mein T-Shirt übergezogen und hopp ... damit er meine Titten nicht sieht. Denn da war wahrlich nicht viel dran. Oh ja, ich war wirklich schnell!« (Anna).

Erika ist das perfekte Gegenbeispiel. Bei ihr keine Spur von Angst oder Scham; keine Scham, weil keine Angst, gelassene Betrachtung ihres Körpers. »Nein, ich fühlte mich wohl, denn ich war gut gebaut, ich war stolz auf meinen Körper.« Damit ist sie aber ein ziemlich seltenes Gegenbeispiel, besonders auf weiblicher Seite. Denn wie schwer der (angenommene) kritische Blick auf einem lastet, variiert je nach Geschlecht: Auf Männern lastet er weniger schwer. »Es macht mir nichts aus, nackt herumzuspazieren, ich bin nicht schamhaft. Ich verstehe die Leute nicht, die sich danach verstecken« (Manuel). Auf männlicher Seite ist ein Mangel an Wohlbefinden eher auf ein klassisches Schamproblem zurückzuführen, beim Aufstehen sind sie meist weniger verkrampft. »Für mich verschwindet die Scham in dem Moment, in dem der Geschlechtsakt vorbei ist. Der größte Brocken liegt hinter einem« (Tristan). Diese Ausdifferenzierung ist das Ergebnis der Geschichte, die zwei gegensätzliche soziale Rollen hervorgebracht hat: der Mann, der seine Stärke und sein Geld zu bieten hat / die Frau, die Sensibilität und Anmut einbringt; der Mann, der bewundert / die Frau, die ihre Schönheit zur Schau stellt. Diese Geschichte reicht so weit zurück, dass es gar nicht anders sein kann, als dass sie tiefe Spuren hinterlassen hat, die nur langsam verschwinden. Kein Wunder also, dass diese Episode auf den beiden Seiten des Bettes unterschiedlich erlebt wird. Überraschend ist eher festzustellen, dass der Unterschied relativ gering ist und auch die Männer den kritischen Blick im Moment des Aufstehens fürchten. Beweis für einen Mentalitätswandel: Manchmal reden sie schon wie Frauen. »Vielleicht aus Angst, auf der Ebene des Aussehens zu enttäuschen. Ich habe vielleicht nicht gerade Idealmaße. In der Hinsicht schäme ich mich ein bisschen« (Rodolphe).

»So angeschaut werden«

Die Angst erwächst aus dem unerwarteten Zusammenspiel von einerseits einem schwach ausgeprägten Selbstbewusstsein und andererseits dem Blick des anderen, der in seiner Unergründlichkeit plötzlich auf einem lastet. Da liegen tausende schmachvolle Hypothesen in der Luft und lasten umso schwerer auf einem, als die Gedanken, die sich hinter dem Blick verbergen, undurchdringlich geworden sind. »Ich habe mich schon ein bisschen geniert, so angeschaut zu werden, denn man fragt sich: Was denkt er wohl?« Agathe hat hier auf klare Weise die Problematik dieses besonderen Augenblicks zusammengefasst, und zwar in zwei Schritten. Erstens, die Scham, »so« angeschaut zu werden. Zweitens, die Unsicherheit hinsichtlich dessen, was der andere denkt. Alles beginnt mit der Scham und der Wahrnehmung dieses merkwürdigen Blicks, der zugleich anders und undefinierbar, vernichtend und abstrakt ist. »Wenn ich aufstehe und auf die Toilette gehe, denke ich: Mist, ich bin sicher, dass er mich jetzt anschaut!« (Virginie). Der Druck ist so groß, dass oft gar nicht genügend Zeit bleibt, um sich irgendwelche Fragen zu stellen, und nur die Schnelligkeit der Gesten erlaubt es, das Unbehagen zu überwinden und zur nächsten Episode überzugehen. Das Aufstehen dauert daher oft nur einen kurzen Augenblick.

Aber was verbirgt sich denn nun hinter dem Blick? Ist die Angst gerechtfertigt? Natürlich ist es unmöglich, hierauf eine einzige, für alle Morgen danach gültige Antwort zu geben. Und doch lassen sich einige Konstanten herausschälen, die tendenziell zeigen, dass die Angst übertrieben ist. Es besteht ganz eindeutig eine Kluft zwischen der (kurzen, aber oft intensiven) Angst und der Realität des Blickes, der meist weniger kritisch ist als man meint. Vincent illustriert das auf karikaturistische Weise: Aglaé konnte kein Urteil über ihn fällen, weil sie ihn gar nicht zu Gesicht bekam, denn sie schlief ja noch. Und doch fühlte er einen Anflug von Angst. »Am Abend bedeutete die Nacktheit für mich nicht das geringste Problem, aber am Morgen, als ich aufstand ... na ja, im Grunde ja und nein, denn sie schlief noch.« Virginie konnte nicht verstehen, dass Léopold Witze über sie machte (zweifellos auf tolpatschige und verletzende Weise): Bei ihr kamen seine Worte im harten, wörtlichen Sinne an. »Das machte mir Angst. Siebzehn ist wirklich ein dummes Alter. Du weißt genau, dass dir der Typ wehtun wird. Léopold sagte wieder und wieder zu mir: ›Du bist zwar nicht gerade eine Superkanone, aber du hast Charme ... einen ziemlich versteckten Charme!‹ Das konnte er mir mindestens fünf Mal an einem Morgen sagen, und das jeden Morgen!« Im Unterschied zu anderen Morgen danach wusste sie ganz genau, was da in Léopolds Blick lag. Sie meinte es zu wissen. Doch vielleicht, sogar zweifellos, täuschte sie sich.

Der Blick an solch einem Morgen ist nicht böse. Im Gegenteil, seine liebevolle Zärtlichkeit überdauert oft die Nacht und das Refugium Bett. Anna hätte sich keine Sorgen machen müssen. Das einzige, was Éric tat, war, voller Freude ihren Körper zu entdecken, ohne jeden kritischen Hintergedanken. »Er musterte mich und sagte ständig solche Dinge wie: ›Ah, dort ist noch ein Quäntchen Schönheit! Oh, und das kleine Ding hier ...‹ Aber in meinen Augen beschränkte er sich keineswegs nur auf die schönen Stellen. Offenbar war er verliebt und sah nur das Schöne ... aber na ja!« Der Blick ist freundlich, tolerant und neigt sogar zur Bewunderung. Und wenn es zu distanzierterer Beobachtung oder gar kühler Taxierung kommt, geht es nicht immer darum zu verurteilen, im Gegenteil. »Als ich ihn nackt sah, war ich glücklich, mit ihm geschlafen zu haben, denn er war wirklich gut gebaut. Das war ein rein ästhetischer Blick. Ich habe seinen Körper angesehen und mir gesagt: ›Schau an, nicht schlecht!‹ Der erste Blick bezieht sich zuerst mal auf den rein körperlichen Aspekt. Ich fand ihn schön, das ist alles, ich fand ihn schön!« (Gildas). Pierre hat keine sehr hohe Meinung von seinem eigenen Körper, und als er sich Marinettes Blick vorstellte, zog er sich ganz schnell an. Und dabei hat er selbst am Morgen danach nie einen feindseligen Blick. Er schaut, und vielleicht schaut er manchmal sogar auf eine etwas plumpe Weise, aber das liegt daran, dass er fasziniert und voller Bewunderung ist. »Der Körper einer Frau ist schön, während meiner ...« Auch Charles-Antoine gibt zu, dass er auf ziemlich hartnäckige Weise schaut. Virginie, Sophie und viele andere würde er damit in Angst und Schrecken versetzen, denn er konzentriert sein Interesse ausgerechnet genau auf den Moment des Aufstehens aus dem Bett. Während er versucht, seine Erinnerungen an den Morgen danach mit »der Holländerin« zu ordnen, ist es das, was ihm zuerst wieder ins Gedächtnis kommt. Ja, sagt er, der Blick ist, losgelöst von der Nacht, ein anderer, klarerer.

Aber gerade aus der Alltäglichkeit dieser Gesten, aus dem zweideutigen Charakter dieser Situation zwischen Liebe und gewöhnlichem Leben heraus, erwächst für ihn ein ganz besonderer und verwirrender Reiz. »Ich liebe das, zuzusehen, wie sich eine Frau morgens ankleidet.«

Aber auch wenn der Blick in der Regel eher kontemplativ ist, schauen die Augen eben doch und rufen bei dem- oder derjenigen, der oder die betrachtet wird, besagte Scham hervor. Dies gilt umso mehr, wenn letzterer bemerkt, wie außergewöhnlich diese Art zu schauen ist. Der Blick gleitet umher, amüsiert, durchdringend, als würde er eine andere Person, einen anderen Körper entdecken. Und wieder ist in dieser Neugier nichts Bösartiges, aber dennoch macht sie Angst und wird oft falsch interpretiert. Da das leichte Unbehagen spürbar ist, müssen die beiden Partner Ablenkungs- oder Rückversicherungsstrategien entwickeln. Zum Beispiel das Lachen, das immer gut dafür ist, mit einer angespannten Situation fertig zu werden. »Als wir uns wieder angezogen haben, haben wir uns gegenseitig beobachtet und es war uns zum Lachen. Wir sind sogar in Lachen ausgebrochen« (Fanny). Oder besser noch: die Rückversicherung im Register der Liebe, in Worte gefasst. »Später bilden sich dann bestimmte Gewohnheiten heraus, er sagt mir, dass er mich schön findet, und na ja, schließlich brauch ich nicht mehr ...« (Fanny). Braucht sie keine Angst mehr zu haben und keinen Aufwand mehr zu betreiben. Doch genau das tut Virginie, indem sie sich auf unübertriebene Weise so verhält, dass sie sich weiterhin in der Logik der Verliebtheit bewegen. »Wenn ich aufstehe, um zur Toilette zu gehen, achte ich auf meine Schritte. O.K., gut, ich werde nicht herumstolzieren wie Claudia Schiffer, aber ich fahre mir mit der Hand durch das Haar und solche Sachen. Denn er ist nun mal ein Junge und du bist ein Mädchen.« Bei Raoul allerdings hat sie nicht auf ihre Schritte geachtet. Sie legte auf dem Weg zum Badezimmer keine besondere Gestik an den Tag (und übrigens auch nicht die geringste Scham). In ihrem Kopf war ihr schon direkt nach dem Aufwachen klar, dass dieser erste Morgen danach mit ihm auch der letzte sein würde (in Wirklichkeit gab es dann aber doch noch ein paar). Denn alles hängt davon ab, ob man an dem Partner und an einer Beziehung mit ihm interessiert ist. Wenn der Wunsch danach besteht, sich auf eine Beziehung einzulassen, besteht der beste Weg zur Auflösung des lastenden Blicks und zur Zerstreuung des Unbehagens darin, die Logik der Verliebtheit wieder zu aktivieren. »Und dann hatte das Ganze auch etwas Aufregendes. Ich liebe meinen Körper, und er hatte mir gesagt, dass er das auch tut. Also hatte ich keine Lust, mich zu verstecken.« Erika ist sich ihrer Schönheit sicher und zweifellos hat das in ihrem Fall diesen glücklichen Ausgang der Geschichte erleichtert.

Slip und Unterhose

Heißt das also, dass man sich im Augenblick des Aufstehens zu Unrecht ängstigt? Denn schließlich ist der Blick doch nicht wirklich böse, sondern nur ein wenig neugierig, und er spaziert verliebt herum. Doch leider wäre diese Schlussfolgerung zu voreilig. Natürlich besteht eindeutig eine Kluft zwischen den Gedanken, die man hinter dem Blick vermutet, und denen, die tatsächlich da sind: An diesem Morgen suchen die Augen, auch wenn der Blick härter und kälter geworden ist, vor allem das Schöne und das Angenehme. Aber (wir werden das am Ende dieses Buches besser verstehen) was das verliebte Denken charakterisiert, ist die Tatsache, dass es widersprüchlich ist und auf zwei verschiedenen Ebenen verläuft. Mit seiner Fähigkeit, unzählige Bilder zu sammeln, geht der Blick am Morgen danach heimlich auf Reisen. Er häuft eine Menge Informationen an, die das Denken in diesem Augenblick kaum wahrnimmt. »In der Nacht streift dein Blick die Dinge, aber du hast keinen Gesamtüberblick. Erst am Morgen musterst du die Sachen genauer, du schaust dir den Körper so an, wie er wirklich ist. Das ist dann keine Bewertung, aber ...« (Gildas).

Die Gedanken schweifen um den bewundernden Blick herum frei umher. Sie lassen sich von den verschiedensten intriganten, lustigen oder wunderschönen Details anziehen. Manchmal zieht eines dieser im Vorbeifliegen eingefangenen Fragmente stärker die Aufmerksamkeit auf sich und sendet sofort eine Botschaft an das Bewusstsein, das dadurch gezwungen ist, in Gang zu kommen. Zweifel oder sogar Kritik bricht sich dann blitzschnell Bahn und zerreißt den verliebten Schleier des Blicks. Die Angst von Virginie, Sophie und den anderen ist nicht ganz unbegründet.

Der Punkt, an dem sie sich täuschen, ist der, dass sie sich zu schnell anziehen und ihre Ängste auf ihre Nacktheit konzentrieren. Denn der morgendliche Blick liebkost den Körper viel länger als die Nacht dauert. Er sieht ihn auf eine andere, aber noch immer auf eine wohlwollende Weise. Direkte Kritik entzündet sich viel eher an anderen Dingen, an Gesten oder Gegenständen, die eine bisher unbekannte Dimension der »Person, die da ist« enthüllen. Sie kann beispielsweise gerade die Tatsache treffen, dass die Kleider übertrieben hastig übergestreift werden, um den nackten Körper zu bedekken. Boris war verzaubert von Prudences Schönheit und der Nähe ihres Körpers im Bett. Doch leider hat sie sich »das Pyjamaoberteil und ihre idiotischen Hausschuhe angezogen«: Die Magie war auf einen Schlag zerstört. Was seinen Geschmack betrifft, war der Pyjama absolut scheußlich und die Hausschuhe wirkten wirklich lächerlich. Beides zusammen beschädigte auf sehr bedauerliche Weise das Bild, das er sich von ihr gemacht hatte. Aufgrund dieser lächerlichen Geschichte mit den Hausschuhen wäre Prudence beinahe bei ihm in Ungnade gefallen. Doch Boris bannte die Gefahr umgehend, und zwar mit der Taktik, die für diese Art von Situationen am besten geeignet ist, dem Lachen. »Ich hab mir einen Ast abgelacht«. Doch es ist ein stilles, inneres Lachen. Die Gefahr, Prudence unmittelbar in Misskredit zu bringen, konnte abgewendet werden, aber dennoch wurde im schlafenden Gedächtnis ein negativer Vermerk abgespeichert.

Der Schock der bösen Überraschung war im Fall von Gildas noch heftiger, so dass er die Kritik nicht zurückdrängen konnte. »Ich hatte ihn vorher zwei oder drei Mal in der Disco gesehen, er war so ein Typ, der hatte wirklich Stil, Hosen, die super saßen und so. Was mich dann beim Erwachen erstaunt hat, war, dass er eine wirklich ganz miese Unterhose anhatte, eine Unterhose so im Stil ›Schiesser Feinripp‹. Das hat der Person einen Knacks gegeben. Ich hatte das beim Zubettgehen nicht gesehen. Und es passte überhaupt nicht in das Bild, das ich von dem Typ hatte.« Die Strafe folgte auf den Fuß. »Ich konnte nur noch an die Unterhose denken.« Und damit war die Geschichte mit Julien an ihrem Ende.

Die Morgentoilette

»Wir beendeten unser Frühstück. Debra räumte den Tisch ab, und ich zog mich ins Klo zurück. Als ich wieder herauskam, war sie gerade mit dem Abwasch fertig und machte das Spülbecken sauber. Ich packte sie von hinten.
›Du kannst meine Zahnbürste benutzen, wenn du willst‹, sagte sie.
›Riech ich denn aus dem Mund?‹
›Es geht.‹
›Von wegen.‹
›Du kannst auch duschen, wenn du willst.‹
›Auch das noch?‹
›Hör schon auf. Tessie kommt erst in einer Stunde. Bis dahin kannst du ein paar Spinnweben loswerden.‹
Ich ging rein und ließ mir ein Bad einlaufen. Unter die Dusche ging ich nur in Motels. Im Badezimmer hing ein Foto von einem Mann an der Wand. Ihr Ehemaliger. Sie hatte erwähnt, daß er Psychiater war. Er hatte schwarzes Haar, ziemlich lang, ein Dutzendtyp mit einer gutaussehenden genormten Visage und einem leicht idiotischen Grinsen. Er bleckte mir seine weißen Zähne entgegen. Ich putzte mir, was von meinen braungelb verfärbten Zähnen noch übrig war.«

Charles Bukowski, *Das Liebesleben der Hyäne*[1]

»Mein Gesicht in Ordnung bringen«

Schon vor dem Aufstehen hat sich eine andere Sorge breit gemacht, eine Sorge gleicher Art, aber viel präziser: Es geht um das Gesicht. »Oh, ja, ich hatte es eilig, ins Bad zu kommen, um so schnell wie möglich mein Gesicht in Ordnung zu bringen (es sah ganz und gar nicht frisch aus!)« (Agathe). Dazu sei gesagt, dass der Morgen danach in der Regel auf einen stürmischen Abend folgt, der fast immer seine Spuren hinterlässt. Die Augen sind verklebt und die Gesichtszüge verknautscht, was nur schwer mit der erwarteten Verzauberung in Einklang zu bringen ist. Es gilt also, die unübersehbaren Probleme schnellstmöglich zu beheben und sich eiligst in Richtung des dafür geeigneten Raumes zu begeben – eine Eile, die

1 Deutsch von Carl Weissner. dtv, München 1989.

zu dem Bedürfnis, die Nacktheit zu verbergen, noch hinzukommt. Der Gang ins Bad wird so manchmal zu einem wahren Wettlauf.

Die Problematik der Angst ist immer dieselbe. Angst, nicht zu gefallen, Angst, demaskiert zu sein, Angst vor dem kalten morgendlichen Blick. »Ich wollte um seinetwillen darauf achten, dass bei mir alles in Ordnung war. Denn ich habe mir gesagt: Vielleicht entdeckt er irgendwas, egal was – du malst dir alles Mögliche aus. Und dann sagst du dir: An mir darf es nichts auszusetzen geben« (Colombine). Dabei ist sich Fanny der Tatsache durchaus bewusst, dass diese verschiedenen Tarntechniken eigentlich schlecht zu diesem so besonderen Augenblick passen, der doch auf Authentizität gründen müsste. »Make-up ist wie Kleidung, es verdeckt etwas, du schummelst.« Aber sie kann nicht anders als wenigstens ein bisschen zu schummeln, ihre Angst ist zu groß. Im Refugium Bett jedoch, wenige Minuten, bevor das plötzlich nicht mehr zu unterdrückende Fluchtbedürfnis aufkam, hatten sie, sich in den Armen liegend, lange, verliebte Blicke ausgetauscht, ein intensives und ganz besonders nahes Betrachten. Da hatte sie noch nicht an den kalten Blick gedacht, hatte noch keine Angst gehabt. Sie gehörte ganz ihrer Liebe. Doch dann änderte sich der Definitionsrahmen der Situation ganz plötzlich; sie musste sich sofort und in aller Eile Richtung Badezimmer bewegen. Dies gilt umso mehr, als auf weiblicher Seite verschiedene technische Fragen die Pein noch verschlimmern. Häufig war der Vorabend nicht gerade geplant gewesen und sein Verlauf war von Improvisation und der Unmittelbarkeit des Begehrens geprägt. Fanny: »Als wir uns am Abend zuvor ins Bett gelegt hatten, war ich noch frisiert und so, ich hab mich nicht einmal abgeschminkt. Wenn du dann am Morgen aufwachst, sagst du dir: ›Es ist sicher alles verschmiert, mein Gott, das ist sicher alles andere als schön!‹ Ich hatte es eilig, ins Badezimmer zu kommen. Ich habe mich in aller Eile neu geschminkt und frisiert.« Juliettes Sorge galt weniger dem Durcheinander ihrer Haare. Aber sie war auf beinahe obsessive Weise um ihre Wimperntusche besorgt, von der sie annahm, sie sei so verschmiert, dass für sie der Gedanke daran, wie sie jetzt wohl aussah, ein wahrer Alptraum war. Auch in ihrem Fall: Notaufnahme Badezimmer, Spiegel, Korrektur.

Der Unterschied zwischen Männern und Frauen ist hier ausgeprägter als im Hinblick auf die Nacktheit. Männer schminken sich nur selten. Dennoch haben auch einige von ihnen von dem Bedürfnis berichtet, sich die Haare zu richten oder sich ein bisschen frisch zu machen, um nicht das Gesicht zu verlieren. Und sie haben (ebenso wie die Frauen) ausführlich eine andere technische Schwierigkeit betont: den morgendlichen Mundgeruch. »Das ist lästig. Du versuchst alles, um dem anderen zu gefallen. Und dann ist das Erste, was die Person riecht, wenn du sprichst, der morgendlichen Mundgeruch, ein Mundgeruch, in dem noch der ganze Vorabend mitschwingt. Das ist nicht gerade toll, he! Wirklich nicht toll!« (Rodolphe).

Es handelt sich tatsächlich um ein gewaltiges Problem. Denn es tritt schon sehr früh am Morgen auf, noch bevor der kalte Blick erwacht, noch mitten im intimen Bettgeflüster. Und es ist Teil der umfassenderen Frage nach der Authentizität. Es mag einfach sein, Juliette oder Colombine dafür zu kritisieren, dass sie es allzu eilig haben, ins Badezimmer zu kommen, viel schwieriger wird es aber, wenn es darum geht, eine Grenze zu definieren, ab der ein übertriebenes umgekehrtes Verhalten den gebotenen Respekt gegenüber dem Partner verletzt. Sicher, man sollte es nicht übertreiben, aber gibt es nicht ein Minimum, das einfach erledigt werden sollte? Anna ist eine der wenigen, die nicht dieser Meinung sind. Sie hat Érics radikal naturalistische Position akzeptiert und für sich selbst übernommen. »Er ist jemand ganz Natürliches, und ich auch. Ich mag keinen Lippenstift, und er küsst mich nicht, wenn ich welchen aufgetragen habe. Er findet, Parfum stinkt. Wenn ich also losgezogen wäre, um eine Schönheit im weiblichen Sinne des Wortes aus mir zu machen, dann hätte das nicht gepasst mit uns beiden.«

Der Morgen danach ist geprägt von einem pausenlosen Hin und Her zwischen Authentizitätsstreben und dem Rückgriff auf künstliche Hilfen, die es einem erlauben, sich möglichst vorteilhaft in Szene zu setzen. Ein übertriebener Einsatz künstlicher Hilfen mag verurteilt werden, aber auch die pure Authentizität ist eine Schimäre. Das Beispiel der Zahnhygiene zeigt gut, dass das vollkommen Natürliche nicht immer idyllisch ist. Es gilt also, (wie bei der Geschwindigkeit der Bewegungen) die angemessene Dosis zu finden und auf möglichst gerechte Weise Kompromisse zwischen gegensätzlichen Erwartungen einzugehen. »Es stimmt schon, dass am Morgen nicht gerade deine vorteilhafteste Seite zum Vorschein kommt. Ich bin kurz vor dem Frühstück ins Badezimmer geschlüpft. Aber nicht so im Stil: mit dem Kulturbeutel unterm Arm ins Bad rennen. Ich kenne ein Mädchen, die hat das genau so gemacht, um Make-up aufzutragen und sich zu schminken, bevor er aufwachte, damit er sie ja nicht ungeschminkt sah: Das ist schrecklich. Nein, sich ein bisschen frisch machen eben« (Virginie).

Die Geheimnisse des Badezimmers

Schamhafte Flucht, Angst vor dem Blick und das Bedürfnis, »das Gesicht in Ordnung zu bringen«: Einer der beiden Protagonisten verlässt plötzlich den Ort der Aufführung, um sich ins Badezimmer zu flüchten. Allein. Und oft wünscht er sich, noch mehr allein zu sein, zieht die Tür hinter sich zu, schließt manchmal sogar ab. Als sie mit dem »verheirateten Mann« zusammen war, hatte sich Juliette – die normalerweise kaum einmal von der Möglichkeit des Abschließens Gebrauch macht – auf diese Weise verbarrikadiert, um möglichst weit von ihm weg zu sein. Rodolphe hat denselben Verhaltensumschwung erlebt. »Früher, als ich noch Single war, war das wie ein Reflex, ich schloss nie ab.« Und doch schloss er sich an jenem Morgen ein, als müsste er sich vor einer schrecklichen Gefahr schützen. »Das war eines der wenigen Male, dass mir das passiert ist.« Er ist nicht sehr stolz auf dieses Verhalten, das auf so merkwürdige Weise in einem Gegensatz zu der Logik verliebter Nähe des Morgens danach steht. Er entschuldigt sich dafür und rechtfertigt sein Verhalten mit der »Angst, auf der körperlichen Ebene zu enttäuschen«. Das Sich-Einschließen verhält sich in der Tat proportional zu einem Mangel an körperlichem Selbstbewusstsein. Aber selbstverständlich ist es auch ganz einfach die Folge von Scham im engeren Sinne. »Um mich richtig zu waschen, habe ich mich nicht wohl genug gefühlt. Sichwaschen ist schon etwas Intimes« (Alban).

Aber es kommt nicht immer zur Flucht im Alleingang. Oder sie findet nur in einem kurzen, ersten Durchgang statt (ein Blick in den Spiegel, ein bisschen Wasser ins Gesicht) und danach folgt eine gemeinsame Zeit im Badezimmer, vielleicht sogar eine gemeinsame Dusche, eine Verlängerung des Refugiums Bett bis hinein ins Badezimmer oder gar die Rückkehr zu den intensiven Zärtlichkeiten der vergangenen Nacht etc. Die Ambiguität der Situation ist ein festes Merkmal des Morgens danach. Aber es ist selten, dass angesichts der Morgentoilette nicht beide ein Minimum an Zeit mit sich selbst allein und für sich selbst verbringen – ein geeigneter Moment, um über die Situation nachzudenken und Zwischenbilanz zu ziehen. Gildas: »Im Badezimmer nehme ich mir einen Augenblick des Alleinseins und Nachdenkens. Dort habe ich Zeit, über das nachzudenken, was ich gemacht habe, das ist der Moment dafür. Im Badezimmer bist du ganz allein, allein mit dir selbst.« Auf diese Weise kam er bei der Beratung mit sich selbst beispielsweise zu dem Schluss, dass die grauenvolle Unterhose von Julien eindeutig jede Fortführung einer Beziehung undenkbar machte, was ihn beim Verlassen des Badezimmers auch deutlich reservierter sein ließ.

Wenn sich der Morgen danach in der Wohnung des Partners abspielt, bietet der Gang ins Badezimmer die Gelegenheit für seltsame Entdeckungen. Zunächst ist da nichts sonderlich Mysteriöses: Der Raum ist einfach nur auf eine Weise eingerichtet, die für einen selbst ungewohnt ist. Deshalb kommt es natürlich zu genauerer Betrachtung, Analyse (und sei es nur, um sein eigenes Verhalten entsprechend anzupassen), zu einer Kulturgüter-Entdeckungsreise. »Das Bad war vollständig weiß gekachelt, kalt, eisig. Das wirkte richtig antiseptisch. Alles war weiß bis auf die Teppiche – die waren in schreiendem Rosa. Das hat mich total erstaunt: ihre Farbe und ihre Kitschigkeit. Ich habe in aller Schnelle über das alles kurz drübergesehen. Da waren nur sehr wenige Gegenstände: die Badewanne, das Waschbecken, fertig. Da lag überhaupt nichts herum, außer den Teppichen.« Warum diese Kälte? Was enthüllte dieser rosafarbene Kitsch, der überhaupt nicht dem entsprach, was Sophie von Sébastian zu wissen glaubte? Das ist das Geheimnis des Badezimmers. Im Rückzug ins Alleinsein treten die Gegenstände, die sich der Partner vertraut gemacht hat, in ihrer ganzen Fremdheit hervor, wie Hinweise, die einen bisher nicht bedachten oder gar überraschenden Aspekt seiner Person zu Tage bringen. Auch Agathe beginnt mit einer solchen Inspektion und zieht dieselbe Bilanz: eine mickrige Ausstattung, die auf ungehobelte Männlichkeit zurückzuführen ist. »Ein Jungen-Badezimmer, das heißt: nichts! Ah, doch! Zwei Zahnbürsten, eine Tube Zahnpasta, kein Duschgel (das hat mich überrascht – nur Seife). Nichts, um gut zu riechen. Eine Seife reicht doch nicht.« Und sehr schnell bringt die Eigenart der Gegenstände Gedanken größerer Tragweite ins Spiel, die auf die Person zurückfallen, die nun mit anderen Augen betrachtet wird. Agathe kritisiert John auf indirekte Weise: »Nichts! Nichts Persönliches, nichts Warmes, ein sehr unpersönliches Badezimmer. Ich mag sein Badezimmer nicht.« Unpersönlich und ganz und gar nicht ihren Reinlichkeitsvorstellungen entsprechend. »Oh je! Und nicht mal sauber (also richtig sauber), ein sehr männliches Badezimmer, ganz und gar nicht clean!« War Agathe enttäuscht? »Ja, aber schließlich habe ich mir gesagt: normal.« Eben ein Junge, und im Grunde seines Herzens ist er das. Diese korrigierte Version erwies sich schließlich als die richtige, anders als die Vorstellung, die sie sich zuvor, allein auf der Grundlage ihrer Liebesbeziehung, von John gemacht hatte. Das Badezimmer hatte Recht.

»Du nimmst eben das, was da ist«

Die Reise ins Badezimmer bietet Gelegenheit für unendlich viele Entdeckungen und ist manchmal auch Anlass für einen regelrechten Kulturschock. Und für vielerlei Empfindungen, die mit der Besonderheit dieses Ortes verknüpft sind. Nachdem Vincent auf unangenehme Weise vom Muhen der Kuh geweckt, vom Trippeln der Mäuse gestört und von seiner Begegnung mit dem Mann mit dem abgeschnittenen Ohr gereizt war, spürte er das unwiderstehliche Verlangen, eine Dusche zu nehmen. Überraschung: Das Badezimmer hatte ein schönes, großes Fenster ohne Vorhänge, mit Blick auf den Garten (und dahinter dem weiten Land). Nun hatten sie aber die Nacht bei Aglaés Eltern verbracht, die nichts von seiner Gegenwart wussten – Eltern, von denen Vincent annahm, sie seien extrem streng. »Sehr katholisch eben! Ober-katholisch! Vielleicht nicht gerade kein-Sex-vor-der-Ehe-mäßig, aber so ganz frei von dieser Vorstellung sind sie vielleicht doch nicht.« Vincent war in Angst und Schrecken versetzt. Natürlich hatte er den Schlüssel im Badezimmerschloss zweimal umgedreht, aber wozu konnte dieses Türschloss dienen, wenn die Gefahr doch eigentlich vom Fenster her drohte? »Ich hatte Angst, ihre Eltern im Garten vorbeigehen zu sehen. Ich war völlig besessen von dem Fenster.«

Die Gedanken, die durch das Fremdsein ausgelöst werden, werden auf eher diffuse Weise erlebt und laufen parallel zum Handeln. Denn im Moment stehen eher pragmatische Fragen im Vordergrund des Denkens. Sicher, »ein Badezimmer ist ein Badezimmer« (Rodolphe). Und doch ist kein Badezimmer wie das andere. »Der Duschhahn ist anders, du weißt nicht, wo die Handtücher sind« (derselbe Rodolphe). Ganz abgesehen davon, dass die morgendliche Gegenwart einer anderen Person in dieser Wohnung nicht unbedingt vorgesehen war. »Was ich wirklich gehasst habe, war, mir nicht die Zähne putzen zu können. Na ja, sie hatte nur eine kleine Zahnbürste. Und sie hatte auch nicht mit mir gerechnet« (immer noch Rodolphe – jener, der den morgendlichen Mundgeruch so sehr fürchtet). Auch mit Agathe hatte man nicht gerechnet. Die Überraschung war groß, der Kulturschock physisch spürbar. »Eine Badewanne, aber mit einem Duschschlauch, der viel zur kurz war, um sich aufrecht darunter zu stellen (und es war wirklich total ätzend, dort zu duschen). Und ganz kaltes Wasser. Denn man musste die Heizung anmachen, um warmes Wasser zu haben, aber das konnte ich ja nicht wissen. Also eine kalte Dusche. Aufwachen! Aufwachen!« Als sie anschließend nach einem Handtuch suchte, um sich abzutrocknen, fand sie nur das von John, das feucht war und seit der letzten Wäsche zweifellos schon einen längeren Gebrauch hinter sich hatte. »Ich habe vorher dran gerochen – es roch wirklich nicht besonders gut.«

Schließlich ging Agathe ins Schlafzimmer zurück. Sie hatte es geschafft, die Dämonen zu besiegen und alle Hindernisse zu überwinden. Welche Eigenarten das Badezimmer auch immer aufweisen mag, mögen sie auch noch so erstaunlich sein, es gelingt dem Gast immer, sich auf die eine oder andere Weise darauf einzustellen. »Ich stelle mich auf die Bedingungen vor Ort ein. Du nimmst eben das, was da ist, auch das Kamille-Teil von deiner Freundin. Schließlich musst du dich trotzdem waschen« (Rodolphe). Dieses Verhalten des Neulings ist charakteristisch. »Seife oder Duschgel – du versuchst, schnell alles abzuchecken, bevor du in die Dusche gehst. Du schlägst dich halt irgendwie durch« (Rodolphe). Aktiv und kreativ, aber bescheiden, sich unsichtbar und klein machend. »Du fühlst dich unausweichlich weniger wohl, du suchst nach den Sachen, aber du breitest dich nicht aus. Ich bin auch nicht so lange unter der

Dusche geblieben« (Fanny). Und schließlich lenkt der Gast seinen analytischen Blick schnell und auf subtile Weise auf die häuslichen Gewohnheiten, um sich auch an diese möglichst weit gehend anzupassen oder sich gar ihnen unterzuordnen. »Gewöhnlich gehe ich auf die Toilette, wenn ich aufstehe. Aber dort pflegst du nicht dieselben Gewohnheiten, du wagst es nicht, fühlst dich nicht wohl in deiner Haut« (Fanny).

Der Gast muss Mittel und Wege für eine möglichst rasche Anpassung finden. Was die technische Seite betrifft, ist seine Kompetenz enorm. Keine persönlichen Sachen, kaltes Wasser, ein zu kurzer Duschschlauch, eine einzige Seife und ein schmutziges Handtuch: Agathe schafft es trotzdem, sich zu waschen. Doch die Anpassung an »die Person, die da ist« wirft schwerwiegendere Probleme auf. Sie hat Gewohnheiten, die einem zu einem Großteil unbekannt bleiben. Nun ist es aber undenkbar, dem anderen sein eigenes System aufzuzwingen und zu riskieren, dass man ihn damit schockiert. Also gilt es, mit Vorsicht und in einem minimalistischen Modus zu agieren und gleichzeitig hier und da Beobachtungen anzustellen, um die Geheimnisse des Ortes zu lüften. Schon eine schnelle Analyse genügt, um die Gegenstände zum Sprechen zu bringen. Aber sie geben nicht alles preis. Zur reinen Beobachtung muss sich also ein diskretes, aber eher aktives Experimentieren gesellen: Wie reagiert »die Person« auf die ganz persönlichen Gesten, die man zu entwickeln versucht? Der Ausgangspunkt besteht in der Regel darin, dass man sich eines Unterschieds, eines Unverständnisses, einer stillschweigenden Konfrontation bewusst wird. Colombine: »Ich ließ die Badezimmertür immer offen, aber das war ihm vollkommen unverständlich.« Franck wollte sich lieber im Bad einschließen, fühlte sich aber zugleich aufgrund seines Schamgefühls irgendwie schuldig, eines Schamgefühls, das gegen seinen Willen die Herrschaft über ihn hatte, und er war irgendwie neidisch auf Colombines Ungezwungenheit. Hin- und hergerissen zwischen seinen eigenen Orientierungspunkten und denen seiner Partnerin, testete er die Grenzen seines eigenen Schamempfindens aus. Für ihn war es eine wirkliche Heldentat, in das (bereits von Colombine besetzte) Badezimmer zu gehen, um zu duschen – ein Gefühl des Sieges, das nur für ihn selbst spürbar war, denn er merkte, dass sich seine Gestik knapp am Rande des Lächerlichen bewegte. Colombine betrachtete das Spektakel mit einer Überraschung, die fast so groß war wie ihre Lust zu lachen. Trotz ihres nächtlichen Abenteuers am Strand, wo sich Franck schließlich doch durchgerungen hatte, nackt in der Öffentlichkeit herumzuspazieren (wenn auch auf wenig elegante Weise), legte er jetzt, im Badezimmer, noch deutlich mehr Eile und Unbeholfenheit an den Tag, obwohl er doch mit Colombine allein war. Er zog sich verstohlen in seiner Ecke aus und hielt dann ein Kleidungsstück vor die empfindlichen Körperteile, während er den Duschvorhang vorzog, um sich dahinter zu verbergen. Die Demonstration war nicht sonderlich überzeugend.

Colombine zog daraus eine Reihe von Schlüssen. Franck hielt nicht starr an seinen Positionen fest, sondern hatte Lust, sich weiterzuentwickeln, aber die Fortschritte würden langsam und schwierig vonstatten gehen. Also ging sie vorsichtig vor, auf maßvolle Weise, bestimmte Handlungen auf den Zentimeter genau kalkulierend. Die Stellung der Toilettentür zum Beispiel. »Wenn das jemand gewesen wäre, mit dem ich mich nicht gut gefühlt hätte, hätte ich die Tür geschlossen. Aber mit ihm fühlte ich mich gut.« Also blieb die Tür offen, wie es ihrer Gewohnheit entsprach. Sie spürte jedoch genau, dass diese Geste für Franck an der Grenze des Tolerierbaren war; eine unbesonnene Übertreibung konnte alles ruiniere. Aufgrund dieses Gedankenblitzes, noch in der Sekunde, in der sie die Schwelle überschritt, entschied sie also, die Tür zur Hälfte hinter sich zuzuziehen, so dass sie weder offen noch geschlossen war. »Denn ich wusste nicht, wie er reagieren würde.« Franck schien nicht die geringste Reaktion zu zeigen, und in der Folge beobachtete Colombine seine strategischen Fortschritte. »Inzwischen läuft alles unkompliziert, er ist befreit.« Nun heißt die Parole also offene Tür.

Der Morgen nach dem ersten Mal ist kein gewöhnlicher Morgen. Doch wenn er sich im eigenen Zuhause abspielt und man den Partner nicht als allzu irritierend empfindet, kann es sein, dass einem die Gesten trotz allem leicht von der Hand gehen und sie sich nicht allzu sehr von den sonstigen Gewohnheiten unterscheiden. Doch wenn der individuelle Kulturschock groß ist, ist das Ich zur sofortigen Improvisation neuer Orientierungspunkte für sein Handeln gezwungen. Tatsächlich gelingt einem das auch ohne allzu große Mühe, und man legt dabei eine erstaunliche Fähigkeit zu Tage, aus dem gewohnten Ich herauszuschlüpfen, während man im gewöhnlichen Alltag doch ein Gefangener seiner Gewohnheiten zu sein scheint (Kaufmann, 1999). Dass eine solche Flexibilität möglich ist, liegt daran, dass sich dieses Herausschlüpfen aus dem eigenen Ich nie voll und ganz vollzieht, sondern die gewöhnliche Persönlichkeit lediglich vorübergehend in den Hintergrund tritt. Die gewohnten Orientierungspunkte der Identität werden jedoch nur unter dem Druck von Ereignissen ins Wanken gebracht, in die man in einem hohen Maß involviert ist; das unmittelbare Erleben löscht dann ganz plötzlich alle alten Prinzipien aus. Man muss schon vom Sturm der Liebe und von der ereignishaften Kraft des Morgen danach mitgerissen werden, um sich erfolgreich an die mit dem eigenen Leben oft allzu inkompatiblen Situationen anpassen zu können. Wenn hingegen eine kalte Distanz zum Partner bestehen bleibt, leistet die Welt der eigenen Gewohnheiten Widerstand. Eine lächerliche Seife oder ein völlig bedeutungsloses Handtuch können dann Anlass für echte Schwierigkeiten sein.

Die Reihenfolge, in der sich die verschiedenen Szenen aneinander reihen, illustriert diesen Punkt sehr gut: Es bedarf einer großen Liebe, um auf die Handlungslogik des Partners einzusteigen. Was das Aufwachen und das Aufstehen betrifft, ist zumindest die Reihenfolge klar – insofern keine Probleme. Was hingegen die Morgentoilette und das Frühstück betrifft, hat jeder zu dieser Frage so seine ganz besonderen Vorstellungen. Die einen müssen zuerst unter die Dusche. »Ich bin zu überhaupt nichts fähig, solange ich nicht im Bad war« (Walter). Die anderen müssen sich zuerst an den Frühstückstisch setzen. »Erst das Frühstück. Da habe ich meine Gewohnheiten. Sich waschen, rasieren, die Zähne putzen – das kommt bei mir nach dem Frühstück« (Gildas). Am Morgen danach tut sich hier also ein weiterer Moment des Zögerns auf; einige unauffällige Beobachtungen erlauben es manchmal zu verstehen, dass der andere völlig andere Auffassungen und Gewohnheiten hat als man selbst. Juliette: »Wenn ich morgens aufstehe, ist als erstes das Frühstück dran, ich frühstücke im Schlafanzug. Guillaume nicht: Er steht auf und direkt ab unter die Dusche. Es war ihm völlig unverständlich, wie ich ungewaschen frühstücken konnte.« Der andere, der einem noch vor wenigen Minuten so nah war, wird plötzlich zu einem Fremden. Und dies umso mehr, als schon wenige Worte genügen, um deutlich zu machen, dass die mangelnde Übereinstimmung noch sehr viel weiter geht. »Er ist überhaupt kein Frühstücker, er kann sogar ganz darauf verzichten, während es für mich sehr wichtig ist. Das Frühstück steht an erster Stelle.« Nachdem sie sich über die Größe der Unterschiede zwischen ihnen bewusst geworden waren, dauerte es ein paar Wochen, bis sich die beiden Stile vermischten. Es war rein technisch gesehen nicht einfach, zwischen den beiden so gegensätzlichen Optionen zu entscheiden (man hätte einen Sieger bestimmen müssen), und der Wohnungskontext half ihnen nicht gerade dabei, eine Entscheidung zu treffen. Die erste Woche ihres gemeinsamen Lebens spielte sich bei Juliette ab, die eher dazu bereit war, Konzessionen zu machen. Nun will es aber eine unausgesprochene Regel, dass es eher der Gast sein sollte, der nachgibt. Dann verbrachten sie den Sommer auf einem Boot, wo sich alles auf unbeschwerte Weise vermischte und sich die Phase der Nicht-Entscheidung noch eine Weile hinziehen konnte. Als sie zurückkamen, wohnten sie erst mal bei Guillaume. Dieser setzte innerhalb weniger Tage seinen Organisationsmodus definitiv durch, der nun seit sechs Jahren ihr gemeinsamer ist. »Inzwischen ist das klar, ich stehe auf, ich dusche« (Juliette). Am Morgen nach ihrem ersten Mal mit Guillaume hatte Juliette noch eine andere merkwürdige Besonderheit beobachtet. »Und noch was: Er putzt sich die Zähne unter der Dusche! Das hatte ich noch nie gemacht! Ich frühstückte, dann duschte ich, putzte meine Zähne und schließlich schminkte ich mich.« Juliette erzählt sichtlich bewegt von ihren alten Gewohnheiten, die sie wieder lebendig werden lässt wie ein vergessenes Stück Persönlichkeit. »Während es jetzt keine Frage ist: erst die Dusche. Und ich putze mir die Zähne unter der Dusche!«

Dem Gang zur Toilette in der Reihenfolge der Geschehnisse einen Platz zuzuweisen, ist ebenfalls schwierig – die bio-kulturellen Variationen sind in diesem Punkt noch größer. Was die größeren Geschäfte angeht, so können die Kandidaten des Vorabends entsprechende Schwierigkeiten am Morgen danach zumeist vermeiden. Doch was die kleineren Geschäfte angeht, hat keine Blase genügend Durchhaltekraft, um den morgendliche Gang auf's stille Örtchen zu umgehen. Noch dazu führt das abendliche »Tanken« nicht selten dazu, dass dieser Gang schon sehr früh am Morgen nötig wird, aber das ist nicht immer so. Weil ich die Toilette nun einmal irgendwo in der Gliederung einordnen musste, habe ich sie zum Gang ins Badezimmer gesetzt, was zumindest den Vorteil hat, einer technisch-räumlichen Logik zu folgen (das Örtchen ist in der Nähe des oder manchmal sogar im Badezimmer). Die große Vielfalt der Vorstellungen und Gewohnheiten, die einem hier begegnet, hat mich vor ein Problem gestellt, als es darum ging zu entscheiden, wie dieser erste Teil aufgebaut sein sollte: Sollte ich mit dem Badezimmer beginnen oder mit dem Frühstück? Sollte man zunächst eine umfangreiche statistische Untersuchung durchführen, um festzustellen, welche Auffassung die vorherrschende war? Zum Glück ist der Morgen danach kein Morgen wie jeder andere, was mir eine ebenso langweilige wie wenig nützliche Arbeit ersparte. Im normalen Leben scheinen die beiden Konzeptionen ziemlich ausgeglichen verteilt zu sein; dem Frühstück den Vorrang einzuräumen, ist durchaus nicht selten. »Danach war es dann umgekehrt: erst das Frühstück, dann ins Bad. Aber an jenem Morgen kam das Frühstück an zweiter Stelle« (Boris). Am Morgen danach befehlen einem verschiedene Ängste eher einen raschen Gang ins Badezimmer. Was das Frühstück betrifft, so eröffnet es eine ganz andere Szenerie, weit entfernt von der sanften Umhüllung intimer Nähe im Refugium Bett. Das erklärt auch, warum es die Protagonisten intuitiv noch ein wenig hinausschieben (außer im Fall des Frühstücks im Bett). Und das rechtfertigt die Tatsache, dass ich es in meiner Gliederung ganz ans Ende gesetzt habe.

Noch ein einführendes Wort zur Toilette. Wagt sich der Blick des Soziologen an diesem Punkt nicht zu weit vor? Befiehlt einem nicht der Anstand, über die Obszönitäten der intimsten Intimität Schweigen zu bewahren? Ich glaube nicht. Nur eine übertriebene Scham hindert uns daran, das zu sehen, was uns die am meisten nach außen abgeschotteten Orte lehren können (Guerrand, 1986). Natürlich ist das für den Forscher ein äußerst delikates Untersuchungsterrain. Aber sich den eigenen Blick zu verhängen, würde bedeuten, eine der für manche Akteure zentralen Szenen zu ignorieren. Die kleinen Dramen des »stillen Örtchens« auszuklammern, war undenkbar. Also galt es, die richtigen Worten zu finden, um nicht unnötig zu schockieren. Ich habe mich gegen eine allzu metaphorische Schreibweise entschieden (die durchaus möglich gewesen wäre). Denn der ganze Reichtum des Morgens nach dem ersten Mal liegt im Konkretesten des Konkreten. Deshalb werde ich mich der Worte bedienen, die auch die von mir befragten Personen verwendet haben, und vom »Pinkeln« und »Kacken« reden, wenn es nötig ist. Der Leser möge mir das im voraus verzeihen.

Die Toilette

Mit welchen Schwierigkeiten man zu kämpfen hat, hängt unter anderem von der Anordnung der Räume ab. Juliette erinnert sich an einen wahren »Langstreckenlauf«, den sie bei Romano zurücklegen musste, um zur Toilette zu gelangen, die sich am anderen Ende des Einfamilienhauses befand. »Aber wenigstens dort hatte ich meine Ruhe.« Bei Guillaume hingegen war die Toilette ganz in der Nähe, zu sehr in der Nähe, und noch dazu in das Badezimmer integriert. »Das war ein echtes Problem, denn für mich ist der Gang zur Toilette etwas wirklich Privates.« Virginie erlebte bei Léopold dieselben Widrigkeiten, die durch die Warteschlange noch verstärkt wurden, die die anderen Familienmitglieder vor dem kleinen Badezimmer mit integriertem WC bildeten. Doch am Morgen danach ist nichts unüberwindbar, und noch die schlimmsten Hindernisse können bewältigt werden. Denn in der Not entwickeln die Protagonisten eine außerordentliche Fähigkeit, ihre Grenzen zu überschreiten, geschickt zu parieren, Lösungen zu basteln. Man ist gezwungen, über sich selbst hinauszuwachsen. »Du hast keine andere Wahl. Es ist im selben Raum, und es passiert ohne dein Zutun, einfach von der praktischen Seiten her.« Doch nur selten stellt sich Zwanglosigkeit ein, und der Verhaltensstil ist eher diskret und hastig. »Aber ich hab schnell gemacht.« Kombiniert mit verschiedenen Ablenkungsstrategien. »Währenddessen machst du Geräusche, erzählst irgendwas.«

Der Gang zur Toilette ruft das noch einmal auf, was bereits anlässlich des Aufstehens erlebt wurde: Die Änderung der Szenerie führt plötzlich zu Überraschungen. Man fühlte sich einander unendlich nah, so als habe man nichts voreinander zu verbergen, und plötzlich wird der Blick, der auf einen gerichtet ist, unerträglich und löst ein Bedürfnis nach Alleinsein aus. Was die Toilette betrifft, scheint eine Erklärung mithilfe der Scham noch nahe liegender zu sein, als wenn es um's Aufstehen geht: »Das ist doch klar, da braucht niemand seine Nase hineinzustecken, das ist etwas Intimes« (Marlène). Nun gibt es aber selbst in diesem Bereich keine objektive Definition von Intimität. Auch in diesem Punkt gab es historisch große Variationen (Bologne, 1986), und auch heute noch bestehen enorme geografische Unterschiede (Desjeux, 1999). Selbst innerhalb einer Kultur hat jeder im Stillen seine ganz eigenen Vorstellungen zu dieser Frage.

Die Schwierigkeit ist nicht nur praktischer Natur, sondern wirft auch ein Problem allgemeinerer Art auf: Welche Grenzen setzt man der neuen Intimität als Paar, die man gerade entdeckt, welche Grenzen setzt man der Verschmelzung der Identitäten, die man gerade erlebt? Die Vorstellung, die in unserer heutigen Zeit propagiert wird, geht dahin, möglichst weit in die Bereiche des Natürlichen und Authentischen vorzudringen, die, bis ins Extreme getrieben, die Zonen des Geheimen minimieren. Sich unverblümt und ohne Scham nackt zeigen, so, wie man ist. Dabei ist sich allerdings alle Welt, oder fast alle Welt, darin einig, dass gewisse Ausnahmen bestehen, Extrempunkte, an denen das Individuum nur mit sich selbst allein sein kann. Das »stille Örtchen« ist sicherlich diejenige unter den Ausnahmen, die von den meisten akzeptiert wird. Es scheint natürlich, bei der Verrichtung seiner Bedürfnisse strikt allein zu sein.

Virginie jedoch war gezwungen, sich, in voller Aktion, mit der Anwesenheit von Léopold an ihrer Seite abzufinden, und es gelang ihr, sich daran zu gewöhnen. Mehr noch, Colombine, die die Tür hätte schließen können, ließ sie angelehnt. Die Vorstellung von der Natürlichkeit des Geheimnisses um die natürlichen Verrichtungen ist also gar nicht so natürlich. Abgesehen davon, dass die jeweiligen Definitionen von einem Individuum zum anderen sehr unterschiedlich sind, wird das »stille Örtchen« nur selten vollständig in die Welt des Individuell-Geheimen verwiesen – die Grenze scheint hier zu hoch angesetzt. Im normalerweise stillschweigenden Kampf der Definitionen (selbst unter Partnern spricht man kaum über dieses Thema) erscheint eine andere, niedriger angesetzte Grenze als evident und findet zudem fast überall Zustimmung: der große Unterschied zwischen den »kleinen« und den »großen« Verrichtungen. »Zu pinkeln fällt einem nicht allzu schwer. Aber das ... also da wird's schwieriger. So leicht es einem fällt, vor dem anderen zu pinkeln, so sehr verschafft einem DAS Unbehagen« (Virginie). »Zu kacken ist wirklich intim. Ich kann mir echt nicht vorstellen, zu scheißen, während der Typ nebenher ein Gespräch mit mir führt. Pinkeln im Zweifelsfall ja, aber kacken – nein!« (Gildas)

Pinkeln in Gegenwart des Partners ist das Beispiel schlechthin für diese Art von Handlungen, die früher verboten waren und heute Beweis sind für Entspannung und die neue Zwanglosigkeit. Das Kacken verweist auf eine viel problematischere Gestik, ein dunkles und geruchlich störendes Universum, das den Charme des Zarten und Rosaroten am Morgen danach zu zerstören droht. Um dies hinzunehmen, müssen schon die Zwänge des Kontextes (wie im Fall von Virginie und Lépold) ein solches Zusammengepferchtsein unumgänglich machen. Meistens jedoch werden alle möglichen und erdenklichen Strategien entwickelt, um auf möglichst große Distanz zu gehen, Geräusche zu unterdrücken, Gerüche zu beseitigen. Da hat jeder so seine Tricks. »Wenn ich auf die Toilette gehe, sprüh ich hinterher, denn natürlich würde mich das stören, wenn es stinkt« (Gildas). »Du versuchst, ganz diskret dahin zu gehen, du legst dir eine Strategie zurecht, wartest ab, bis er die Musik laut gestellt hat, irgendsowas« (Virginie). Bis hin zur Radikalstrategie: sich zurückhalten, es auf später am Tag verschieben. Was nicht immer leicht ist, wie Juliette mit ihrem »verheirateten Mann« im Hotel feststellen musste. »Ich musste zur Toilette, aber das war mir wirklich schrecklich unangenehm. Ich sagte mir: Aber ich muss doch, und habe mich total verkrampft!« Rodolphe hat es geschafft. »Das große Geschäft, das hätte mit Sicherheit die Stimmung verdorben.« Ein Aufschieben ist manchmal also möglich, im Gegensatz zum ununterdrückbaren Pinkeln, das sich in dieser Hinsicht als unbequemer erweist. Müsste man also den so oft von unseren Gesprächspartnern geäußerten Gegensatz nicht relativieren?

Der Feinanalyse hält die allzu einfache Unterscheidung Pinkeln/Kacken tatsächlich nicht Stand. Die befragten Personen haben diese Trennlinie betont, weil unbedingt irgendwo eine klare Grenze gezogen werden musste, um vor sich selbst die Schwammigkeit der Definitionen und die eigene Verwirrung zu verbergen, die destabilisierend wirken könnten. In Wahrheit sind die Variationen sehr groß und hängen sowohl vom konkreten Kontext als auch von den Gewohnheiten eines jeden Partners ab. Es ist nicht die Handlung als

Ganze, sondern dieser oder jener präzise Aspekt (ein bestimmter Geruch, ein unangenehmes Geräusch), der nicht zur Gesamtstimmung der Szenerie passt. Derjenige, der das störende Element sieht, hört oder riecht, versucht, seine Aufmerksamkeit abzulenken, um die Intensität der Störung zu vermindern. »Du denkst an etwas anderes, du tust so, als wäre nichts gewesen« (Walter). Derjenige, der es produziert, versucht seine Effekte abzumildern – mehr oder weniger vehement und einfallsreich, je nachdem, ob er davon überzeugt ist oder nicht, eine Störung verursacht zu haben. Anna ist ein Beispiel für jemanden, der extrem davon überzeugt ist. Sie ist völlig besessen von Geräuschen, ihren eigenen Geräuschen. »Wenn der Fernseher nicht lief, konntest du vom Wohnzimmer aus die ›Plumps‹-Geräusche hören. Das war sehr, sehr, sehr stressig. Also machte ich immer ein kleines Polster aus Klopapier, damit man meinen ›Plumps‹ nicht hören konnte!« »Klein« ist hier wohl das falsche Wort, denn es war jedes Mal eine vollständige Rolle Klopapier dafür nötig, dieses »Polster« zurechtzumachen. Doch da war nicht nur dieser »Plumps«. Für Anna – und das bestätigt, was eben gesagt wurde – war auch das Pinkeln ein Problem. »Oh je, das Pinkeln, dass es nur ja direkt ins Wasser geht und ja nicht ›gling-gling-gling‹ macht! Dass man es nur ja nicht hört!« Sie musste alles so genau einstudieren und so umständliche Positionen einnehmen, dass ihre Beschreibungen davon völlig konfus waren und es mir nicht möglich war, sie korrekt zu wiederzugeben. Das ist übrigens vielleicht auch besser so. Schließlich wollen wir unser Eindringen in die privateste Privatsphäre nicht übertreiben und diese Tür wieder schließen, um zur letzten Szene am Morgen danach zu kommen, bei der es sehr viel offener und öffentlicher zugeht.

Das Frühstück

»Er stand auf und fragte:
– Tee oder Kaffee? Ich mache Frühstück.
– Dasselbe wie Sie.
– Dann also Tee.
– Selbstverständlich noch eine asiatische Gewohnheit, sagte sie ein wenig sarkastisch.
Sie frühstückten in der Küche, sich am Tisch gegenüber sitzend. Coplan hatte sich einen seidenen Morgenrock mit asiatischem Muster übergezogen, Julia schwamm in seinem Pyjama, der ihr viel zu groß war.«

Paul Kenny, *L'Ange et le Serpent*[1]

Gewaschen und mehr oder weniger angezogen sitzen sie nun also Seite an Seite oder einander gegenüber. Ohne dass man irgendetwas dagegen tun könnte, rückt die Erfahrung der Nacht und des Refugiums Bett in die Ferne. Sie betreten ein Universum alltäglicher Gesten, reden über belanglose Dinge und über andere, die weniger belanglos sind, denken darüber nach, was der Tag wohl bringen mag und wie ihre – möglicherweise gemeinsame – Geschichte wohl weitergehen wird. Wie weit weg erscheinen jetzt schon die Küsse und Zärtlichkeiten beim Aufwachen! Die beiden Partner haben ein neues Kapitel des Morgens danach geöffnet, das radikal anders ist, voller Tücken, aber auch mit seinem eigenen, diskreten Charme ausgestattet, den es zu entdecken gilt. Nach dem kleinen Tod der Liebesnacht tritt das ganz gewöhnliche Konkrete wieder an die Oberfläche, mit seinen tausend Details, die ganz banale Zwänge und Freuden in sich tragen.

Die Verhärtung des Blickes hatte bereits im Augenblick des Aufstehens begonnen; der Gang zum Badezimmer und zur Toilette hatte manchmal Unbehagen und Kälte ins Spiel gebracht. Doch erst mit dem Frühstück wird die Distanzierung wirklich definitiv. So am Tisch sitzend, einer konventionellen Gestik verhaftet, fühlen sie sich wie Fremde ihrer selbst, während ihre Handlungen doch eigentlich

1 Éditions Fleuve noir, 1985. Französisch im Original, Übersetzung D.B.

dieselben sind wie an jedem anderen Tag. Erneut eine Erschütterung der Identität.

Wurstsandwich und Sahnekuchen

Die Troubadoure des Mittelalters erzählten die Geschichte des Beginns einer Liebe mit drei typischen Figuren: den beiden Liebenden und dem Wächter der Morgenröte (Bec, 1978). Der aufgehende Morgen markierte das Ende der Zeit der lodernden Liebe und die Rückkehr zu den Realitäten des profanen Lebens, das voller Gefahren ist. Der Wächter warnte die Liebenden, damit sie fliehen und die überirdische Reinheit ihrer Idylle bewahren konnten. Heute ist die sexuelle Freiheit größer, aber die Gefahren der Morgenröte sind – wenn auch vielleicht diffuser – nicht geringer geworden. Und da ist kein Wächter, um rechtzeitig zu warnen. Die Protagonisten spüren intuitiv, dass die Fortsetzung ihrer Geschichte (sollte es eine geben) komplizierter werden wird als diese Nacht. In dem nüchternen Individuum, das in jedem Liebenden schlummert, regt sich die Lust aufzustehen, sich zu waschen, anzuziehen, etwas zu essen, die Zeitung zu lesen oder Radio zu hören, kurz: zu all dem zurückzukehren, was das Salz des sozialen und öffentlichen Lebens ausmacht. Aber der Verliebte in ihm hat sein letztes Wort noch nicht gesprochen und versucht ganz im Gegenteil, die Nacht möglichst lange hinauszudehnen und den Bruch in der Situationsdefinition zu vermeiden, der mit dem Frühstück definitiv werden könnte.

Hierfür stehen mehrere Strategien zur Verfügung. Die wirksamsten sind diejenigen, die darauf abzielen, möglichst lange im Bett zu bleiben, statt sich an einen Tisch zu setzen, und/oder diejenigen, die mit dem starren Ritual brechen, indem sie das Frühstück in ein außergewöhnliches Fest verwandeln, eine Art Mikro-Karneval mit Zuckerguss und einer Prise Verrücktheit. Wir haben bereits die Petits-Suisses von Tristan und Isa angesprochen. Am zweiten Morgen wurden sie durch (in der Mikrowelle aufgewärmte) Spaghetti ersetzt, die im Bett verspeist wurden. »Das waren improvisierte Frühstücke, ohne dieses ganze Ritual mit Kaffeetasse, Brötchen, Toast und all dem. Statt dessen Petits-Suisses, ganz spontan. Einmal haben wir sogar Nudeln gegessen. Lauter so improvisiertes Zeug, das einem gerade in den Kopf kam. Mit der Zeit kehrt dann aber wieder eine gewisse Ordnung ein. Denn Frühstück zu machen, bedeutet aufstehen zu müssen und sich für die Zeit trennen zu müssen, die man benötigt, um das Frühstück vorzubereiten. Und das alles ist ja auch voller Klischees: Frühstück im Bett und so, das sieht man ja ständig im Fernsehen. Daran ist nichts besonders Originelles« (Tristan). Wir wissen bereits, dass Isa von den Petits-Suisses weniger begeistert war. Dasselbe gilt für die Spaghetti, aber das ist eine andere Geschichte. Das Wichtige, das wir für den Augenblick festhalten wollen, ist die Frage, wie es dem durch die Überraschung produzierten Ereignis – einmal ganz abgesehen von der geschmacklichen Befriedigung und der Gemütlichkeit – gelingen kann, diese ganz besondere Stimmung des Morgens danach zu bewahren und ein allzu frühes Zurückfallen in die Gewöhnlichkeit der profanen Welt zu vermeiden. Hätte Tristan sie gefragt, hätte Isa bestimmt Tee und Croissants bevorzugt. Von der rein kulinarischen Seite betrachtet, ist sie von Petits-Suisses und Spaghetti zum Frühstück nicht gerade begeistert. Dennoch ließ sie sich ohne das geringste Zögern auf diese kleine Verrücktheit ein, die die Besonderheit dieses Morgens ausmachte, der kein Morgen wie jeder andere war. Agathe, die (durch die kalte Dusche und das zweifelhafte Handtuch) bereits ziemlich aus der Fassung gebracht worden war, war gezwungen, ein »riesiges Sandwich« mit Wurst zu essen, während sie eigentlich von etwas ganz anderem träumte. »Na ja, es stimmt schon, ich bevorzuge eigentlich Frühstücke im Stil Croissants und frische Brötchen.« Die vergnügte und sprudelnde Art und Weise, in der sie heute davon erzählt (und auch einige Verallgemeinerungen bezüglich der Landeskultur, die sie damals entdeckte), unterbrochen lediglich von lautem Lachen, zeigt indessen, dass diese Geschichte für einen intensiven Augenblick steht und zu einem Teilstück eines Gründungsmythos geworden ist. »Oh ja, was das Frühstück betrifft, ist dort alles ganz anders als bei uns. Wir sind Frühstück mit Croissants und einer Tasse Kaffee gewohnt, am Tisch sitzend und all das. Dort ist das völlig anders. Es gibt keine Tische, und man muss rausgehen, um sich etwas zu essen zu holen. Und dann kommt er mit einem riesigen Sandwich zurück, mit Bacon und Wurst, so ein englisches Ding, aber eben auf Sandwich, und das isst man dann im Bett. Und du fragst dich: Das soll für mich sein? Was soll ich damit anfangen? Wo tue ich das hin? Auf jeden Fall bleibst du im Bett. O.K. Das ist also einfach nur dafür da, um etwas in den Magen zu kriegen, so ist die englische Kultur.«

Juliette hat eine ebenso große Überraschung erlebt, aber ohne die Unannehmlichkeit des Wurstsandwiches. Es war mit Olivier, einem sehr jungen, vor Energie und Kindereien nur so sprühenden Liebhaber. Er kam nicht mit Brot oder Croissants von der Bäckerei zurück, sondern mit einer riesigen Schachtel voller Sahne- und Schokoladenkuchen. »Er war beim Bäcker und hat mir lauter so kleine Sahne- und Schokoladenkuchen mitgebracht. Ich fand das wunderbar. Es war das erste Mal, dass jemand so etwas für mich getan hat! Das war total nett! Super nett!« Vergessen die Diät, beiseite mit den Verdauungsproblemen. Die süße Verrücktheit des Augenblicks schuf unvergessliche Erinnerungen voller Humor und Poesie. »Er war wahnsinnig witzig. Er kam zurück und sprang mitsamt seiner großen Kuchenschachtel zu mir ins Bett.« Ein solches Frühstück wird Juliette nie wieder erleben.

Ambivalente Brötchen

Das Frühstück nach der ersten gemeinsamen Nacht kann sich sehr unterschiedlich gestalten. Manchmal besteht es aus überraschenden Speisen, die im Bett eingenommen werden, manchmal aus eher einfachem und schmucklosem Essen, oder es gleicht im Gegenteil einem wahren Festakt. Manchmal ist es ein ruhiges Tête-à-tête, manchmal findet es an einer großen und lauten Familientafel statt. Es ist diese Vielfalt, die die Besonderheit dieser Szene kennzeichnet: Sie öffnet die Tür zu einem Sozialisationsuniversum, auf das die vorausgehende Nacht nur wenige Hinweise gegeben hat und das somit noch zu entdecken bleibt. Daher kommt es oft zu Überraschungen in dem Moment, in dem es darum geht, Handlungen auszuführen, die einem normalerweise ganz natürlich vorkommen.

Doch es gibt eine Handlungssequenz, die hier eine Ausnahme bildet. Während sie in genau dieser Form im gewöhnlichen Leben relativ selten anzutreffen ist, findet man sie beim Frühstück am

Morgen danach fast immer, wo sie fast eine Art spezielles Ritual darstellt. Einer der beiden Partner (in der Regel der Mann) steht auf und geht zum Bäcker, um Brötchen zu holen. Eine Geste der Galanterie und Verführung, der Wunsch zu gefallen oder schlicht und einfach eine Geste der Liebe, der uneigennützige Wunsch, eine Freude zu machen. Aber auch (zumindest ein bisschen) eine Art und Weise, ein Ereignis herzustellen. Rodolphe ist im Bett geblieben. Es war Charlotte, die Brötchen holen ging, weil sie die Nacht bei ihr zuhause verbracht hatten (und vielleicht auch, weil sie auf diese Weise implizit eine gleichberechtigte künftige Aufgabenteilung anvisierte). Er schätzte diese Aufmerksamkeit sehr und spricht heute mit einer gewissen Nostalgie davon, wobei er bedauert, dass sie sich an den folgenden Morgen nicht wiederholt hat. »Das war eine schöne Überraschung. Sie ist Brötchen holen gegangen (es gab bei ihr unten im Haus eine Bäckerei). Und dann mit dem Tablett – das war wirklich toll. Seither ist es nicht mehr sehr oft dazu gekommen!« Viele Frauen sprachen (in Übereinstimmung mit der klassischen Rollenverteilung, der zufolge der Mann seine Höflichkeit unter Beweis stellt) mit noch größerer Begeisterung von den Brötchen – was genau daran liegt, dass sie Frauen sind und dieses Schema historische Erinnerungen an einen alten Code der Galanterie weckt. »Du bleibst im warmen Bett und döst, und du weißt, dass er das für dich macht, dein edler Ritter. Er ist hinausgezogen in die Kälte, um seiner Liebsten Brötchen zu holen. Das ist schön!« (Marlène)

Im Fall von Vincent war der Grund für's Brötchenholen weniger der Wunsch, ein wenig Abstand zu bekommen, sondern den Stress abzubauen, der sich im Laufe des Morgens in dem schlafenden Haus aufgebaut hatte. Die Kuh, die Mäuse, die Spinnen, der Pot-Pourri, Van Gogh und das Badezimmerfenster hatten seine Nerven auf eine harte Probe gestellt. Und – eine weitere Pein – Aglaé schien immer noch nicht aufwachen zu wollen. Er musste etwas tun, dieses fast schon danteeske Haus verlassen. Die Brötchen sollten eine ganz einfache und wunderbare Idee sein. Leider war er fremd im Dorf und wusste nicht, wo sich der Bäcker befand. Ganz zu schweigen davon, dass Aglaés Eltern immer noch nichts von seiner Anwesenheit wussten. »Als ich Brötchen holen gegangen bin, kam ich mir vor, als würde ich mich wie ein Dieb davonstehlen, ich war ja nicht zu Hause und kannte das Haus nicht. Wenn sie aufsteht, während ich weg bin, wird sie denken, ich bin gegangen.«Der vermeintliche Held hat jedoch leider eine weniger eindeutige Version der Geschichte. Sicher, er wollte verführen, oder wer weiß, vielleicht sogar einfach nur eine Freude machen. Seine Hingabe und Großzügigkeit sind über jeden Zweifel erhaben. Doch, fügt er freiwillig hinzu, das war nicht sein einziger Beweggrund. Er hatte schon seit einiger Zeit allein wach gelegen und hatte langsam angefangen, sich zu langweilen, die Feuchtigkeit des Bettes empfand er als zunehmend klebrig und er hatte Lust, sich die Beine zu vertreten. Und außerdem, ja, empfand er das ununterdrückbare Bedürfnis nach einer vorübergehenden Flucht, nach einer gewissen Zeit der Distanz, um sich allein mit sich selbst wiederzufinden, weit weg von diesem scheinbar frivolen Aktionstheater, denn schließlich passierte hier doch vielleicht etwas sehr Wichtiges. »Es war wie das Bedürfnis, Luft zu holen. Draußen ist es gar nicht so schlecht, du atmest erst mal tief durch. Und schließlich tust du ja nichts Schlechtes, du bringst ja Brötchen mit. Das erlaubt es einem, sich über ein paar Dinge klar zu werden« (Gérard). Eine meist männliche Haltung, die aber nicht ausschließlich bei Männern anzutreffen ist. Sophie: »Ich bin nicht wirklich geflüchtet, aber ich bin Brötchen holen gegangen. Ich musste ein wenig Abstand kriegen.«

Auch wenn die Brötchen aus dem Teig der Liebe gemacht sein mögen, verbirgt sich dahinter meist ein mehr oder weniger großes, mehr oder weniger vorübergehendes Fluchtbedürfnis. Im Fall von Rodolphe war dieses sehr groß und sehr definitiv. Es geht diesmal nicht um den Morgen nach der ersten Nacht mit Charlotte (die ja selbst Brötchen holen gegangen ist), sondern mit einer anderen, einem jungen Mädchen, dessen Namen er vergessen hat (hat er ihn überhaupt jemals gekannt?). Das Aufwachen war für ihn eine sehr unangenehme Überraschung. Welcher Teufel hatte ihn am Abend zuvor geritten, dass er sich jetzt in diesem Bett wiederfand, neben einer Unbekannten, die in ihm nicht das geringste liebevolle Gefühl weckte, ganz im Gegenteil? Wie könnte er der Falle entkommen, in die er sich manövriert hatte? Dieser Frau sagen, dass er sie nicht liebte? Welchen Ausweg gab es? Die Idee mit dem Brötchenholen schien ihm schließlich die beste zu sein. Er sagte ihr, er gehe in der Bäckerei welche holen. »Und dann hab ich mich verdrückt.« Trotz der dreißig Kilometer, die ihn von seiner Wohnung trennten (und die er per Anhalter zurücklegte). In den Brötchen steckt das Beste und das Schlechteste. Am Morgen danach ist eben nichts wirklich einfach.

»Das Brot war hart«

Juliette hat viele wunderbare Erinnerungen: Die Sahnekuchen, die sie mit Olivier im Bett verspeist hat, stehen nicht für das einzige legendäre Frühstück, das sie erlebt hat. Aber mit Romano kam es nicht zu solchen Verrücktheiten, die Dinge blieben im Gegenteil einfach, normal, familiär. Nun war es jedoch genau diese familiäre Normalität und ihr überraschendes Zusammentreffen mit der Magie des Augenblicks, aus dem ein Gefühl der Freude hervorbrach, das an Glück grenzte. »Es war ganz familiär, die kleine Küche, die nicht besonders viel hermachte, ein Wachstuch, das war's. Ich hatte Lust, Zeit in seinem Haus zu verbringen, an dem Ort, der ihm gehörte. Ein Bild zurückzulassen oder, ich weiß nicht, irgendetwas zurückzulassen. Und er hatte so nette Eltern, dass ich mich sofort wohl gefühlt habe.« Juliette war bereit, sich mit Leib und Seele diesem Ort zu verschreiben, einfach nur eins mit ihm zu sein. Eine wunderbare Ausnahme. Denn meistens erscheint die familiäre Normalität des Partners eher wie eine Merkwürdigkeit, die noch exotischer ist als die wenigen Gesten, die man beim Aufstehen oder im Badezimmer zu sehen bekommen hat – eine neue, unbekannte Dimension seiner Persönlichkeit, mit all ihren Tiefen, gleich einer Erinnerung, der man nicht auf den Grund gehen kann (Muxel, 1996). Eine Merkwürdigkeit und eine Gefahrenzone. Man muss sich ein Verhalten zurechtlegen, kalkulieren, nur ja keinen Fehler machen. Sehr schnell nimmt auch der andere Partner die Distanzierungen und unterschwelligen Antagonismen wahr, die hier wirken. In der Regel stellt er sich auf die Seite der Beziehung. Schlägt er sich aber auf die Seite der Familie, ist das für den Gast, der damit ein wenig zum ungebetenen Eindringling wird, meist ein schlechtes Zeichen. Zum Glück für Anna hat sich Éric auf ihre Seite geschlagen. Nachdem sie sehr spät aufgestanden waren, war ihre erste Mahlzeit das Mittagessen. Sie waren anwesend, aber zugleich ganz woanders, vergessen in einer Wolke des Schweigens inmitten dieser schwirrenden Tischgesellschaft. Anna zitterte vor Angst. »Was mir Angst machte, war das Essen. Wir waren bei diesem Familienessen total kindisch, wie wir da Seite an Seite saßen und uns verschworene Blicke zuwarfen. Ich habe mich wirklich ganz klein gefühlt, nicht gut, ich hatte Bammel. Éric war mir gegenüber wahnsinnig aufmerksam und seine Familie war wirklich nett, es lag einfach an mir. Ich hatte Angst, eine Wasserflasche umzuwerfen, so was Blödes halt. Als er merkte, dass ich ein bisschen unruhig war, tätschelte er mir das Bein.«

Ein Frühstück zu zweit ist leichter zu bewältigen. Doch das Familiengedächtnis hat auch in den Gegenständen und Lebensmitteln seine Spuren hinterlassen. Während sie für den Bewohner der Räumlichkeiten vollkommen normal und selbstverständlich sind, erscheinen sie dem Gast ungewöhnlich oder gar unpassend. Die Unterschiede, bei denen es am schwersten ist, sich anzupassen, sind diejenigen, die in direkter Berührung mit dem Mund stehen, also das betreffen, was man essen soll. Für Vincent war das der Anlass für eine zweite problematische Konfrontation mit der Kuh und der Welt der Produkte eines Bauernhofs. »Ich erinnere mich, dass es Milch gab, die ich überhaupt nicht mochte. Denn das war frische Kuhmilch, die hatte einen sehr intensiven Geschmack – daran war ich überhaupt nicht gewöhnt.« Boris entdeckte bei Prudence eine kulturelle Welt, die sich massiv von seiner unterschied, eine Welt, in der man der Frage, was auf den Teller kommt, nicht besonders viel Aufmerksamkeit schenkte. »Das Brot war hart, bestimmt drei Tage alt. Und auch sonst hatten sie überhaupt nichts im Haus, alles war tiefgefroren und musste erst aufgetaut werden.« Und doch trank Vincent seine Kuhmilch und Boris aß sein hartes Brot, trank sogar Tee dazu, obwohl er doch nie Tee trinkt. »Es musste Tee sein. Nichts für mich, normalerweise trinke ich immer heiße Schokolade. Aber ich bin mir sicher, dass ich den Tee ihr zuliebe getrunken habe.« So ganz genau erinnert er sich nicht mehr. Denn trotz des Überraschungseffekts war es ihm gelungen, seine gewohnte Persönlichkeit, einschließlich seines Geschmacks in Sachen Essen, in den Hintergrund treten zu lassen. Auch wenn er keinen Tee mochte, war dieser Tee doch ein integraler Bestandteil des Kontextes, Teil dessen er selbst war, und ein Bestandteil des Ereignisses, das er gerade durchlebte. Er trank ihn und spürte diesen merkwürdigen Geschmack im Mund – eine noch konkretere Art und Weise, sich wie »im Film« dieses verschobenen Lebens zu fühlen. Es gelang ihm, diesen Tee zu trinken, weil der Film nicht wirklich er selbst war. Manches war jedoch noch schwerer zu verdauen und hinterließ deutlichere Spuren in seiner Erinnerung: An das harte Brot erinnert er sich ganz genau. Seine gewohnte Persönlichkeit voll und ganz auszulöschen, gelingt also trotz dieses seltsamen Aus-sich-Heraustretens am Morgen danach nicht ...

Angesichts eines ungewohnten Tasseninhalts oder eines speziellen Brotes tritt der Gast in einen inneren Dialog mit sich selbst: Muss er völlig in diesen merkwürdigen Gewohnheiten aufgehen und sich selbst vollkommen vergessen oder sollte er seine Distanz wahren, sich im Gegenteil an seine gewohnten Orientierungspunkte halten? Darf er ein bisschen ein Anderer werden oder muss er voll und ganz das alte Selbst bleiben? Es will Sophie einfach nicht gelingen, »in der Landeskultur« ihren Platz zu finden. Zugleich gelingt es ihr aber auch nicht, einfach an ihrer eigenen Kultur festzuhalten und ihre normalen Gewohnheiten zumindest in einer Minimalversion aufrecht zu erhalten. Daher dieses unangenehme Gefühl des Schwankens und der Leere, eine Quelle des Unbehagens. »Es war diese Scham, nicht zu wissen, wohin mit sich selbst, seinen Platz nicht zu finden, überhaupt nicht entspannt zu sein. Nichts war so, wie ich es gewohnt war. Außerdem war es mir auch peinlich, nichts zu tun zu haben, einfach nur da zu sein und bedient zu werden. Das war zu weit weg von allem, was ich gewohnt war, es hat mir nicht besonders gefallen.«

Doch sich auf seine eigenen Markierungen zurückzuziehen, löst das Problem auch nicht. Denn man muss sich wenigstens ein bisschen auf die besondere Situation am Morgen danach einlassen. Besonders dann, wenn man davon träumt, dass die Geschichte eine Fortsetzung hat. Doch dieses Sich-Einlassen ist schwer zu meistern, insofern die Situationsdefinition ganz besonders komplex ist. Wer ist der andere eigentlich genau? Ein Liebhaber, ein möglicher Partner, ein Freund oder ein Fremder mit völlig inakzeptablen Angewohnheiten? Welche Art von Beziehung soll das werden? Was will man eigentlich wirklich? Colombine war hin- und hergerissen zwischen dem sehr starken Wunsch, das Abenteuer mit Franck fortzuführen, und dem Bedürfnis, sich nicht darin aufzulösen und von Anfang an unmissverständlich an einigen persönlichen Eigenheiten festzuhalten. Der zweite Morgen mit ihm war in dieser Hinsicht ein Schlüsselereignis für sie: Aus Angst vor einem allzu frühen Bruch gab sie sich in manchen Bereichen Mühe, während sie in anderen keinen Zoll breit von ihrer Position abrückte. Zum Beispiel in Sachen Nacktheit, die sie in ihrer Wohnung sehr oft praktiziert, wenn sie allein ist. »Ich bin Brötchen holen gegangen, kam zurück und habe mich wieder ganz nackt ausgezogen. Und dann habe ich nackt gefrühstückt.« Franck saß ihr gegenüber, angezogen. Wir haben bereits gesehen, dass er Colombine um ihre Ungezwungenheit beneidete. Deshalb kam es zu keiner Konfrontation zwischen ihnen. Obwohl sie der Gast war, versuchte sie von Anfang an, ein Alltagssystem durchzusetzen, in das sich Franck nur noch einfügen konnte. Dass sie die Brötchen geholt hat, war kein Zufall: Franck begnügte sich damit, der Entwicklung zu folgen. Als Hausherr ergriff er zumindest die Initiative, den Tisch zu decken, und das mit sehr viel Sorgfalt, eine wahre Festtafel, von Musik untermalt. Offen gesagt entsprach das überhaupt nicht seiner Gewohnheit, er wollte es einfach nur gut machen, Colombine gefallen. Diese jedoch war, vom Bäcker zurück, überhaupt nicht begeistert davon. »Für mich ist das Frühstück eben nur ein Frühstück, da muss man doch kein Festessen draus machen!« Besonders die Musik war ihr zuwider, eine Band, die sie verabscheute. »Also habe ich die Anlage abgestellt. Aber mit einem ganz breiten Lächeln!« Kein Konflikt, keine Diskussion über die Musik oder den gedeckten Tisch, und Colombine fordert es nicht heraus. Sie wollte in ihrem Positionskrieg die für Franck akzeptablen Grenzen nicht überschreiten. Sie hatte an diesem Tag schon sehr viel erreicht.

»Eine Rose und frisch gepresster Orangensaft – oh nein!«

Zwischen Vincent und Aglaé herrschte noch tiefere Stille. Vincent war mit einer großen – zweifellos zu großen – Tüte Croissants vom Bäcker zurückgekommen (man hat in solchen Situationen oft Angst, nicht genug zu tun). Aglaé wachte kurze Zeit später mit schwerem Kopf, müden Gesichtszügen und verschlossenem Mund auf. »Wir saßen an einem großen Holztisch, beinahe an den beiden entgegengesetzten Enden des Tisches. Sie saß da mit ihrem großen Glas ›Perrier‹, ihrem Aspirin, die Schachtel Aspirin daneben. Und ich, ich saß da mit meinen Croissants und versuchte, sie alle aufzuessen (was mir allerdings schwer fiel!). Wir redeten nicht. Ich versuchte, etwas zu sagen, aber ich sah, dass sie keine Lust darauf hatte, also sagte ich nichts mehr. Da wollte ich den Fernseher anschalten, aber das wollte sie auch nicht.« Für Vincent war dies mit Sicherheit eine unangenehme Position, und er erlebte einen zumindest anstrengenden Morgen danach. Und dabei gibt es Schlimmeres, viel Schlimmeres, sogar in Kontexten, die auf den ersten Blick angenehmer erscheinen. Denn obwohl Vincent seit dem Aufwachen eine ganze Reihen von Unannehmlichkeiten erlebt hatte, war er zumindest nicht mit einer Situation konfrontiert, die allzu schwer zu deuten gewesen wäre. Alles schien sich ihm zu widersetzen, das Haus und Aglaé, und seit er die Augen aufgemacht hatte, war ihm nichts untergekommen, was er als schön oder angenehm empfunden hätte. Und doch blieb er gelassen und geduldig mit ihr, hatte immer noch Lust, diese Erfahrung mit ihr fortzusetzen. Auch wenn er sich vielleicht innerlich ein wenig in seinen Elfenbeinturm zurückgezogen hatte, wartete er zunächst einmal ab, was ihm die weitere Entwicklung an neuen Informationen bringen würde, bevor er sein Urteil revidieren und seine beziehungsmäßigen Ziele überdenken wollte.

Juliettes Fall bildet quasi das Gegenteil zu dem von Guillaume: Alles schien bestens zu laufen, bis sie sich in einer Falle wiederfand, aus der sie nicht zu entkommen vermochte. Lassen Sie mich an dieser Stelle einige Fakten in Erinnerung rufen. Sie ging zunächst duschen, um dann das Frühstück vorzubereiten (heute macht sie das umgekehrt). Er machte es genau umgekehrt (und er macht es noch immer so, denn er hat in der Partnerschaft seinen Stil durchgesetzt). Offen gesagt misst er dem Frühstück so wenig Bedeutung zu, dass er sogar ganz darauf verzichten könnte. Nun spielten sich einige der folgenden Morgen im Elternhaus von Guillaume ab und dort – große Überraschung – fand sich ein traumhaft gedeckter Tisch, ein königliches Frühstück! »So etwas hatte ich noch nie gesehen.« Und was glauben Sie, was Juliette da dachte? Nach einigen Sekunden bewundernden Staunens beschloss sie, dies zu hassen!

»Ich mag es lieber einfacher. Brot toasten oder gute Marmelade kaufen, o.k. Aber Rose und frisch gepresster Orangensaft – oh nein!« Wie soll man das verstehen? Sie liebt das Frühstück aufgrund der Leckereien. Aber angesichts dieses übervollen Tisches witterte sie eine Gefahr ganz anderer Natur: die Gefahr, sich in der Rolle der Hausfrau eingesperrt wiederzufinden, was sie um keinen Preis wollte. Leckeres Essen – das ja! Aber ein übertriebener Dekorationsaufwand (der noch dazu zwischen den Partnern ungleich verteilt ist) – nein! Das Frühstück stürzte Juliette ziemlich schnell in einen Abgrund von Gedanken und Hypothesen hinsichtlich künftiger Verhandlungen mit offenem Ausgang. Wie sollte sie Guillaume verständlich machen, dass sie zugleich mehr und weniger wollte? Wie sollte sie ihn mit einer so konfusen Haltung für sich gewinnen, während sie doch in keiner starken Position war (sie hatte in Bezug auf das Duschen nachgegeben, sogar in Bezug auf das Zähneputzen unter der Dusche)? Vielleicht denkt sie manchmal noch an dieses wundervolle Frühstück mit Romano, bei dem doch scheinbar alles so einfach war? In Wahrheit war es das gar nicht, zumindest nicht voll und ganz. Da war eine andere Kleinigkeit, die die Magie des Augenblicks beeinträchtigte: ihr Hunger, der wie immer am Morgen größer war als der ihres Partners. »Ich erinnere mich, dass ich Hunger hatte. Und da ich mich nicht so recht wohl fühlte, wagte ich nicht, ihn um ein weiteres Stück zu bitten. Und er war einfach nicht sensibel genug, um zu verstehen.« Die verliebte, verzauberte Situationsdefinition verbot es, hier etwas anzubringen, was wie eine Kritik hätte klingen können. Juliette zog es vor, ihren Hunger zu unterdrücken, um ihren Traum zu leben.

Um ihren Traum zu leben und – eine weitere Motivation – keinen Fehler zu machen. Auch wenn dem Aufwachen mit Romano ein echter Zauber innewohnte, konnte Juliette doch diese Gefahr nicht ignorieren, die alle am Morgen nach dem ersten Mal spüren. Denn was sich beim Aufstehen lediglich angedeutet hatte, zeigte sich mit dem Frühstück sehr viel deutlicher: Hinter der Einfachheit der Gesten und der Normalität der Situation verbergen sich schwerwiegende existenzielle Fragen. Das Bedeutungslose ist nur scheinbar bedeutungslos, nichts ist selbstverständlich. Die kleinste Bewegung, die flüchtigsten Worte können der Beginn einer Zukunft sein, die in die eine oder in die andere Richtung führt.

»Dir wird klar, mit wem du es zu tun hast«

Da ist zunächst die Frage des gemeinsamen Stils. Wenn sich zwei Unbekannte zum ersten Mal begegnen, können sie nur dann eine soziale Beziehung eingehen, wenn jeder sein Gegenüber »typisiert«, es also analysiert und seine Erwartungen, sein Verhalten und seine Sprache klassifiziert, um sich ihm perfekt anzupassen (Berger, Luckmann, 1986). Peter Berger und Hansfried Keller (1988) haben die Intensität dieses Prozesses am Anfang eines Lebens zu zweit untersucht: Die beiden Partner verändern sich zutiefst, sie legen sich regelrecht eine neue Identität zu, indem sie ein neues Bedeutungsuniversum erschaffen, in das sie sich einfügen. Nun beginnt dies alles schon sehr früh, schon mit den ersten Blicken, den ersten Gesten, den ersten Worten. Sollte dem neuen Paar, das gerade am Entstehen ist, eine lange Zukunft verheißen sein, können die Verhaltensweisen, die sich ganz am Anfang einbürgern, tief greifende und dauerhafte Effekte nach sich ziehen. Juliette misstraute dem allzu üppig gedeckten Tisch in Guillaumes Familie, sie verurteilte die Rose und den frisch gepressten Orangensaft; Colombine setzte ihre Nacktheit und den Verzicht auf Musik während der Mahlzeiten durch. Die Gewohnheiten werden sehr schnell inkorporiert und später ist es schwer, sie wieder zu ändern (Kaufmann, 1999). Deshalb sollte man im Gründungsmoment vorsichtig sein, um zu vermeiden, dass man später schwierige und oft vergebliche Kämpfe auszufechten hat.

Die zweite zentrale Frage (die ich, wenn ich strikt logisch vorgegangen wäre, an erster Stelle hätte nennen müssen) bezieht sich auf das eigentliche Sich-Einlassen auf die Beziehung. Ist man wirklich entschlossen, mit »der Person, die da ist« ein Stück des Weges zu gehen oder gar zu versuchen, mit ihr zu leben? Wenn ja, wie denkt »die Person« über diese Frage? Vielleicht ist sie ja überhaupt nicht überzeugt? Schlimmer noch: Vielleicht ist sie dabei, einen heimlich zu beobachten und zu bewerten, um sich eine genauere Meinung zu bilden? Scheinbar steht der Morgen danach nur für Trägheit, Entspannung, Sich-Gehenlassen. Aber in Wahrheit ist es jetzt oder nie, dass man den andern und sich selbst genau beobachtet, es ist der Augenblick, um eine gute Figur zu machen. Gildas ist der totale Champion in Sachen genauer, fast schon experimentartiger Beobachtung. Das Frühstück ist für ihn die entscheidende Prüfung, ein wirklicher Labortest, dem er die Kandidaten unterzieht, ohne dass sie das Geringste davon ahnen würden. Die Übung beginnt mit einer direkten Analyse des Frühstücks, denn in Gildas Kopf sind schon die Tischmanieren selbst wichtige Daten. »Ich bin nicht manisch, aber schon ein wenig etepetete. Ich mag es, wenn sich die Leute bei Tisch zu benehmen wissen, in all den vielen Kleinigkeiten. Also achte ich darauf. Bevor ich mit jemandem ein Gespräch beginne, schaue ich, wie er sich bei Tisch benimmt.« Darüber hinaus ist das Frühstück die Gelegenheit für eine zweifache Versuchsanordnung. Es erlaubt nämlich zu testen, wie sich »die Person« jenseits der speziellen Betterfahrung im normalen sozialen Leben verhält, sowohl im Hinblick auf konkrete Verhaltensweisen als auch hinsichtlich der Konversation, die von einer Ethik und einer Kultur zeugt, die bis dahin jenseits des Feldes dessen waren, was die beiden Beteiligten beschäftigte. »Typen, die dumm sind wie Brot, das kann schon mal vorkommen. Oder einer, der isst wie ein Schwein. Ein andermal hingegen war es ein Typ, so ein Akademiker, der war überschlau. Da hab ich mir gesagt: ›Was hast du dir denn da mit nach Hause gebracht? Er wird mich für total bescheuert halten, für einen Dünnbrettbohrer‹.«

Der Test verlief außerordentlich negativ, Gildas spürte, wie sich Unbehagen in ihm breit machte, und das drängte ihn zu einer schnellen Entscheidung. »In solchen Fällen, wenn ich mich total unwohl fühle, bedeutet das Flucht. Dann muss ich nur noch eine Entschuldigung finden.« Doch in der Regel verläuft die Bewertung auf weniger harte Weise. Er beobachtet aufmerksam, aber in aller Ruhe, sammelt Informationen, die dann später die Grundlage für sein Nachdenken bilden werden. Seine unmittelbare Sorge gilt der Frage, wie er am besten herausfinden kann, mit wem er es zu tun hat. »Meine Analyse bezieht sich nicht auf einen einzigen Augenblick. Du isst mit ihm, du siehst, wie er es versteht, ein Gespräch zu führen, ob er ordentlich isst, lauter solche Kleinigkeiten, die für mich wichtig sind. Danach weißt du, mit wem du es zu tun hast.« Doch auch dann, wenn dies alles nicht direkt in eine offene Reflexion einfließt, ruft diese Rahmung relativ schnell die unterschiedlichsten Gefühle hervor. Gereiztheit, wenn »der andere nicht mithalten kann«; Unbehagen, wenn »ich es bin, der nicht mithalten kann«. Haben die Gereiztheit oder das Unbehagen ein bestimmtes Level erreicht, wirken sie so stark auf die Entscheidungsfindung ein, dass kein Nachdenken mehr nötig ist.

Ich habe mich hier so ausführlich mit Gildas' Frühstück beschäftigt, weil Extremfälle es einem ermöglichen, die Dinge klarer zu sehen. Sie dürfen aber nicht in übertriebenem Maße verallgemeinert werden: Gildas und sein Test sind wohl kaum repräsentativ. Häufig ist die Beobachtung eine sehr viel zurückhaltendere, eher verstohlene, nicht systematische, die ganz unbewusst stattfindet, wenn der Blick an irgendeinem Detail hängen bleibt. Oder es ist eine durchaus gezielte Beobachtung, die aber eher aus der Neugier geboren ist als dass sie einem strengen Bewertungsschema folgen würde. »Ich habe mir angesehen, wie er aß, wie er seine heiße Schokolade in die Tasse goss und ob er sich bei Tisch zu benehmen wusste. Ich habe ihn beim Frühstück ein bisschen unter die Lupe genommen, mir seine Knie, seine Hände und seine Nägel angeschaut, die äußere Erscheinung der Person, aber auch sein Auftreten, sein Verhalten. Einfach nur aus Neugier, weil ich gerne mehr über diese Person wissen wollte.«

»In diesem einen Augenblick wird sich alles entscheiden«

Beim Frühstück beobachten sich die beiden Partner gegenseitig, selbst wenn sie sich nicht beobachten wollen. Sie sehen einander auf neue Weise, entdecken überrascht bisher ungekannten Facetten einer Person, die sie doch zu kennen glaubten, denn schließlich haben sie mit ihr eine Form größter Intimität geteilt. Doch trotz der Hitze des Gefechts – das Bett hat nicht alles preisgegeben. Der Tisch, die Tasse und die Toasts verraten noch ganz andere Geheimnisse. »Und dann sagst du dir, im Alltag, also im Inti..., also nicht im Intimsten, aber es ist eben sehr vielsagend, jemanden in seinem Alltagsleben zu sehen. Und da mustern sich beide, der Blick des anderen ist wirklich auf dich konzentriert und umgekehrt« (Virginie).

Virginie hatte Raoul jedoch nicht beobachtet – sie hasste ihn vom ersten Augenblick an und spürte deshalb nicht das geringste Bedürfnis, ihn sich näher anzuschauen. Im übrigen war es ihr egal, ob sie ihrerseits von ihm unter die Lupe genommen und beurteilt wurde oder nicht. Im Gegensatz dazu versucht sie, sich einen Morgen danach mit einem Partner vorzustellen, in den sie wahnsinnig verliebt ist. Der Wunsch, alles richtig zu machen und zu gefallen, wäre wohl so groß, dass sie sich sicher ist: Es würde sie überfordern. »Ich würde mich sehr unwohl fühlen, irgendwie falsch, ich würde wild mit den Töpfen rumhantieren, Frühstück machen, es anrichten, und danach würde ich seinen Toast mit Butter bestreichen, in die heiße Schokolade eintunken und zu vermeiden versuchen, dass mir vor seinen Augen die Schokolade über das Kinn läuft. Oh je, oh je! Ich würde mich alles andere als wohl fühlen, nein! Denn wenn du ihn liebst, hast du das Gefühl, in diesem Augenblick wird sich alles entscheiden. Das ist der Knackpunkt.«

Ein merkwürdiges Paradox: Virginie fühlt sich wohl, wenn sie nicht liebt, und unwohl, wenn sie liebt. Doch das ist nur scheinbar ein Paradox. Denn die wahre Liebe ist weit entfernt von der Phantasiewelt voller Lauterkeit und Offenheit, die oft beschrieben wird. Sich auf einen partnerschaftlichen Weg einzulassen, erfordert Arbeit und Kompetenz. Für die beiden Partner, die sich aus dem Bett erheben, verliert die Vertrautheit der sexuell-emotionalen Intimität angesichts bestimmter zentraler Fragen, die ein strenges Manöver erfordern, plötzlich an Gewicht. Wohlfühlen ist dann häufig gleichbedeutend mit erloschenem Interesse und Gleichgültigkeit. Wenn man hingegen auf keinen Fall einen Fehler machen will, weil einem das Gelingen dieser Operation mehr als alles andere am Herzen liegt, dann entstehen Stress und Unbehagen. Ich habe es bereits gesagt: Liebe und Angst sind eng miteinander verwoben. Wenn man sehr liebt, ist es deshalb nicht erstaunlich, wenn einen die Angst sogar durch und durch erzittern lässt.

Viel überraschender ist, dass diese verliebte Angst einen dazu bringt zu schummeln und sich anders zu zeigen, als man wirklich ist. War der Traum nicht im Gegenteil ein Traum von der absoluten Authentizität? Am Morgen danach, wenn man am Frühstückstisch sitzt, ist dieser Grundsatz der Wahrheit und Transparenz (dessen Illusion man im Bett noch erliegen konnte) auf später verschoben. Vergessen die Natürlichkeit, vergessen die Spontaneität. Die Not des Augenblicks schreibt einem vor, eine Rolle zu spielen und diese gut zu spielen, entsprechend dem Drehbuch, das man für diese Situation für angemessen hält. Zwischen den Banalitäten über

Toastbrot und Teetasse legt Virginie jedes Wort auf die Goldwaage, bevor sie es über die Lippen bringt, aus Angst, es könnte schlecht ankommen. »Ich denke genau nach, bevor ich etwas sage, ich sage nicht alles, was mir gerade durch den Kopf geht.« Vor allem darf man keinen Fehler machen, man muss mithalten können; die Strategie der Selbstpräsentation ist vor allem defensiv – was die schleppenden Gespräche und häufigen Redepausen erklärt (besser nichts sagen als etwas Falsches). Offensivere Strategien, die auf dasselbe Ziel ausgerichtet sind, aber auf eher aktive Weise funktionieren (gefallen, beeindrucken), können umgekehrt zu wahren Wortschwallen, zu überbordendem Gestikulieren und ostentativem Zurschaustellen führen. Gildas, der in Sachen Frühstück immer sehr extrem ist, organisiert eine wahre Zeremonie, die in Diskrepanz zu seinem normalen Verhalten steht. »Normalerweise geht das alles schneller, da schneide ich keine Brotscheiben ab und lege sie auf einen Teller etc. Aber zu diesem Anlass hole ich das englische Steingutservice aus dem Schrank.«

Die Routinen, von denen das Leben normalerweise getragen wird, sind an einem solchen Morgen keine Hilfe, man muss improvisieren und sich bemühen. Dies gilt vor allem für den Hausherrn, der es sich zumindest schuldig ist, ein aufmerksamer Gastgeber zu sein. »Wir waren bei mir zuhause. Na ja, da ist es klar, dass man dem anderen gegenüber aufmerksam ist, ihn fragt, was er zum Frühstück möchte, ihm einen Stuhl holt etc.« (Pierre). Die Tatsache, dass hier viel auf dem Spiel steht, die Angst oder einfach nur der Wunsch zu gefallen bringen einen dann dazu, sich nicht mit einigen Worten und Gesten zufrieden zu geben, sondern sehr viel mehr zu tun. Erika, die sehr zufrieden mit der letzten Nacht war, war bereit zu allem, um ihre Dankbarkeit und den Wunsch zu zeigen, mit Luc weiterzumachen. »Es machte mir nichts aus, ich war glücklich, das zu tun. Ich habe ihm jeden Wunsch von den Augen abgelesen, ihm seinen Zwieback geschmiert. Ich hatte einfach so große Lust, ihm eine Freude zu machen! Später habe ich dann noch abgespült.« Doch erinnern wir uns an Juliette, die die Rose und den frisch gepressten Orangensaft ablehnt und ihre Gesten am Morgen danach genau kontrolliert, weil sie Teil gefährlicher Gewohnheiten werden könnten: der genau gegenteilige Fall. Erika möchte die Gegenwart nicht opfern, um eine möglicherweise hassenswerte Haushaltszukunft abzuwenden. Sie möchte eine Freude machen, jetzt sofort, ohne Rücksicht auf anderes. Die Optionen sind somit vielfältig, je nach Entscheidung eines jeden einzelnen: Kontrolle über das Sich-Einlassen versus spontane Verführung, Hypothesen über die Zukunft versus Gegenwartskult, Zurechtlegen eines Verhaltens versus Bestärkung der persönlichen Verhaltensweisen etc. Nichts ist im voraus festgelegt, alles ist möglich und alles wird beträchtliche Folgen für die Gegenwart und für die Zukunft haben – vor allem im Zuge dieser letzten Szene, des Frühstücks, während dessen sich der Übergang zum gewöhnlichen Leben vollzieht. Hier steht wirklich etwas Wichtiges auf dem Spiel. Es geht nicht nur darum, die Angst zu besänftigen und sich der Sache gewachsen zu fühlen. Es geht vielmehr darum, die Grundlagen für eine Zukunft zu legen, deren Form sich hier und jetzt zu entscheiden beginnt. Wenn der erste Morgen danach zugleich auch der letzte dieser beiden Partner ist, wird dies alles kaum Konsequenzen haben, und die Art und Weise, mit Kaffeetasse und Brötchen zu hantieren, wird weiterhin zu den ganz banalen Banalitäten gehören. Wenn es hingegen eine Fortsetzung geben soll, muss selbst die unbedeutendste Geste als Gründungsakt betrachtet werden, der über eine Kette von Effekten die gesamte Beziehungsgeschichte nach sich ziehen wird.

»Wir küssten uns oft, um die Lücken zu füllen«

Beim Frühstück am Morgen nach der ersten gemeinsamen Nacht regiert das Schweigen. Um hier keine falschen Analyseergebnisse zu produzieren, sollte aber gesagt sein, dass das Schweigen auch die späteren Frühstücke regiert (Brown, Fougeyrollas-Schwebel, Jaspard, 1991). Die Gründe dafür sind jedoch nicht dieselben. Was das gewöhnliche Frühstück betrifft, erklärt sich die Stille aus den mit dem Aufwachen verbundenen Schwierigkeiten – an den biografischen Faden wieder anzuknüpfen und in den Tag hineinzugehen, ist an sich schon nicht einfach, und der Prozess wird umso komplizierter, wenn er sich mit einer partnerschaftlichen Konversation verschränkt. Doch am Morgen danach ist diese Bestätigung der Identität gegenüber dem übermächtigen Wunsch, dem Partner zu gefallen, völlig bedeutungslos, und die Lust zu reden ist im Gegenteil sehr groß. Das Problem liegt woanders: Man weiß nicht, was man sagen soll. Und die Stille wird noch undurchdringlicher und spürbarer als im Bett, wo sie sich hinter Schläfrigkeit, hinter Küssen und anderen Zärtlichkeiten verstecken konnte: Das Face-to-Face am Frühstückstisch überrascht durch seine Leerstellen. Jeder murmelt ein paar Sätze vor sich hin, die selten zu einem echten Gespräch taugen. Weil jeder Angst hat, einen Fehler zu machen, weil der andere seit dem Aufstehen sehr viel undefinierbarer geworden ist, weil die Zukunft dieses hypothetischen Zweigespanns sehr unsicher ist. Es fehlt an Orientierungspunkten, die Worte sind gefangen. Selbst die Worte der Liebe und das Liebesgeflüster, das eben noch im Bett stattgefunden hat, werden unaussprechlich, solange die Zukunft nicht klarer umrissen ist. Erschwerender Umstand: Die Routinen, die es einem gewöhnlich erlauben, auf festem Grund zu ankern, welche Wendung der verbale Austausch auch immer nimmt, erfüllen ihre Funktion hier nicht mehr, denn alles am anderen erscheint einem merkwürdig und wunderlich. Die Situation grenzt an Surrealismus. Denn zwischen diesen beiden Personen, die sich gerade auf so intime Weise kennen gelernt haben, beruht der einzige Kern einer gemeinsamen Wahrheit, der eine flüssige und gefahrlose Kommunikation ermöglicht, auf den so genannten »Nebensätzen« (Goffman, 1988) der allerbanalsten gemeinsamen Gegenwart. »Hast du gut geschlafen?« hatte Boris im Refugium Bett gefragt. Und Colombine scheint mit ihren Fragen zu den Schokocroissants im selben Stil fortzufahren: »Ich saß nackt auf meinem Stuhl, ihm gegenüber, er in T-Shirt und Unterhose. Und er schaute mich an. Wir haben nichts Großartiges geredet: Schmeckt das Schokocroissant? Ja, es ist lecker.«

Das Schlimmste ist, dass selbst diese wenigen Worte einer Anstrengung bedürfen. So kümmerlich sie auch sein mögen, muss man sie erst mal finden, und es gelingt einem nicht, alle Lücken mit ihnen zu füllen. Der perverse Mechanismus eines diffusen Unbehagens. Angst und Scham verschlimmern das Unbehagen noch, das seinerseits wiederum eine noch größere Scham auslöst und es immer schwieriger macht, das Schweigen zu brechen, und so weiter. »Ich habe mich geärgert, dass ich nicht wusste, was ich sagen sollte. Das ist mir ganz schön schwer gefallen. Es war vielleicht nicht wirklich bedrückend, aber schon ein bisschen unangenehm.« Und als Fanny in ihrer Erzählung fortfährt, erklärt sie sehr gut, wie Scham und Schweigen den Weg dafür bereiten, sich selbst einige Fragen zu stellen (die die Dinge nun wirklich nicht gerade einfacher machen). »Du weißt nicht, was du sagen sollst, und du weißt nicht genau, wie der andere über die Nacht denkt, die du gerade mit ihm verbracht hast. Und in dem Moment sagst du dir, dass es für dich wichtig ist.« Aber wie zum Teufel kann sich diese Bedeutung, diese verliebte Absicht, mit diesen kurzen Worten und diesem Schweigen versöhnen? Die Kluft zwischen dem, was man sich erträumt, und dem, was gesagt wird, ist insgeheim unangenehm. Daher auch die Notwendigkeit, diverse Kunstgriffe anzuwenden (unter anderem das Küssen, das in dieser Funktion bereits im Refugium Bett zum Einsatz kam), um die Lücken zu vertuschen. »Das war noch einmal ein Moment des Beobachtens. Ich wusste nicht mehr so recht, was ich ihm sagen sollte. Und auch er war nicht sonderlich gesprächig. Da wir es ziemlich eilig hatten, konnten wir die Dinge ein wenig beschleunigen. Ich erinnere mich noch, dass wir uns oft geküsst haben, um die Lücken zu füllen. Und wir haben auch Musik angemacht« (Fanny).

In der Regel genügen einige kleine Kunstgriffe. Denn nur selten ist die Scham wirklich beklemmend. Sie ist eher diffus, seltsam, wie alles an diesem Morgen danach. Tatsächlich hat diese Merkwürdigkeit mit einem strukturellen Merkmal des Schweigens zu tun: Es ist widersprüchlich. Je nachdem, was die beiden Protagonisten daraus machen, kann es entweder das Unbehagen verschärfen und die Verbindung lockern oder im Gegenteil ein legitimes Element der Gründung dieser Paarbeziehung bilden. Doch hierfür muss es einem gelingen, es in seiner ganzen Fülle in sich aufzunehmen, in der Fülle der Leere der Konversation! Das ist durchaus nicht unmöglich. Erinnern Sie sich an Tristan im Refugium Bett, mit seinen »ganz einfachen […] Verhaltensweisen, ohne es nötig zu haben, nach Kunstgriffen zu suchen«, Verhaltensweisen, die für ihn Beweise für die grundlegende Fähigkeit sind, »zusammen zu sein«. Die enge Verschmelzung auf der Basis der leeren Fülle kann auch beim Frühstück ihre Fortsetzung finden. Colombine hat nur über Schokocroissants gesprochen? Was soll's! »Aber es war ein bedeutender Moment, den ich nicht verderben wollte, alles stimmte, wie wenn du zuhause aufwachst und jung und glücklich bist: Alles läuft, alles ist schön, du brauchst nicht zu sprechen, du isst, du denkst nicht nach.«

Doch egal, ob die Scham spürbar oder diffus ist, die Gesprächslükken unerträglich oder einfach Zeichen des Glücks sind, zusammen zu sein, immer läuft das Frühstück auf eine bedeutende Frage hinaus: Was wird morgen sein? Manchmal hat das, was sich vor dieser Nacht abgespielt hat, die Zukunft bereits in groben Linien vorgezeichnet. Doch wer könnte bestreiten, dass just diese berühmte Nacht alles durcheinander gebracht hat? Zwischen offensichtlicher Zärtlichkeit und Banalität ist der Morgen nach der ersten gemeinsamen Nacht auch die Gelegenheit, Bilanz zu ziehen. Meist war vorher nichts wirklich klar, die beiden Protagonisten haben sich einfach ohne jeden Vorsatz in das Liebesabenteuer hineinziehen lassen und es gab auch kein eindeutiges Projekt. Doch an diesem Morgen muss man plötzlich entscheiden, muss zwischen dem sofortigen Ende der Geschichte und einer Fortführung der Erfahrung wählen. Das Refugium Bett hat hier schon wertvolle Hinweise geliefert: Sich wohl zu fühlen, lenkt einen eher in die Richtung, die Beziehung fortzuführen. Doch dann hat leider das Aufstehen zu einem Bruch geführt, den Blick verhärtet, die Leidenschaft abgekühlt und dabei eine Frage freigesetzt, die sich beim Frühstück noch direkter stellt. Der andere ist da, sitzt einem gegenüber, auf merkwürdige Weise wieder Teil von normalen, aber auch irgendwie seltsamen Verhaltensweisen. Die Fortführung der Geschichte zu zweit bekommt jetzt eine ganz andere Bedeutung als während der Episode im Bett; zwischen Brötchen und Kaffeetasse können sich Zweifel einschleichen. Weitermachen oder nicht? Und der andere, der einem da gegenübersitzt, was denkt er wohl? Das Schweigen und die ausgetauschten Banalitäten geben nur wenig Aufschluss. Für Virginie überhaupt keinen. »Ich wusste nicht einmal, ob er den Morgen über noch hier bleiben oder gleich nach dem Frühstück schon gehen würde.« In diesen Momenten entscheidet sich die Zukunft des Paares.

Diese Entscheidungssituation am Morgen danach sieht völlig anders aus als das, was sich noch vor ein oder zwei Generationen abgespielt hat. Damals war die Zukunft bereits im voraus geschrieben, und der Morgen nach dem ersten Mal war ein Passageritus, insbesondere das Frühstück, an das Georgette noch Erinnerungen hat, die vor Glück nur so leuchten. Und dabei hatte die Szene ganz und gar nichts Glanzvolles. »Das Leben ging weiter, wir versuchten nicht, uns besonders gut in Szene zu setzen, wir waren ganz natürlich, völlig natürlich.« Das war während des Krieges, die wenigen Lebensmittel, die zu Verfügung standen, erlaubten kein Festmahl, Butter war rationiert, an frische Brötchen war nicht zu denken. »Oh nein! Damals, das war schon eine andere Zeit. Unser Kaffee war auch nicht gerade toll, aber es war trotzdem sehr schön.« Georgette hatte das Tablett vorbereitet und es mit vor Emotionen zitternden Händen zu dem kleinen Wohnzimmertisch getragen, wo Léon sie erwartete. Scheinbar nichts Magisches. »Ich hatte das Tablett vorbereitet, mit unseren zwei Tassen, der Butter und der Marmelade. Wir hatten alles, was wir brauchten.« Nur scheinbar nichts Magisches. Denn das Ereignis in ihren Herzen war von beträchtlicher Bedeutung. Zunächst für Léon, der sich schon seit geraumer Zeit in Geduld übte und nun schweigend in seinem Wohnzimmer saß: Er war ein anderer geworden, ein Ehemann; und seine Frau war im Begriff, ihn zu bedienen. Und vor allem für Georgette. Bis dahin hatte sie das Gefühl gehabt, in ihrer Herkunftsfamilie nichts als eine unbedeutende Statistin zu sein. Sie musste Anweisungen gehorchen und Regeln befolgen, die sie akzeptierte, die aber nicht ihre eigenen waren. Sie litt mehr und mehr unter diesem Mangel an Autonomie. Nur die Heirat konnte sie davon erlösen. Und das erste konkrete Zeichen ihrer neuen persönlichen Freiheit war just dieses vorbereitete Tablett, das sie mit ins Wohnzimmer nahm. Sie war nicht nur eine andere geworden, die Frau von Léon, sondern zum ersten Mal hatte sie das Gefühl, Herrin über ihr eigenes Leben zu sein, oder zumindest über ihr Haus. Ein »gewaltiger Einschnitt«, ein Unterschied wie Tag und Nacht, die Morgendämmerung ihres Daseins als Erwachsene: Das Zittern ihrer Hände zeugte von den starken Gefühlen, die sie hatte. »Ich erlebte das Glück, für uns beide das Frühstück auf einem Tablett anzurichten, unsere Toasts darauf zu legen. Es war wie Tag und Nacht, ein gewaltiger Einschnitt.« Ein Einschnitt, der jedoch im Gespräch der beiden so gut wie nicht zur Sprache kam – auch hier also ein Gespräch, das scheinbar sehr banal war, aber man sollte sich nicht täuschen lassen. Denn insgeheim fühlten beide die Intensität dieses Ereignisses, und dies brachte sie dazu, die Zeit in die Länge zu ziehen. »Wir haben uns viel Zeit gelassen, haben geplaudert, uns entspannt und uns sehr viel Zeit für's Frühstück genommen.«

Die Gefühle am Morgen nach dem ersten Mal sind also keine historische Neuheit: Auch früher waren sie sehr stark. Jedoch nicht auf die gleiche Weise. Was sich am meisten verändert hat, ist die Offenheit der Zukunft, die nun voller Reflexivität und voller Fragen ist – Fragen, die manchmal sofortiger Antworten bedürfen. Neu sind auch die Überraschungen beim Aufwachen, die manchmal angenehmer und manchmal unangenehmer Natur sind. Ich werde im Folgenden zunächst über die unangenehmsten sprechen: Der Tag nach einer Liebesnacht ist nicht immer voller Zauber.

Zweiter Teil:
Frust und Freuden am Morgen danach

Ein Morgen mit bösem Erwachen

»Ich werde niemals wissen, wie lange ich dann so gelegen habe, eiskalt an allen Gliedern: Tote müssen ähnlich starr im Sarge liegen. Ich weiß nur, ich hatte die Augen geschlossen und betete zu Gott, zu irgendeiner Macht des Himmels, es möge nicht wahr, es möge nicht wirklich sein. Aber meine geschärften Sinne erlaubten nun keinen Betrug mehr, ich hörte im Nachbarzimmer Menschen sprechen, Wasser rauschen, außen schlurften Schritte im Gang, und jedes dieser Zeichen bezeugte unerbittlich das grausam Wache meiner Sinne. Wie lange dieser gräßliche Zustand gedauert hat, vermag ich nicht zu sagen: solche Sekunden haben andere Zeiten als die gemessenen des Lebens. Aber plötzlich überfiel mich eine andere Angst, die jagende, grauenhafte Angst: dieser fremde Mensch, dessen Namen ich gar nicht kannte, möchte jetzt aufwachen und zu mir sprechen. Und sofort wußte ich, daß es für mich nur eines gäbe: mich anziehen, flüchten, ehe er erwachte. Nicht mehr von ihm gesehen werden, nicht mehr zu ihm sprechen. Sich rechtzeitig retten, fort, fort, fort, zurück in irgendein Leben, in mein Hotel, und gleich mit dem nächsten Zug fort von diesem verruchten Ort, aus diesem Land, ihm nie mehr begegnen, nie mehr ins Auge sehen, keinen Zeugen haben, keinen Ankläger und Mitwisser.«

Stefan Zweig, *Vierundzwanzig Stunden aus dem Leben einer Frau*[1]

»Mister Brummbär«

Nicht allen ist es vergönnt, einen Morgen danach voller Zauber zu erleben. Denn hierfür müssen zahlreiche Bedingungen erfüllt sein, angefangen mit der einfachen Fähigkeit, mit dem richtigen Fuß aufzustehen. Nun haben wir aber gesehen, dass selbst diese Fähigkeit ungleich verteilt ist: Manche leiden chronisch unter einem langsamen und quälenden Aufwachen. Für Charles-Antoine gilt das in ganz besonderem Maße. »Ich hab's morgens gerne gemütlich, denn ich bin müde, ich bin ein Langschläfer und eher am Abend

---

1 S. Fischer Verlag, Frankfurt 1995.

fit. Morgens habe ich gerne meinen Frieden, selbst wenn es sich um jemanden handelt, der mir wichtig ist. Ich habe gerne meine Ruhe.« Er hat *jeden* Morgen gerne seine Ruhe, egal, ob eine Liebesnacht vorausging oder nicht. Der Umgang mit einem Liebesmorgen fällt ihm sehr schwer. Denn selbst wenn »die Person, die da ist« überhaupt nichts fordert, muss man ihr doch seine Aufmerksamkeit schenken, mit ihr sprechen, sich bemühen. Charles-Antoine spürt, dass er den Erwartungen nicht gerecht wird, was ihm Unbehagen verschafft. Nun haben ihn aber – erschwerende Umstände – die diversen nächtlichen Aktivitäten noch müder gemacht als gewöhnlich. In unserer Untersuchung begann das Interview mit einer ganz freien und offenen Frage: »Wenn Sie sich an die verschiedenen Morgen nach der ersten gemeinsamen Nacht erinnern, die Sie erlebt haben, welche Gedanken gehen Ihnen da durch den Kopf? Welche Erinnerungen kommen Ihnen als erstes?« Charles-Antoine zögerte keine Sekunde mit seiner Antwort. »An solchen Morgen liegt keine gut durchgeschlafene Nacht hinter einem. Schlafmangel. Total geschafft. Müde.« Er fühlt sich nicht gut. Er hat nicht die geringste Lust zu reden. Er zieht sich in sein Schweigen zurück.

Doch so unangenehm der Morgen danach für diejenige oder denjenigen, dem das Aufwachen schwer fällt, auch sein mag, noch unangenehmer ist es für den Partner. Virginie ist heute noch empört, wenn sie an das wortkarge Gebrummel von »Mister Brummbär« denkt, der so weit entfernt war von der überschwänglichen und verführerischen Person des Vorabends. Der Morgen danach war eine wirklich negative Enthüllung, eine alptraumhafte Erfahrung. »Verdammt, sobald ich die Augen aufmache, habe ich eben Lust zu reden! Ich habe so viel zu sagen! Er hingegen – ich hab ihn später dann ›Mister Brummbär‹ genannt. Schweigsam und knurrig. Bevor nicht eine Tasse Kaffee durch seinen Magen geflossen ist, bringt er kein einziges Wort über die Lippen. Das ist etwas, was ich überhaupt nicht nachvollziehen kann.«

Der Schlafmangel ist dabei nicht der einzige erschwerende Umstand. Wie wir später noch sehen werden, spielen Partys und Alkohol für die neuen Modalitäten des Liebesengagements eine zentrale Rolle, am Morgen jedoch ist der Preis, den man dafür zu zahlen hat, äußerst hoch. Denn um die besonderen Freuden des Morgens danach genießen zu können, müsste man frisch und munter sein, zärtlich und aufmerksam, während in Wirklichkeit ein schwerer Kopf und ein klebriger Mund die Bemühungen (im Extremfall) auf die einfache Aufrechterhaltung eines Minimums an Selbstpräsentation reduzieren. »Ich habe Morgen erlebt, an denen du dir nicht mal die Frage stellst, was das überhaupt für ein Morgen ist. Du hast einen solchen Kater ... das ist der totale Untergang! Du versuchst nur noch, das Chaos um dich herum, das dich völlig benommen macht, einigermaßen im Griff zu behalten. Am Morgen nach einem Besäufnis geht es nur um eins: den Kater loszuwerden.« Boris, der an der Dosis Euphorikum, die er sich zuführt, offensichtlich nicht spart, ist vielleicht ein Extremfall, und die morgendlichen Schäden sind in seinem Fall besonders schwer zu beheben. Doch in abgeschwächter Form sind quälende und anstrengende Morgen danach nach einem vorabendlichen Über-die-Stränge-Schlagen sehr verbreitet. Auch Charles-Antoine weist auf diese besondere Müdigkeit hin, die sich noch zu seiner üblichen Müdigkeit hinzugesellt. »Wir waren erst gegen vier oder fünf Uhr schlafen gegangen, kamen aus der Disco und hatten auch ein bisschen was getrunken. Und am Morgen dann ...« »Offen gesagt hat man am Morgen danach meistens einen Kater. Da geht es dir oft nicht besonders gut« (Walter). Ein Leidensmorgen für einen selbst, aber auch für den Partner, der, abgesehen davon, dass er selbst nicht unbedingt einen sehr klaren Kopf hat, auch noch dieses traurige Schauspiel bedauert, das so weit entfernt ist von den Versprechungen der vergangenen Nacht. Vincent erinnert sich, dass er Aglaé lange betrachtete, wie sie schweigsam und mit verschlossener Mine mit ihrem Glas Aspirin am anderen Ende dieses großen Esstisches saß, während er versuchte, seine Croissants zu essen. Seit dem Aufwachen hatte eine böse Überraschung die nächste gejagt. Aber die Mäuse, die Spinnen, Van Gogh etc. – all das war vergessen angesichts dieses unergründlichen und schweigsamen Gesichts, das sehr viel beunruhigender war. Zum Glück fand es Vincent immer noch schön, dieses Gesicht zu betrachten, auch wenn es so griesgrämig blickte. Bei Juliette war das anders, als sie einen Guillaume entdeckte, den sie kaum wiedererkannte. Ihre Geschichte hatte erst am Abend zuvor begonnen, als sie beide das »Fest der Musik« feierten. Und was für ein Fest das war! Am nächsten Morgen spürte Juliette, wie die Folgen dieses Abends auf ihr lasteten. Aber das Schlimmste war, diesen anderen Guillaume zu entdecken. »Der sah vielleicht aus! Wie Gainsbourg!«

»Was hab ich getan?«

»Es gibt Morgen danach, die sind ziemlich übel. Es kommt darauf an, in welchem Zustand man am Vorabend war. Ich kann mich an einen Morgen erinnern, an dem ich nicht mal mehr wusste, mit wem ich da zusammen war.«

Manuel kann sich noch ziemlich genau daran erinnern, wie groß seine Überraschung war. In ganz normalen Augenblicken kommt es aufgrund von Überraschungen selbst dann, wenn sie sehr groß sind, lediglich zu einer Art kurzem Zwischenspiel im Rahmen einer ansonsten gut gefestigten Identität. In den ersten Sekunden nach dem Aufwachen hingegen ist dieses Identitätsfundament zerbrechlich oder fehlt ganz, der biografische rote Faden konnte noch nicht wieder aufgenommen werden. Eine Überraschung ist dann sehr viel unangenehmer und destabilisierender. Zu den normalen, den Exzessen des Vorabends geschuldeten Unannehmlichkeiten gesellt sich dann noch die Unsicherheit aufgrund des Verlustes jeglicher Orientierungspunkte zur Verortung der eigenen Identität; der Morgen danach bedeutet damit ein böses Erwachen im doppelten Sinne. »Du öffnest die Augen, schaust dich um und fragst dich: Wo bin ich? Was ist passiert? Was hab ich getan?« Einige Sekunden im Schwebezustand. »Und dann spürst du einen Körper neben dir und sagst dir: O.K.!« Manuel gewöhnt sich langsam daran. Die Tatsache, dass diese Szene immer wiederkehrt, erlaubt es ihm heute, seine Unsicherheit in Grenzen zu halten. Es genügt ihm, den »Körper neben dir« zu spüren (auch wenn er sich noch nicht daran erinnert, zu wem dieser Körper gehört), um sich sicher zu fühlen und seine Orientierungspunkte wieder zu finden: »O.K.«, es ist ein Morgen danach, nach einem turbulenten Abend. Mittlerweile kann er mit der Überraschung so gut umgehen, dass das unangenehme Gefühl beinahe verschwunden ist. »Eigentlich ist das ganz lustig.« Rodolphe hingegen ist noch nicht bis in dieses Stadium vorgedrungen, und der morgendliche Verlust des sicheren Bodens unter den Füßen bringt in ganz und gar nicht zum Lachen. Da ist ein Unbehagen, das schwer auf ihm lastet. »Einmal wusste ich nicht einmal mehr ihren Vornamen, ich hatte keine Ahnung, wo ich war. Die totale Katastrophe! Eine Katastrophe!«

Ist der erste Moment der Unsicherheit erst einmal vorüber, wird der andere grob klassifiziert und in die kurze biografische Sequenz eingeordnet, die manchmal erst am Vorabend begonnen hat. Doch unglücklicherweise ist er oft nicht mehr derselbe wie am Vorabend, denn der Kontext ist ein völlig anderer. Und er hat eher an Qualitäten eingebüßt als gewonnen. »Ich war ihm am Abend vorher zum ersten Mal begegnet. Da war Alkohol im Spiel und so. Am nächsten Morgen war ich dann zurück auf dem Boden der Tatsachen. Eine ziemliche Überraschung!« (Sophie). Alles hängt davon ab, wie tief der Absturz auf den Boden der Tatsachen ist. Und dies zeigt sich relativ schnell daran, welche Gefühle man im Refugium Bett hat. Das heißt ganz konkret: Die Person ist noch begehrenswert oder nicht. Dabei geht es nicht unbedingt nur um die sexuelle Ebene, sondern einfach um das Bedürfnis, den anderen zu berühren, sich ihm zu nähern; Zärtlichkeiten sind ein eindeutiger Hinweis.

Erika weiß nach dem Aufwachen vom ersten Augenblick an, ob es ein böses Erwachen ist. »Dann habe ich keine Lust, den anderen zu berühren.« Jenseits des eigentlichen Berührens ist die Frage besonders entscheidend, ob man Lust auf (oder Widerwillen gegen) den anderen empfindet: Hat man Lust auf den anderen oder empfindet man im Gegenteil Ekel? Wenn Menschen in einer Beziehung verschmelzen, verschwinden die Ekelgefühle (Fischler, 1993). Die Anziehung (oder Abstoßung) hat viele Dimensionen, wird aber in der Praxis mit dem Mund, dem Instrument des Schmeckens im engeren Sinne, gemessen. Die kleinen Küsse, die manchmal nur dazu dienen, die Gesprächslücken zu füllen, sind Werkzeuge und unwiderlegbare Beweise der gegenseitigen Lust innerhalb einer Paarbeziehung. Für Erika bilden Zärtlichkeit, Küsse und die Authentizität einer Beziehung eine Einheit, ein gemeinsames Ganzes, von dem sie erfasst wird oder eben nicht, sobald sie morgens die Augen öffnet. »Denn für mich ist es einfach harmonisch oder eben nicht.« Wenn sie »keine Lust« hat, »den anderen zu berühren«, weiß sie sofort, dass die Geschichte an diesem Punkt zu Ende sein wird.

Doch selten ist diese Entscheidung so eindeutig. Die Gefühle im Refugium Bett sind nur Indizien, die nicht immer alles so deutlich sagen. Die Freude am anderen kann schon nach dem Aufstehen in kühle Unstimmigkeiten umschlagen. Umgekehrt können auch im ersten Moment sehr unangenehme Gefühle trotz allem schließlich in eine Beziehung münden. Ein böses Erwachen bedeutet nicht automatisch, dass es keine gemeinsame Zukunft gibt. Virginie weiß das ganz genau. Mit Léopold hatte alles schlecht, ganz schlecht begonnen. Schon der Vorabend hatte ganz und gar nichts Romantisches an sich. Sie waren mit einer Gruppe von Freunden auf einem Campingplatz. Der Abend zog sich in die Länge, man trank viel und hatte seinen Spaß. Léopold, eher von der schweigsamen Art, machte weniger Scherze, trank dafür aber umso mehr. »Er war völlig besoffen.« Er setzte sich neben Virginie und redete zusammenhangloses Zeug. »Er interessierte mich nicht im Geringsten. Er erzählte mir irgendwas von Ziegen und was weiß ich noch alles. Ich verstand kein Wort.« Inzwischen hatten sich um die beiden herum Pärchen gebildet und plötzlich fanden sie sich ganz allein wieder. »Da saßen wir dann, wie zwei Idioten.« Virginie war nicht weit davon entfernt, Abneigung zu empfinden. Aber die Gruppennorm (alle anderen waren als Pärchen weggegangen) brachte sie dazu, die Sache mit Léopold fortzuführen. Ohne diese Umstände »wären wir nicht beieinander hängen geblieben«. Ihr Liebesspiel ist ihr nicht gerade in bleibender Erinnerung geblieben. »Wir müssen uns wohl irgendwie auf dem Weg geküsst haben. Er war nicht gerade in einem Topzustand.« Entsprechend schnell war die Sache erledigt. »Wir sind dann ziemlich schnell eingeschlafen.« »Und als er dann am nächsten Morgen aufgewacht ist (er kam gerade erst zu sich), da hat er mich vielleicht angeschaut! Als wollte er sagen: Wer bist denn du? Ich war nicht sehr glücklich darüber, das war ziemlich kränkend. Da stellst du dir schon ein paar Fragen. Du kennst ihn nicht sehr gut, er macht keinen besonders aufrichtigen Eindruck, und außerdem hatte er mich genervt (er erzählte nur Blödsinn). Er erinnerte sich nicht einmal mehr an meinen Vornamen!« Ein wirklich böses Erwachen also. Wären sie allein miteinander gewesen, hätte ihre Geschichte vermutlich ein ziemlich schnelles Ende genommen. Doch aus den anderen um sie herum waren nun lauter Pärchen geworden. Virginie hatte bis dahin noch nicht viel Gelegenheit gehabt, einen Mann kennen zu lernen, und deshalb wollte sie dieser Erfahrung nun kein allzu schnelles Ende setzen. Also gab sie Léopold eine zweite Chance. Und er wusste sie erneut nicht zu nutzen –

zumindest soviel ist sicher. Virginie erinnert sich nur noch an die absurde Szene beim Einschlafen. »Wenn man zwei Schlafsäcke hat, legt man sie doch normalerweise nebeneinander und macht einen großen daraus. Aber nein, er hatte SEINEN Schlafsack und ich lag in meinem: nur ja keine Berührung! Das tat weh: Du leidest bis in dein Innerstes, so als wärst du mit dem Typen schon drei Jahre zusammen.« Am zweiten Morgen, nach dem Aufwachen, explodierte Virginie und warft Léopold vor lauter Wut den Schlafsack ins Gesicht. »Ich bin völlig aus der Haut gefahren, bin so durchgedreht wie noch nie zuvor, wollte alles kaputtschlagen. Es hätte also beinahe ganz schnell wieder geendet mit uns beiden.« Doch es gab einen dritten Morgen und noch viele danach, manche davon, wie wir noch sehen werden, voller Zauber. Der Anfang einer Beziehung sagt nicht immer etwas darüber aus, was in der Folge aus ihr werden wird.

»Man vermeidet es sogar, miteinander zu reden«

Gildas ist in seinem Urteil weder so schnell wie Erika noch ist er so geduldig wie Virginie. Er misstraut den Gefühlen im Refugium Bett – sie sagen nur einen Teil der Wahrheit. Er wartet das Frühstück ab, die Gespräche, die dann stattfinden, um sich ein genaueres Bild zu machen. »Das ist der Moment, in dem du die wirkliche Persönlichkeit der Menschen erkennst. Vorher gehst du eben in die Disco, nimmst jemanden mit nach Hause, landest im Bett. Erst am nächsten Morgen wird dir wirklich klar, mit wem du es zu tun hast.« Doch der Morgen kann zu einem bösen Erwachen werden. »In diesem Augenblick kannst du dir eine große Ohrfeige einholen, weil dir bewusst wird, dass du auf einen echten Blödmann reingefallen bist. Einmal habe ich auch so einen richtigen Intellektuellen erwischt, aber er hat mich so beeindruckt, dass ich völlig blockiert war und überhaupt nicht wusste, was ich sagen sollte. Ich hatte das Gefühl, ein totaler Dummkopf zu sein.« Wenn sich zwischen den beiden Partnern eine Kluft auftut, wenn sich Unbehagen einstellt, wenn die Ungewissheit wächst, wer hier wer ist und woraus die Zukunft bestehen wird, dann wird sogar die banalste Konversation zum Problem. »Denn dann wird alles negativ, es gibt nichts mehr zu sagen (was soll ich ihm bloß sagen?), du hast einfach nichts mehr zu sagen« (Erika). Dann bleibt nur noch eines: auseinander gehen.

Für Agathe (es handelt sich diesmal nicht um ihre Begegnung mit John) war dies nicht allzu schwierig, schien »die Person« doch denselben Wunsch zu verspüren, so schnell wie möglich dieser unangenehmen Ungewissheit zu entkommen. »Die Person, mit der ich zusammen war, und ich, wir fragten uns beide, was wir eigentlich hier zusammen taten.« Dann genügt es, die genauen Modalitäten des Auseinandergehens zu arrangieren. Hierfür ist es vor allem wichtig, alle Fallen zu vermeiden, die eine gemeinsame Geschichte in Gang setzen könnten, die ganz offensichtlich keiner von beiden fortsetzen möchte. In diesem Moment gilt es, dem Alltäglichen, den Gesten, den Worten mit Misstrauen zu begegnen, denn sie etablieren sehr schnell ein Gewohnheits- und Kommunikationssystem, aus dem man sich nachher nur schwer wieder lösen kann. Agathe hat einige feste Grundsätze, die sie auf jedes böse Erwachen anwendet. »Oh nein, kein Frühstück! Das Frühstück muss vermieden werden! Man vermeidet es sogar, miteinander zu reden: Man steht auf und geht!« Andere bedienen sich des Lachens oder der Ironie, um die begrenzte Bedeutung der vorausgegangenen Ereignisse deutlich zu machen: Es war nur für eine Nacht.

Die Schwierigkeit erwächst aus der Veränderung der Situationsdefinition, die wie eine Abkühlung der Beziehung erlebt wird, ein Engagement, das plötzlich zurückgenommen wird. Der andere, der einem noch vor wenigen Augenblicken so nah war, geht auf Distanz. Durch tausend kleine Details, von denen jedes anzeigt, dass er dabei ist, die Wärme der Nacht zu verraten. »Da haben dann beide Schuldgefühle, weil man sich ja schon auf etwas eingelassen hat. Also fragst du dich, ob du nicht zu weit gegangen bist, ob das ok war. Die Situation ist sehr delikat. Früher oder später wird man Erklärungen abgeben müssen« (Charles-Antoine). Erklärungen, die in Wahrheit nur selten abgegeben werden. Es ist vor allem die Art und Weise, Dinge zu tun und zu sagen, die die Veränderung der Situationsdefinition anzeigt. Die »Abkühlung« – so unangenehm sie auch sein mag – muss somit notwendigerweise vollzogen werden, wenn kein Wunsch nach einer Fortsetzung der gemeinsamen Erfahrung besteht. Denn sonst zieht einen der Alltag sehr schnell in die Logik seiner repetitiven Struktur.

Die Gefahr, ungewollt in eine Beziehung hineinzuschlittern, ist noch größer, wenn es nicht für beide zu diesem bösen Erwachen kommt, sondern der andere – im Gegensatz zu einem selbst – auf eine Art und Weise zu handeln und zu reden scheint, die darauf ausgerichtet ist, der Geschichte Dauerhaftigkeit zu verleihen. »Da ist diese Person, und ich frage mich, warum ich überhaupt mit zu ihr gegangen bin, ich frage mich, warum ... du weißt schon ... Und dann, am nächsten Morgen ... am nächsten Morgen stehst du da wie ein Idiot und weißt nicht, wie du dich aus der Affäre ziehen sollst« (Rodolphe). Und dabei gilt es, schnell und entschlossen zu reagieren. Denn die Falle kann auf heimtückische Weise zuschnappen. Das Vorgehen dabei ist jedoch ganz besonders diffizil. Die Konversation wird nicht nur durch die Ambiguität der Situation und das Fehlen klarer Orientierungspunkte erschwert, sondern vor allem auch durch die Tatsache, dass die Entscheidung, die Beziehung abzubrechen, »die Person« ganz besonders hart trifft. Natürlich ist eine Trennung nie etwas Angenehmes und schafft bei dem- oder derjenigen, die sie erlebt, immer Leiden. Und natürlich ist dieses Leiden nach Jahren gemeinsamen Lebens besonders groß, wenn es nur noch um eine Entscheidung zwischen Drama und Tragödie geht (Théry, 1993). Der Schmerz über eine frühe Trennung am Morgen nach dem ersten Mal ist anders, versteckter und scheinbar weniger stark, aber dennoch zutiefst erschütternd. Wenn es den beiden Partnern hingegen gelingt, in gegenseitigem Einvernehmen auseinander zu gehen, bleibt lediglich das Unbehagen, das dadurch entsteht, dass man nicht genau weiß, wie man die Rückkehr zur Normalität am besten bewerkstelligen soll. Herrscht aber in diesem Punkt eine Meinungsverschiedenheit, fühlt sich der- oder diejenige, der oder die zurückgewiesen wird, persönlich bloßgestellt. Bei langjährigen Beziehungen ist es das »Partnerschafts-Ich« (de Singly, 2000), die gemeinsame Geschichte, die in Frage gestellt wird; das Problem ist die Routine. Hier jedoch ist es ausschließlich eine individuell erbrachte Leistung, die zurückgewiesen wird, eine Liebesleistung, bei der man sich mit Körper und Seele hingegeben hat, bei der man das Beste von sich selbst gegeben hat. Und dieses Beste von sich selbst wurde missbilligt – auch noch ohne ein Wort der Erklärung; das Schlimmste ist, nicht einmal zu wissen, warum.

Das ist der perverse Mechanismus eines solchen Morgens mit bösem Erwachen: Das Nicht-Gesagte macht das Leiden nur noch schlimmer, so dass es schließlich weit über die Tatsache der Nicht-Übereinstimmung zwischen den beiden Beteiligten hinausgeht. Denn oft wird der andere, der zurückgewiesen wird, gar nicht desavouiert. Er hat nichts falsch gemacht. Es ist vielmehr das Sich-Einlassen auf eine Beziehung als solches, das Angst einjagt, egal, mit welchem Partner man es zu tun hat. »Wenn du nett sein willst und sagst ›es war toll‹, dann sagt sie ›Und wann sehen wir uns wieder?‹. Du bist in der Klemme. Wie willst du ihr erklären, dass es toll war, du sie aber trotzdem nicht wiedersehen willst?« (Walter). Die Ambiguitäten und Schwierigkeiten an diesem Morgen werden dadurch noch verstärkt, dass es am Vorabend nur selten eine klare Abmachung gab. »Du sagst nicht zum anderen: ›Das ist nur für eine Nacht‹. Das macht man nicht, auch wenn es alle denken« (Walter). Nach dem Aufwachen können dann alle Klärungsversuche nur schmerzhaft sein – so sehr, dass sie oft nur auf verworrene Weise, zwischen den Zeilen stattfinden. Wenn sie überhaupt stattfinden. Denn häufig zieht es derjenige, der beschlossen hat, den anderen zu verlassen, vor, feige die Flucht zu ergreifen und dafür erbärmliche Strategien zu erfinden, die keinen täuschen können, schon gar nicht »die Person«. Zurückgewiesen, überzeugt, nicht genügt zu haben, auch wenn das gar nicht ausgesprochen wurde, bleibt ihr nur, sich diese lächerliche Inszenierung der angeführten Gründe anzusehen. Manuel hat für sich die Strategie des Gedächtnisverlustes aufgrund exzessiven Feierns ausgearbeitet: Er war nicht er selbst, und außerdem hat er alles vergessen. »In solchen Fällen kommst du ziemlich schnell wieder zur Besinnung, du tust so, als ob du dich an nichts erinnerst, und dann läuft die Sache sehr gut.« Gildas erinnert sich mitten im Frühstück plötzlich an eine vergessene Verabredung. »Irgendwo in mir hoffe ich immer, dass ich am nächsten Morgen den Mann meines Lebens neben mir antreffe. Man unterhält sich ein bisschen, und dir wird sehr schnell klar, mit wem du es zu tun hast. Wenn sich schon nach zwei Minuten zeigt, dass hier nichts möglich sein wird, versuche ich meistens, die Sache kurz zu machen, und erfinde eine Verabredung um 10 Uhr oder so was. Es passiert mir sehr oft, dass ich sehr schnell wieder allein bin.« Rodolphe schließlich war an jenem Morgen, an dem er sogar den Vornamen seiner Partnerin vergessen hatte, sogar noch fixer. Sich nicht um die Tugenden des galanten Helden scherend (»Ich sagte zu ihr, ich würde Brötchen holen gehen«) nutzte er die Situation, um sich ohne ein Wort aus dem Staub zu machen. Die arme Angebetete ließ er – wie man sich sehr gut vorstellen kann – in einem Abgrund aus Wut und Schmerz zurück.

»Sie klammerte total«

Um sich zu entlasten, erzählt er uns eine andere Geschichte, diesmal mit verkehrten Rollen. »Es ging ihr nur um Sex. Morgens hat sie mir noch Frühstück gemacht und dann fragte sie mich:
– Soll ich dich zurückbringen?
– Sehen wir uns wieder?
– Nein!
– O.K., dann auf Wiedersehn.«

Der Tonfall, der in dieses »O.K.« gelegt wird, schleppend und enttäuscht, lässt klar erkennen, dass es sich nicht um eine Interjektion handelt, die Einverständnis signalisiert, sondern im Gegenteil um Missmut. Wie alle, die eine Trennung erleben, ist Rodolphe doppelt enttäuscht: enttäuscht, weil es keine Fortsetzung geben wird, und enttäuscht, weil er persönlich zurückgewiesen wird. Die Tatsache, dass er etwas zu Essen bekam und die Situation zumindest eindeutig war, hilft ihm nicht, seine Enttäuschung zu überwinden. »Das war heftig.« Selbst für einen Routinier wie Rodolphe ist es schwierig, damit umzugehen, dass die Positionen im Hinblick darauf, ob man sich auf eine Beziehung einlassen will oder nicht, unterschiedlich sind, und die Situation wird zu einer Quelle von Leiden und Unbehagen. Hauptsächlich für denjenigen, dem gekündigt wird. Aber manchmal auch für denjenigen, der den Bruch vollzieht. Tristan, unser Refugium-Bett-Theoretiker (der, wenn er ein gutes Gefühl bei der Sache hat, einen ganzen Tag im Bett verbringen kann, ohne aufzustehen), erlebt solche Morgen des Bruches als sehr schwierig. »Du nimmst die Leute mit zu dir nach Hause, du schläfst eine Nacht mit ihnen, aber du weißt ganz genau, dass das keine Fortsetzung haben wird, dass es keinen Morgen danach geben wird. Und wenn die Person dann bleiben will und so, dann wird es wirklich sehr unangenehm.« Auch er (der es doch eigentlich so sehr liebt, unter der Bettdecke zu plaudern) hat sich für die Schweigetaktik entschieden. »In solchen Fällen rede ich nichts und bin ziemlich kühl.« Aber er hat ein wirklich schlechtes Gewissen. Manuel, der aus dem Wettbewerb in der Kunst der morgendlichen Trennung als Sieger hervorgegangen ist (mit seiner Strategie des Gedächtnisverlustes), kennt solche Seelenzustände nicht. Was ihn aber nicht vor Unannehmlichkeiten bewahrt: Selbst für die Versiertesten sind die unterschiedlichen Auffassungen diesbezüglich ab einem gewissen Grad nicht mehr zu bewältigen. Er erinnert sich besonders gut an Deborah, »ein supernettes, charmantes Mädchen«, so angenehm im Umgang und so hübsch, dass er sich in Sachen Verführung ganz besonders ins Zeug legte ... bis zum nächsten Morgen. »Bis zu dem Augenblick, an dem, na ja, es für mich klar war, dass das nur für einen Abend gewesen war. Aber sie, sie klammerte total.« Der Morgen war äußerst schwierig. Egal, ob mit oder ohne seine Gedächtnisverluststrategie, gelingt es ihm gewöhnlich, die Ereignisse ins Lustige und die Lacher auf seine Seite zu ziehen. Déborah war nun aber unglücklicherweise ganz und gar nicht zum Lachen zumute. Die Szene spielte sich bei ihr zu Hause ab, was für ihn bequemer war: Er floh. Doch nicht für lange. »Sie lief mir hinterher, fand mich wieder, rief mich an ...«. Manuel fühlte sich aufgrund eines verpatzten Morgens danach belästigt.

Ab einem gewissen Grad (der eine ist wirklich verliebt, der andere möchte die Geschichte so schnell wie möglich beenden) können unterschiedliche Positionen in Bezug auf die Frage, wie es mit der Beziehung weitergehen soll, eigentlich nur ein bitterböses Erwachen bescheren. Dennoch hat dieser Zusammenhang keine mathematische Regelmäßigkeit: Auch geringfügig voneinander abweichende Positionen oder ein einfaches Zögern können viel Leid hervorrufen. Am zweiten Morgen wachte Colombine endlich mit Franck an ihrer Seite auf. (Am ersten Morgen war sie allein gewesen und hatte dennoch, davongetragen in einer Art Film und eingehüllt von exotischen Düften, den Beginn eines Zaubers gespürt). Unglücklicherweise schien Franck nun an diesem entscheidenden Morgen keineswegs ihren Erwartungen zu entsprechen. »Er war mir überhaupt nicht nah, war nicht liebevoll, eher verschlossen. Ich war es, die ...« Aber nichts zu machen, Franck blieb distanziert und gefühlskalt. Das Unbehagen wurde unerträglich. Plötzlich sprang Colombine aus dem Bett und explodierte (immer noch nackt, wie gewohnt). »Ich hüpfte herum, machte Sprünge, rannte in der ganzen Wohnung herum, ich musste mich einfach abreagieren, denn … Das war ein Augenblick, in dem ich mich einfach überhaupt nicht wohl gefühlt habe. Denn er zweifelte, er zweifelte wirklich! Ich fühlte mich wie eine kleine Laus!« Franck hatte gespürt, dass der Prozess der Paarbildung in Gang kam, dass seine ganze Zukunft in diesem Augenblick auf dem Spiel stand, und er war sich seiner Sache nicht so recht sicher. Und Colombines Auftritt half ihm auch nicht gerade dabei, Klarheit in die Dinge zu bringen. »Er versuchte zu verstehen. Er versuchte, mein Verhalten zu verstehen.« In seinem Kopf kam alles noch mehr durcheinander, was wiederum Colombines Ungeduld und Aufregung noch vergrößerte.

»Das hat mir total den Appetit verdorben«

Doch das war noch nicht alles, was der Tag an Überraschungen für sie bereit hielt. »Ich schlafe immer nackt, also bin ich nackt aufgestanden und auch nackt nach unten gegangen. Ich war überzeugt, wir wären allein. Ich habe die Küchentür geöffnet und da saß die ganze Familie! Ich blieb wie angewurzelt stehen, völlig idiotisch! Aber ich glaube, sie waren noch überraschter als ich! Sie schauten, als hätten sie noch nie eine nackte Frau gesehen!«

Die Qualen des Morgens danach haben verschiedene Ursachen. Die Hauptursache haben wir bereits gesehen: Wenn die beiden Partner nicht dieselbe Vorstellung von der Fortsetzung der Geschichte haben und wenn es ihnen nicht gelingt herauszufinden, was ihr Gegenüber denkt. Auch Colombine erlebte zunächst diese quälende Unsicherheit, als sie spürte, dass sich Franck in sein Schneckenhaus zurückzog und ins Zweifeln kam. Kurze Zeit später wird sie mit einer weiteren quälenden Unsicherheit konfrontiert, die ihre Ursache in der ihr fremden Umgebung hat. In der Regel handelt es sich nur um kleine Widrigkeiten, um praktische Unannehmlichkeiten, die – auch wenn sie zahlreich sind – nicht den ganzen Morgen verderben. Erinnern wir uns an Vincent: Eine beeindruckende Folge von Unannehmlichkeiten (die Mäuse, die Spinnen, der Mann mit dem abgeschnittenen Ohr etc.) fegte über ihn hinweg, ohne ihn jedoch in seinem Innersten zu berühren. Denn er war geschützt durch seinen unerschütterlich verliebten Blick auf Aglaé. Der Verdruss, den einem die Fremdheit des Ortes bereitet, erlangt in der Regel nur dann ein zerstörerisches Ausmaß, wenn die Zuneigung zu »der Person« eher schwach ist. Dann kann manchmal ein komischer Wasserhahn oder der merkwürdige Geschmack des Kaffees genügen, um dem Morgen eine unliebsame Wendung zu geben. Colombine hätte nun aber eigentlich davor bewahrt sein müssen: Sie liebte Franck, und zwar ohne den geringsten Zweifel (diese Liebe war sogar im Stande, manche bittere Pille des Alltags in ein Bonbon zu verwandeln). Doch unglücklicherweise ist die Liebe jenseits einer bestimmten kritischen Schwelle machtlos, und dann lässt die Aggressivität selbst den sanftesten Morgen zu einem Alptraum werden. Für Colombine war dieses Schwelle längst überschritten. Und was die Kraft der Liebe betrifft, wie ein Schutzwall zu wirken, muss dazu gesagt werden, dass im vorliegenden Fall nicht alles so klar war. Sicher, sie liebte Franck. Aber leider gingen von ihm nur Kälte und Distanz aus; da war also durchaus Sand im Getriebe ihrer Träume. Desweiteren war sie nicht einfach mit einem komischen Wasserhahn oder einem ungenießbaren Kaffee konfrontiert, sondern mit einem ebenso überraschenden wie herben Erlebnis, das sie just gegenüber den Personen, bei denen sie doch eigentlich einen besonders guten Eindruck machen wollte, in einer problematischen Nähe in Szene setzte. Fremder hätte man sich nicht gegenüber stehen können, und die Situation machte auch jeden Kommentar überflüssig. »Ich habe mich rasch angezogen und bin dann mehr als gehemmt wieder nach unten gegangen. Das hat mir völlig den Appetit verdorben. Von dem Zeitpunkt an nahm der ganze Tag eine schlechte Wendung. Ich habe sofort gemerkt, was für eine Art von Stimmung beim Frühstück herrschte.« Sie hasste seine Familie und die distanzierte Art, die er gegenüber den Seinen an den Tag legte. Sie hasste das Schweigen, das voller unterschwelliger Botschaften war; sie hasste dieses beklemmende kommunikative Unbehagen. »Und auch ihm war das alles extrem unangenehm.« Sie hasste auch diese Familiengewohnheit des gemeinsamen Frühstücks, das jede Intimität mit Franck unmöglich machte. »Bei ihm frühstückten immer alle zusammen. Das kann eine gute Sache sein, schließlich ist es seine Familie, das ist nett, aber … es gab keinerlei Zärtlichkeiten, Küsse, alles musste heimlich ablaufen.« Zunächst also ein bitterböses Erwachen. Doch glücklicherweise war ihre Liebe zu Franck die Rettung. Sie klammerte sich daran und es gelang ihr, Stück für Stück eine positivere Sicht der Dinge und der Personen zu entwickeln. »Nach einer gewissen Zeit kommst du damit zurecht, du wachst auf.« Es gelang ihr schließlich sogar, ganz normal ihr Frühstück aufzuessen.

Ein böses Erwachen ist erfüllt von negativen Gefühlen – Ängsten und verschiedenen Formen von Ärger, aber auch Schamgefühlen und Unbehagen vielfältigen Ursprungs: Meinungsverschiedenheiten hinsichtlich des gewünschten Fortgangs der Dinge, Unsicherheiten hinsichtlich der Charakterisierung des Partners, die Schwierigkeit, einen angemessenen Umgang miteinander zu finden, unverständliche Scham, die aggressive Fremdheit des Ortes, die Gegenwart von Zeugen, die weitere Neudefinitionen erforderlich macht oder ein Hin und Her zwischen kaum vereinbaren Rollen auslöst, etc. In diesen Situationen, in denen es an Orientierungspunkten fehlt, um dem Handeln einen klaren Rahmen zu geben, wirkt das Unbehagen häufig ansteckend; Unbehagen ruft Unbehagen hervor. Für die Ungezwungenheit, die einer der beiden Beteiligten an den Tag legt und die dieses Unbehagen eigentlich dämpfen sollte, gilt das leider nicht immer. Denn sie kann die Gegensätzlichkeit der Positionen noch verstärken und denjenigen noch mehr bloßstellen, dem es nicht gelingt, zu einem Verhalten zu finden, mit dem er sich wohl fühlt. Agathe gibt uns hierfür ein gutes Beispiel. Es war mit einem Unbekannten, den sie danach nie wieder gesehen hat. Schon am Vorabend war das Drehbuch für sie völlig klar: »Ich wusste, dass das nicht länger dauern würde als bis zum nächsten Morgen.« Der Übergang gelang ihr deshalb problemlos, indem sie – nach der Abkühlung der Beziehung und der Wiederherstellung der Distanz – zu einer anderen Form von Konversation überging. »Ich redete, ich fühlte mich wohl, aber das hatte nur mit mir selbst und nicht mit der Person zu tun.«

Die Scham zu besiegen ist eine schwierige Kunst am Morgen nach der ersten gemeinsamen Nacht. Aus völlig unwichtigen Gründen kann die Verlegenheit manchmal eine völlig übertriebene Dimension annehmen. So war es bei Boris und seiner Zahnbürste.

Denn natürlich hatte er keine, sie wäre ihm aber an diesem Morgen mit Mundgeruch nach ausgiebigem Feiern besonders nützlich gewesen. Doch war es dieses Problem wert, sich so sehr darauf zu fixieren, dass er lange schlaflos dalag und nur an dieses banale Utensil dachte? »Ich dachte die ganze Zeit daran, dass ich keine Zahnbürste dabei hatte, lauter so blödes Zeug.« In Wirklichkeit konkretisierten sich in diesem kleinen, realen Zahnbürstenproblem eine Reihe anderer Verunsicherungen und Ängste. In ihm floss alles zusammen und nahm Gestalt an, was nicht klar gedacht werden konnte. Diese Fixierung war aber umso notwendiger, als Boris' Gedanken ganz besonders wirr durcheinander gingen. Nehmen wir die Frage der Gerüche. Tausend Details bereiteten ihm zugleich Angst, Ärger und Unbehagen, ohne dass es ihm gelang, die ineinander verflochtenen Widersprüche zu entwirren. Selbst noch während des Interviews gelingt ihm das nicht. Hören wir uns zum Beispiel Folgendes an: »Ich wusste nicht, dass ich dort landen würde. Es kann sein, dass ich mich schon seit zwei Tagen nicht mehr gewaschen hatte. Und an jenem Morgen ging mir das nicht mehr aus dem Kopf.« Gut, werden Sie sagen, dann ist ja eigentlich alles klar. Aber nein, das ist es ganz und gar nicht. Boris sagt diesen Satz, weil er sich gerade bewusst geworden ist, dass er Prudence kurz zuvor auf heftige Weise angegriffen hat, indem er nicht mehr und nicht weniger gesagt hat, als dass sie sich nicht sehr oft wäscht und schlecht riecht. Angesichts der Ungeheuerlichkeit dieses Bekenntnisses versucht er nun, seine Äußerung zu korrigieren, indem er sich selbst zum Schuldigen stempelt. Doch man sollte genau hinhören, die Formulierung »es kann sein« taucht hier keineswegs zufällig auf: Boris geht auf nichts näher ein, verlegt sich auf eine abstrakte Anschuldigung. Und er verlegt sich deshalb so schnell auf Selbstbezichtigung, weil er sich angesichts einer anderen Form von Reinlichkeit nicht so recht wohl fühlt: der besonders sauberen Bettwäsche. Er ist von dem frischen Geruch der Bettwäsche von Prudence beinahe peinlich berührt (besonders wenn er daran denkt, wie er es üblicherweise mit dem Waschen seiner Bettwäsche hält). Fassen wir zusammen. Prudence wäscht ihre Bettwäsche öfter als Boris. Umgekehrt scheint sie es in Sachen Körperhygiene weniger genau zu nehmen als er (von dem man nun aber auch nicht gerade sagen kann, dass er eine übertriebene Reinlichkeit an den Tag legt). Am Morgen, während Prudence noch schläft, versucht Boris – erfolglos – Ordnung in seine Gedanken über die Gerüche zu bringen. »Wenn ich hier von Gerüchen spreche, dann will ich damit sagen, dass sie jemand war, der am eigenen Körper nicht besonders reinlich ist, na ja, ich sollte das nicht sagen, aber … Und ich, ich wechsle manchmal vier Wochen lang die Bettwäsche nicht und dann riecht sie nach irgendwas. Aber die roch bei ihr sauber, sie wäscht sie wohl jede Woche. Aber ich hatte das Gefühl, als sei ich unter Raubtieren.« Der Unterschied in Bezug auf einen Punkt (die Bettwäsche) ruft bei ihm Angst hervor, der Unterschied in Bezug auf einen anderen (den Körper) Ärger oder gar Widerwillen; beide zusammen führen zu einem großen Unbehagen. Das einzige, was er mit Sicherheit sagen kann, ist, dass zwischen ihm und Prudence ernsthafte Geruchsdissonanzen bestehen, die nicht so leicht aus dem Weg zu räumen sein werden.

Doch die Verwirrung hat auch noch einen anderen Grund, über den ich noch nicht gesprochen habe, der aber manchmal Auslöser für das bitterste aller bösen Erwachen ist: die Scham.

Wir erinnern uns: Es war Vincent gelungen, alle Hindernisse zu überwinden (nach den verschiedenen Tieren und dem Bild auch noch die schwierigen Eltern). »Es war das völlige Chaos. Diese Angst beim Aufwachen, aus dem Zimmer gehen zu müssen und ihren Eltern zu begegnen.« Dann kam die schweigsame Konfrontation mit Aglaé und ihrem Aspirin, während er versuchte, die »Kuhmilch« und seine große Tüte Croissants hinunterzubekommen. Schließlich wurden dann doch ein paar Worte gesprochen. Nicht über ihre Liebesnacht, auch nicht über ihre Zukunft oder über sie selbst. Auch nicht über die zumindest spezielle Atmosphäre an einem Morgen nach der ersten gemeinsamen Nacht. Sondern über das Aufräumen von Aglaés Zimmer. Zwei Tage zuvor war Vincent bereits bei ihr gewesen, sein Besuch war angekündigt gewesen, und Aglaé hatte auch noch den kleinsten Nippes feinsäuberlich aufgeräumt. Am Vorabend jedoch war nichts geplant gewesen, es war die Party, die sie auf diese Bahn gebracht hatte. Diesmal war das Bett nicht gemacht und es lagen einige Kleidungsstücke herum. Als sie sich am nächsten Morgen daran erinnerte, hatte Aglaé das (zweifellos übertriebene) Gefühl, eine wahre Rumpelkammer, einen intimen Makel enthüllt zu haben. »Sie wagte nicht, mir ins Gesicht zu sehen. Ich sah sie an, doch wenn sie mit mir sprach, senkte sie den

Kopf. Vielleicht genierte sie sich.« In Wahrheit war das nur eine kleine Scham aus eher nichtigen Gründen. Aber so ist das nicht immer. Manchmal richtet das Schamgefühl am Morgen danach großen Schaden an.

»Ich empfand regelrecht Ekel«

»Scham ist die Nicht-Liebe seiner selbst«, schreibt Vincent de Gaulejac (1996, S. 59), »sie bedeutet zu denken, dass man in seinem Inneren schlecht ist.« Es gibt noch eine andere Figur der Scham, wenn sich das Ich in zwei konkurrierende Einheiten aufspaltet (Lahire, 1998). Die Nicht-Selbstliebe wendet sich dann nicht gegen das gesamte Ich, sondern nur gegen jenen anderen Teil des Ichs, denjenigen, den man in diesem Augenblick nicht bewohnt. Dies gilt für so manchen Morgen mit bösem Erwachen. Am Vorabend, im Elan des Begehrens und Feierns, war das Ich noch ein anderes, wirklich anderes, mit Gedanken, Gefühlen und einer Moral, die so weit von denen des Morgens entfernt sind, dass sie jetzt für einen beinahe zu etwas Unverständlichem und Fremdem werden. »Das Problem ist, dass ich mich in dem, was ich gemacht habe, kaum wiedererkenne.« Gildas möchte eigentlich Herr über sein Leben sein, deshalb lehnt er es ab, sich ohne jede Kontrolle von seinen Leidenschaften mitreißen zu lassen. Wenn ihm das trotzdem passiert, denkt er tagelang über die Geheimnisse dieses so merkwürdigen Individuums nach, das er da in sich trägt. »Es gibt Situationen, da begegnest du jemandem und schwupp, geht die Leidenschaft mit dir durch und du stürzt dich in die Sache. Aber ich bin eigentlich nicht so. Ich bin normalerweise eher jemand, der ruhig und bedächtig ist, besonnen und eher ernst. Einfach so mit jemandem loszuziehen, ohne nachzudenken, passt überhaupt nicht zu mir. Aber es sind wohl deine Leidenschaften, die dich in dem Moment regieren. Ich kann mich in dem, was ich gemacht habe, gar nicht mehr wiedererkennen. Und das stört mich ungeheuer. Ich nehme mir das dann wochenlang total übel, es lässt mir einfach keine Ruhe.« Was Gildas empfindet, ist eigentlich keine Scham. Sein Unbehagen geht vielmehr auf das nie gelösten Rätsel seiner gespaltenen Identität zurück. Da ist keine Geringschätzung für sein anderes Ich, das Ich des Vorabends. Er (der Gildas des Morgens) versteht einfach nur nicht, dass er (der Gildas der Nacht) ihm (dem ganzen Gildas) so sehr entgleiten kann, dass er (der Gildas der Nacht) unter dem Einfluss seiner Sinne in diesem hohen Maße das vergessen kann, was er (der ganze Gildas) eigentlich für sein einziges und wahres Ich hält.

Wenn jemand Scham empfindet, dann ruft die Spaltung der Identität weit mehr als dieses innere Durcheinander hervor und es wird Wut, ja sogar Hass gegenüber sich selbst ausgelöst, der zum bitterbösesten Erwachen führen kann, das man sich nur vorstellen kann. Schauen wir uns zum Beispiel diese unglücklichen Morgen von Sophie an. »Am Abend, da hast du nichts anderes im Sinn als den Akt als solchen. Es hat mir noch nie Probleme bereitet, mit einem Mann ins Bett zu gehen.« Aber jedes Mal wiederholt sich dieselbe Geschichte. Alles beginnt ohne Schwierigkeiten und scheint endlich eine Geschichte ohne Dramen anzukündigen. »Aber am Morgen, da hast du dann diese Person, und da laufen irgendwelche Dinge ab.« Und da sie mit »dieser Person« am Morgen plötzlich nicht mehr zurechtkommt, gelingt es ihr auch nicht, in deren Welt vorzudringen. Also zieht sie sich in ihre eigene Welt zurück, in ihre Gewohnheiten und Gedanken, was den Gegensatz zu ihrem nächtlichen Verhalten nur noch deutlicher hervortreten lässt, wobei ihr letzteres plötzlich unverständlich und merkwürdig erscheint. Und schon bald hat sie nur noch eines im Kopf: Flucht. »Ich musste innerhalb der nächsten fünf Minuten da raus. Da war nur noch diese Angst. Flucht! Weg hier! So schnell wie möglich weg von hier.« Um alleine zu sein, bei sich zu Hause. Um wieder zu sich selbst zu finden. Um den moralischen Schmutz abzuwaschen, der in schmerzhaften Wellen aus dem Inneren emporsteigt, bedarf es einer Menge Wasser. Das andere, dämonische Selbst hinterlässt noch lange seine innere Handschrift. »Es war jedes Mal eine Flucht, und sobald ich zu Hause war, ging ich sofort ins Badezimmer, an diesen abgeschiedenen Ort, an dem ich mich einschließen konnte. Es war der Ort, an dem ich ganz allein wieder zu mir selbst finden konnte. Nicht um mich anzusehen, sondern um über mich zu richten! Das hatte nichts mit Liebe machen zu tun, das war einfach eine schnelle Nummer. Damals fühlte ich mich wie eine Prostituierte: Ich musste das alles abwaschen. Ich kam mit dem, was ich am Abend gemacht hatte, am Morgen überhaupt nicht zurecht. Der Morgen war immer ein schwieriger Moment: Ich empfand regelrecht Ekel.« Ekel vor dem anderen Ich, vor der anderen Hälfte ihrer selbst.

Sophie hatte schon aufgehört, diese abscheulichen Morgen voller Scham und Ekel, die ein chronisches Übel darstellten, überhaupt noch zu zählen, als sie Sébastian kennen lernte, mit dem die Dinge ein wenig besser liefen. Juliettes Geschichte ist anders, sie hat nur ein einziges Mal diese Art von Scham erlebt, die einen an so einem finsteren Morgen im Erdboden versinken lässt. Mit einem Vertreter, den sie zufällig kennen gelernt hatte und dessen Namen sie vergessen hat, »ein verheirateter Mann«. »Ich wollte sehen, wie das ist, mit jemandem zu schlafen ohne Gefühle. Na ja, am Abend geht das ja noch, aber am nächsten Morgen, da ist es schrecklich!« Er hatte sie zum Essen eingeladen und der gemeinsame Restaurantbesuch verlief auch sehr angenehm. »Er war 28, ich erst 20. So einen großen Altersunterschied hatte ich noch nie zu einem Mann. Aber er war nett.« Sogar verführerisch, und sehr draufgängerisch. »Am Abend ging es noch, wir machten Party, eine kleine Brise in die Nase, und dann war es einfach nur körperlich.« Dass sie am Abend keine Gewissensbisse hatte, machte das Erwachen nur noch schwieriger. »Aber am nächsten Morgen! Oh je! Ich habe ihn angeschaut und dachte: Mein Gott, wie schrecklich! Ich war total schockiert! Ich hab ihn angeschaut und sagte mir: Oh nein, das kann doch nicht wahr sein!« Entrüstung über das hitzköpfige Ich der letzten Nacht. »Ich habe mir gesagt: Du bist völlig übergeschnappt! Das darf doch nicht wahr sein!« Flucht ins Badezimmer. »Unter der Dusche habe ich schnell nachgedacht und mir gesagt: Das ist nicht deine Art zu leben und zu denken. Ich habe mir gesagt: Stopp! Schluss damit! Es ist schrecklich, grauenhaft, auf diese Weise an der Seite eines anderen aufzuwachen. Du fragst dich: Was werde ich ihm nur sagen? Ich fühlte mich gezeichnet, schmutzig. Und ich habe mir gesagt: Ich habe mit ihm geschlafen, er war in mir, scheiße!« Da sie bei ihr zu Hause waren, war eine Flucht nicht möglich, aber hier bestand höchste Dringlichkeit. »Ich bin aufgestanden und habe gesagt: ›Hau ab!‹ Ich hab zu ihm gesagt: ›Steh auf und geh zu deiner Frau!‹« Juliette wünschte sich, er würde kein Wort sagen und innerhalb des Bruchteils einer Sekunde verschwinden, sich in Luft auflösen. Doch leider, leider hatten sie in diesem Punkt unterschiedliche Vorstellungen, und der »verheiratete Mann« erklärte ihr, er habe sich in sie verliebt. Ob er es aufrichtig meinte oder nicht, es war offensichtlich, dass er das Abenteuer fortführen wollte. »So hatte ich ihn zuvor nicht erlebt, er war besitzergreifend.« Noch dazu fand sie ihn bierernst, kühl, abweisend und, um das Ganze zu krönen, langweilig, gierig darauf, mit ihr zu verhandeln, um sich an sie zu hängen. »Da ging's uns nicht gut! Wirklich gar nicht gut!« Sie hasste ihn. Er verkörperte jeden Augenblick aufs Neue ihre Scham und machte sie nur noch größer. Als sie sich am Vorabend auf dieses Abenteuer eingelassen hatte, hatte Juliette nicht gedacht, dass es zu solchen Komplikationen kommen könnte. »Ich wollte nur mal sehen, wie das ist.« Sie hat es erlebt. Und verstanden, dass der Morgen danach kein gewöhnliches Ereignis ist.

»Ohne auf Wiedersehen zu sagen«

Fast immer gehen die Verwirrung und die Dramen des Morgens nach der ersten gemeinsamen Nacht darauf zurück, dass man sich in mehrfacher Hinsicht uneins mit sich selbst fühlt. Unsicherheit aufgrund der Abkühlung und Banalisierung des Verhältnisses nach der Hitze der Nacht (Wie kann man sein neues Verhalten darauf abstimmen?), unterschiedliche Positionen der beiden Partner im Hinblick auf die Zukunft der Beziehung (Soll die Geschichte weitergehen?), Scham über das Ich des Vorabends (Was ist mein wahres Ich?) Genauer gesagt besteht eine doppelte Dissonanz: einerseits zwischen dem Ich des Abends und dem Ich des Morgens und andererseits zwischen den beiden Partnern (Selbst wenn sie mehr oder weniger derselben Meinung über die Beziehung sind, zeigt ihnen der Morgen doch die merkwürdigen Gewohnheiten des anderen). Die Orientierungspunkte für das Denken, Handeln und Reden werden unsicher, was eine Quelle von Unbehagen ist. Wenn letzteres groß ist (wie es das Beispiel von Juliette sehr gut zeigt), ist die Ablehnung eine doppelte: Ablehnung des anderen und Ablehnung (oder, in weniger gravierenden Fällen, Kaschierung) eines Teils des eigenen Selbst. Doch die Art und Weise, wie dieses Unbehagen zum Ausdruck kommt, hängt davon ab, in wessen Wohnung sich das Ganze abspielt. Der andere verkörpert alles, was man von sich nicht mehr sehen möchte und wovon man sich radikal trennen muss, um die identitäre Verwirrung zu beenden. Wenn sich die Szene beim anderen zuhause abgespielt hat, ist Flucht die einzige Lösung, um das Unbehagen zu beenden. Wenn hingegen, wie im Fall von Juliette, alles bei einem selbst zu Hause stattgefunden hat, muss man den anderen so schnell wie möglich loswerden, um mit Hilfe der eigenen persönlichen Orientierungspunkte wieder zur Ruhe zu kommen. In diesem Fall ist das vorherrschende Gefühl (neben dem Unbehagen) Ärger, der noch zunimmt, wenn sich »die Person« hartnäckig bei einem einnistet. Ein negatives Gefühl, das aber befreiend wirken kann, wenn es gelingt, es nach außen zu tragen. Die gleiche befreiende Wirkung liegt, zumindest am Anfang, in der Flucht und in der Dynamik der Bewegung: Körperliche Aktivität ordnet die Gedanken. Das erklärt die Ungeduld, die Unhöflichkeit und Plötzlichkeit so manchen Aufbruchs, wenn es ein böses Erwachen gab, als wäre das schnelle Laufen nötig, um zur inneren Ruhe des alten Ichs zurückzufinden.

Der Ausgangspunkt ist ein Gefühl des Unbehagens, das der Interaktion mit dem Kontext und »der Person« entspringt. »Ich hatte es wahnsinnig eilig, mich aus dem Staub zu machen, denn ich fühlte mich dort, wo ich war, nicht wohl« (Charles-Antoine). Um zu seinem inneren Frieden zurückzufinden, bedarf es eines anderen Rahmens; der Kontext ist immer viel mehr als ein simples Dekor. Es gilt, schnell und radikal damit zu brechen. Das vorherrschende Gefühl ist das eines Notfalls, das aufgrund seiner therapeutischen Bedeutung bewusst kultiviert wird. »Es gibt Morgen danach, an denen du nicht einmal Lust hast zu frühstücken, du machst dich im Laufschritt davon« (Charles-Antoine). Die Bewegung muss – zumindest in der eigenen Phantasie – weit ausholend und kraftvoll sein, um die gewünschten inneren Effekte zu produzieren: Es geht nicht darum, auf Zehenspitzen davonzuschleichen. »Wenn die Sache nicht gut gelaufen ist, hat man Lust zu gehen, einfach zu gehen! Wirklich wegzugehen!« (Erika). In der Eile vergisst Gildas sogar die Regeln der Höflichkeit. »Manchmal bedaure ich, was ich getan habe, und gehe einfach. Es ist mir zwei oder drei Mal passiert, dass ich gegangen bin, ohne auf Wiedersehen zu sagen.« Ist dieser Mangel an Höflichkeit problematisch? »Wie das für den anderen ist, weiß ich nicht. Für mich auf jeden Fall schon. Ich werfe es mir hinterher vor, dass ich so gehandelt habe.« Gildas wirft sich in doppelter Hinsicht etwas vor. Einerseits, dass er sich am Abend einfach so vom Rausch des Begehrens hat mitreißen lassen, »ohne nachzudenken«, und andererseits, dass er sich am Morgen nicht korrekt verhalten hat, er, dem gute Manieren doch eigentlich so wichtig sind. Das Fluchtbedürfnis (oder das Bedürfnis, den anderen vor die Tür zu setzen) erlangt ungewollt die Oberhand, wenn es ein all zu böses Erwachen gab.

»Du hast Angst«

Der Morgen danach ist voller Emotionen – Emotionen, die sich von denen unterscheiden, die man bei der ersten Begegnung hatte, und auch von denen in der Nacht. Scheinbar sind sie diskreter und gewöhnlicher; in Wahrheit sehr viel subtiler und komplexer. Und manchmal sehr heftig: Der Morgen nach der ersten gemeinsamen Nacht ist – entgegen dem Bild, das er von sich zu vermitteln versucht – nicht immer ein ruhiger, entspannter Augenblick. Wir haben die Intensität gesehen, die in ihm liegt und in der sich manchmal Unbehagen ausdrückt, Scham oder gar Ekel. Doch da ist noch ein anderes negatives Gefühl, dem wir bereits begegnet sind und das an manchen Morgen besonders stark wird: Angst.

Oft ist die Angst bereits vom ersten Moment der Begegnung an eine Begleiterin und dann auch in der Liebesnacht. Angst vor dem Unbekannten, Angst, etwas falsch zu machen, nicht gut genug zu sein, zu enttäuschen. Und diese Angst ist umso größer, wenn man zu dem Partner Zuneigung empfindet oder von ihm beeindruckt ist. Sie nimmt mit zunehmendem Alter und wachsender Erfahrung in Liebesdingen ab, jedoch ohne jemals völlig zu verschwinden. Am größten ist sie bei jungen Menschen, beim allerersten Mal: Die ersten Liebesgeschichten sind häufig gekennzeichnet von Lampenfieber und Beklommenheit (Le Gall, 1997). Alban erinnert sich, wie mühsam das gegenseitige Sich-Entdecken mit Jasmin war. »Es war in einem Zelt, sehr bizarr. Wir waren unter Stress und es lief alles nicht besonders gut. Und dann das Kondom, wir wussten schon, wie man damit umgeht, aber ich hatte Schwierigkeiten, es überzuziehen, und sie hat es zerrissen. Danach war alles ziemlich stressig.« Die diffuse Angst hielt am Morgen an, verlegte sich lediglich auf andere Gegenstände. »Der Morgen war auch nicht gerade toll.«

Die Hauptsorge besteht darin, sich nicht so zu verhalten, wie es von einem erwartet wird. Das erklärt auch, warum diese Sorge so verbreitet ist, denn schließlich weiß niemand genau, was die neuen Spielregeln sind, die es erst noch zu definieren gilt. Jeder geht auf leisen Sohlen. »Du hast Angst, irgendeinen Mist zu machen« (Alban). Diese Angst ist noch größer, wenn man wie Tristan wirklich eine Bindung eingehen möchte. »Du hast Angst, einfach nur Angst, das ist es, du hast Angst!«

Glücklicherweise findet dieses traurige Kapitel ein gutes Ende. Denn diese negativen Gefühle und Emotionen haben nicht immer nur negative Auswirkungen. Ich habe ja bereits einige Worte über die befreiende Wirkung des Ärgers verloren. In einer anderen Untersuchung (Kaufmann, 1999) habe ich (in Bezug auf den Wäschestapel, der darauf wartet, gebügelt zu werden) gezeigt, wie Ärger im Alltagsleben eine regulierende Rolle spielt, indem er es erlaubt, ziellosem Nachdenken ein schnelles Ende zu bereiten, eine Entscheidung durchzusetzen und zu erreichen, dass sich der Körper in Bewegung setzt. Die morgendliche Angst hat, so unangenehm sie auch sein mag, analoge Tugenden. Sie hält zur Vorsicht an, aber auch dazu, sich zu bemühen. Sie ist wie die notwendige Energie für den Motor der Verführung. Wenn »Mr. Brummbär« – um nur dieses eine Beispiel zu nennen – ein bisschen mehr Angst gehabt hätte, hätte er sich bestimmt darum bemüht, ein paar Worte mit Virginie zu wechseln. Oder er hätte bereitwillig seinen Schlafsack mit ihr geteilt, statt sich in sein Schneckenhaus zurückzuziehen. Und Virginie hätte das Glück erlebt, aus diesem bedrückenden Kapitel nicht den Schluss ziehen zu müssen, dass es Zeit war, zu gehen, sondern hätte im Gegenteil noch ganz wunderbare Morgen erlebt.

Ein Morgen voller Zauber

> »Und mitten in diesem verbrauchten, abgeschmutzten Zimmer, in diesem ekligen, schmierigen Gelegenheitshotel, überkam mich – mögen Sie es noch so lächerlich im Worte finden – ein Gefühl wie in einer Kirche, ein Beseligtsein von Wunder und Heilung. Aus der furchtbarsten Sekunde eines ganzen Lebens wuchs mir schwesterhaft eine zweite, die erstaunlichste und überwältigendste zu.«
>
> Stefan Zweig, *Vierundzwanzig Stunden aus dem Leben einer Frau*[1]

»Es war ein großes Glück«

Das Gedächtnis ist selektiv. Es bewahrt Bilder, die der Grundstimmung des Ereignisses entsprechen, und vergisst die anderen. Nehmen Sie zum Beispiel das Wetter. Die Menschen erinnern sich an graue Tage, wenn sie über irgendein Unglück sprechen, und an den blauen Himmel, wenn es freudvolle Tage waren. Im Laufe meiner Untersuchung über den Haushalt (Kaufmann, 1999) berichtete man mir unzählige Male von einem plötzlichen Regenguss nach dem Fensterputzen; niemand erzählte von schönem Wetter. Wenn es um einen dieser Morgen voller Zauber geht, ist es umgekehrt: weit und breit kein Regen in Sicht, aber viel strahlende Sonne und zwitschernde Vögel. Wolken wurden nur im metaphorischen Sinne angesprochen, um das Glücksgefühl zu beschreiben (»auf Wolke sieben«, »den Kopf in den Wolken«). Sicher, Menschen verlieben sich ein klein wenig häufiger im Frühjahr oder im Sommer. Der Unterschied ist aber nur sehr klein; im Durchschnitt kann man nicht wirklich sagen, dass das Wetter am Morgen danach besser ist als sonst. Sonne und Vögel wurden angeführt, weil sie diese wunderbare, besondere Atmosphäre an einem gelungenen Morgen so schön illustrieren, an so einem Morgen voll des Lichts und voll freudigen Zwitscherns.

Es gibt eine große und eine kleine Verzauberung. Die Gründe für eine kleine Verzauberung können vielfältig sein. Besonders der Stolz

---

1 S. Fischer Verlag, Frankfurt 1995

darauf, es geschafft zu haben, »es getan zu haben«, spielt hier eine Rolle, insbesondere in jungen Jahren. »Es war das Gefühl, zufrieden mit sich zu sein« (Manuel). »Ich war stolz, so einen hübschen Jungen in meinem Bett zu haben. Ich sah ihm beim Schlafen zu, und im Schlaf war er wirklich sehr süß« (Anna). Die Quelle großer Verzauberung dagegen ist immer dieselbe: Magie wird nur dann wirksam, wenn Liebe im Spiel ist. Das Wunder resultiert aus dem Eintreten in die Zweisamkeit; und dieses Eintreten beschleunigt sich seinerseits mit dem Erleben des Wunders. Daran ist also nichts Geheimnisvolles, der Charme eines solchen Morgens voller Gnaden beruht auf keinem Trick, sondern auf der Liebe selbst, die aber ihren Preis fordert. Der Preis der Verzauberung ist das Zurücklassen des alten Ichs, dieses Ichs, das, wenn es sich weigert, die Bühne zu verlassen, einen Morgen mit bösem Erwachen produziert. Erst, wenn man seine Autonomie und die alten Grenzen seiner Identität hinter sich lässt, dringt man voller Glücksgefühl in das ganze Universum »der Person« ein, die so zum geliebten Wesen wird.

Die Entwicklung nimmt je nachdem, ob die Liebe vor der entscheidenden Nacht (und dem Morgen danach) schon erklärt wurde oder nicht, einen anderen Gang. Wenn auf die klassische Weise verfahren wird, wurde die gegenseitige Bindung schon im Vorhinein in angemessener und vorschriftsmäßiger Form zum Ausdruck gebracht. Die gemeinsame Nacht hat dann nur noch die Bedeutung eines Tests und einer Bestätigung. Die Gefühle beim Erwachen sind deshalb aber nicht weniger stark. In den wenigen Sekunden, in denen jeder der beiden Partner den roten Faden seines Lebens wieder aufnimmt, wird das Ereignis sehr intensiv erlebt. Zwar verschwinden Passageriten in ihren institutionalisierten Formen heutzutage mehr und mehr, aber dennoch wird eine solche Passage ganz persönlich wahrgenommen (Segalen, 1998). Logischerweise sind die Gefühle in jungen Jahren, am Morgen nach dem allerersten Mal, in der Regel am stärksten, da hier ja alles zusammenfällt: die Entdeckung der Sexualität, das Verlieben, der Übergang ins Erwachsenendasein, das Gefühl von Autonomie. »Es fand nicht bei mir zu Hause statt, wo auch meine Eltern waren, sondern er hatte eine eigene Wohnung. Was für eine Erleichterung! Was für eine Freiheit! Seine Liebe leben, sein eigenes kleines Leben« (Colombine). Erika wird ganz leidenschaftlich: »Und dann dieses große Glücksgefühl, sich als Frau zu fühlen und seine Jungfräulichkeit dem Mann geopfert zu haben, den man liebt. Das war wirklich ein großes Glücksgefühl. In mir war etwas geschehen.« Auch Juliette hat eine wunderschöne Erinnerung daran. Noch heute, Jahre später, wacht sie mit Herzklopfen auf. Woher kommt dieses starke Gefühl? Ist es ihre Liebe zu Romano? Die Konkretisierung einer so lange erträumten Beziehung? Die erstaunte Überraschung, sich am Morgen als Teil eines Paares zu fühlen? Der Gedanke daran, Erwachsene und Frau geworden zu sein? Das neue Erleben der eigenen Autonomie? Zweifellos tragen alle diese Gründe dazu bei und sind miteinander verwoben. Es wäre aber niemals zu einer solchen emotionalen Intensität gekommen, wäre da nicht die Liebe zu Romano. Das bedeutet nun aber nicht, dass junge Leute für ihre erste sexuelle Erfahrung immer auf maximale Gefühlsintensität aus sind – im Gegenteil: Manchmal bringt sie die Angst gerade dazu, diese beiden Herausforderungen zu trennen (La Gall, 1997). Alban bringt das in der Erzählung von seinem Abenteuer mit Yasmine zum Ausdruck (von der er bereits gesprochen hat, als es um den Stress ging, den sie hatten). »Das allererste Mal ging es vor allem darum, das Stadium der Unberührtheit hinter sich zu bringen, und es hatte weniger damit zu tun, dass man wirklich Lust darauf hatte.« Doch es war trotzdem kein Morgen mit bösem Erwachen. »Wir waren glücklich darüber, erwachsen geworden zu sein.« Die Übung war mit einigen Schwierigkeiten behaftet, aber das Ziel war erreicht.

Die Erinnerung, die er sich an den Morgen danach mit Lisa bewahrt hat, ist eine ganz andere. Alban musste weder sich noch seinen Freunden etwas beweisen. Auch Lisa nicht. Sie gehörten beide ganz ihrer Liebe, die, wie der Morgen bestätigte, angefangen hatte, zu einem Faktum zu werden. »Der erste Morgen mit Lisa ist für mich bis heute etwas sehr Wichtiges. Vorher war es nur ein Flirt. Aber wenn man dann zur Tat geschritten ist, dann wird es ernst. Ich war total glücklich, dass es endlich wirklich begonnen hatte.« Im klassischen Liebesmodell ist das Glück des Morgens danach eng mit der ehelichen Verbindung verknüpft. Gabrielle ist hierfür ein perfektes Beispiel. Dass sich ihre Erinnerungen verwischt haben, liegt nicht etwa daran, dass das Ganze so lange her ist, sondern hat damit zu tun, dass die konkreten Fakten für sie nicht die geringste Bedeutung hatten. Vergessen die Einrichtung des Raumes, vergessen die

Gesten und Gespräche, vergessen auch alle Details. Ihr allererster Morgen war nur eine Abstraktion, die aber dennoch mit einem sehr starken Gefühl einherging, dessen Quelle ihre neue Identitätsprojektion in die Paarbeziehung war. »Irgendwie war ich jetzt mehr seine Frau. Ich war glücklich, es ging mir gut. Wirklich die totale Euphorie!« Sie erinnert sich ausschließlich an ihr Glück und an ihre Euphorie. Bei Alban ist der Hintergrund ein wenig anders, er steht eher unter dem Eindruck der neuen Formen, die die Liebe angenommen hat. Sein Glück entspringt zu einem wesentlichen Teil der Konkretisierung seiner emotionalen Bindung. Doch zugleich achtet er auch sehr aufmerksam auf alle Details an diesem Morgen, was seine Gefühle noch intensiviert. Besonders auf Lisas Reaktionen. »Ich hatte nicht damit gerechnet, dass sie ihrerseits so viel Freude zum Ausdruck bringen würde.« Die Freude und die Verzauberung bekommt man nicht als Vorschuss. Sie werden gemeinsam, am Morgen, erarbeitet.

Das findet zunächst natürlich im Refugium Bett statt. Fanny war in Josés Armen aufgewacht, Gesicht an Gesicht. Sie hatten beinahe gleichzeitig die Augen geöffnet. Sie war in seinen Blick hinabgetaucht. Es gab nichts anderes mehr auf dieser Welt, sie war ganz in ihm. Eine leere Fülle, ein Moment der Gnade, der auf wunderbare Weise und ohne den geringsten Bruch an die Erinnerungen an die letzte Nacht anknüpfte. Der pure Liebes-Traum. Und dann die Rituale: die Liebkosungen und Zärtlichkeiten des Refugiums Bett. Sie lösten die Blicke ein wenig voneinander, aber nur, um sich danach noch tiefer in die Augen zu sehen. Der Zauber wurde keinen Millimeter kleiner, änderte nur seine Natur: Sie fand ihn einfach umwerfend. »Ich fand ihn schön und ich fühlte mich gut.« José kam ihr wie verwandelt vor, noch strahlender als am Vorabend, wirklich anders, fast göttlich. »Es war etwas in seinem Blick, in der Art, wie er war, er war aufmerksamer. Ich fühlte mich total erfüllt.«

Vielleicht hätte ich ja an dieser Stelle nicht mehr weiter von ihrer Geschichte berichten und einfach bei einer so perfekten Äußerung abbrechen sollen. Doch leider ist die Liebe zerbrechlich, und solche wertvollen Augenblicke sind selten von Dauer. Die Wahrheit zwingt mich zu sagen, dass Fanny wenig später, nach dem Aufstehen, von sich aus den Zauber durchbrach. Plötzlich bekam sie einen klaren Kopf, wurde kühler, distanzierter, versuchte dabei aber zu vermeiden, dass José allzu viel von ihrem inneren Umschwung mitbekam. Dass ich ihre Geschichte in diesem Kapitel, in dem es doch eigentlich ausschließlich um das Glück gehen soll, dennoch weiterverfolge, liegt daran, dass sie sehr gut zeigt – und zwar auch in ihren negativen Aspekten –, wie sehr das Wunderbare an das Bestehen einer Bindung geknüpft ist. In einer anderen Zeit, als noch auf jeden Morgen danach automatisch viele andere mit demselben Partner folgten, hätte sich Fanny genüsslich ihrer Leidenschaft hingeben können. Heute jedoch ist das sehr viel schwieriger geworden. Denn heute sind wir, die wir doch Herren unseres Schicksals sein wollen, gezwungen, eine Vielzahl von Entscheidungen zu treffen; der Morgen nach dem ersten Mal ist damit zu einem entscheidenden Ereignis geworden. Und damit ist er eben nicht der richtige Moment, um sich einfach mit irgendjemand irgendwohin treiben zu lassen. Oder ist es gar doch genau dieser Moment, der nun endlich gekommen ist? Aber dessen muss man sich schließlich sicher sein, absolut sicher! Und das ganz schnell. Denn man spürt genau, dass das Leben in diesen Situationen sehr schnell eine Eigendynamik entwickeln kann. Gefühlsmäßig liebte Fanny José schon vor ihrer ersten Liebesnacht, sie träumte davon, mit ihm ihr Leben zu verbringen. Ein etwas abstrakter Traum, ein Traum der romantischen Art. Am nächsten Morgen jedoch, kaum war sie dem verführerischen Einfluss des Refugiums Bett entgangen, wurde sie sich bewusst, dass es hier zwar durchaus um Liebe ging (sogar um die perfekte Liebe, wie es schien), aber dass zugleich auch etwas sehr Ernstes passierte – zu ernst, um nicht wenigstens ein bisschen darüber nachzudenken. Es ging um ihre Zukunft, um ihr Leben. Fanny hatte es eilig, ins Badezimmer zu kommen. »Um mir darüber klar zu werden, was hier mit mir passierte, um nachzudenken.« Das war plötzlich über sie gekommen. Sie hatte intuitiv, allein durch das Eigengewicht der Situation, begriffen, dass dieser sanfte Morgen dabei war, eine alles entscheidende Bedeutung zu erlangen, und nach dem Aufstehen aus dem wunderbaren Refugium Bett war ihr bewusst geworden, dass ihr früheres Gefühl vielleicht ein etwas allzu leichtfertiger Traum gewesen war, über den sie nicht konkret genug nachgedacht hatte. Und außerdem: Hatte José an ihrer Seite nicht ähnliche Bedenken? War da nicht nach dem Aufstehen ein seltsames Lachen gewesen, zwar sympathisch, aber eher im »freundschaftlichen Stil«? Es war nötig, Zwischenbilanz zu ziehen. »Das ist nicht das Erste, was dir nach dem Aufstehen in den Sinn kommt, nein, das nicht, aber nach einer Weile schon. Wenn du eine Beziehung beginnst, fragst du dich, wohin dich das führen wird.« Wir haben weiter oben gesehen, dass die Fortsetzung dieser Geschichte nicht einfach war und dass der Umschwung im Tonfall ihre Gespräche erschwerte. Um die Lücken zu füllen, küssten sie sich oft. Doch ihre Küsse hatten nicht mehr denselben Geschmack wie im Refugium Bett.

»Es war intensiv, und ganz unbemerkt passierte etwas«

Obwohl der morgendliche Zauber daraus entspringt, dass man sich auf ein Leben zu zweit einlässt, kommt es heute nur noch selten vor, dass sich die Gefühle (wie in der Geschichte von Gabrielle) vollständig im Abstrakten auflösen und einzig und allein auf die Bindung selbst fixiert sind. Dem Liebesmorgen wohnt eine Gnade inne, die ihm eigen ist und die die Gesamtheit aller Worte, Gesten, Gegenstände und auch noch das kleinste Detail umhüllt. Und es gibt zweifellos einen für glückliche Morgen typischen Stil und Tonfall. »Er hatte ein kleines Schlafzimmer, winzig, und man fühlte sich wie in einem kleinen Nest. Da waren Gefühle voller Zärtlichkeit, ein friedvolles Gefühl, ein Gefühl der Ruhe, des Wohlfühlens, der Fülle, der Stärkung, ein Gefühl des Glücks« (Anna). Ich habe bereits von der Sonne und den Vögeln als Metaphern gesprochen. Man müsste dem noch die Zärtlichkeit, den Frieden, die Pastellfarben (in den Erinnerungen), extreme Freundlichkeit, gegenseitige Aufmerksamkeit, Sinnlichkeit, die leere Fülle und die Ambiguität des Austausches, das Lachen zwischen den Zärtlichkeiten, das In-der-Luft-Liegen von Versprechen hinzufügen. Das Gefühl eines niemals endenden heiteren Morgens.

Zunächst zu dem Ereignis, das einen Bruch mit der Vergangenheit herstellt. Der Morgen danach schreibt sich ein in einen sehr merkwürdigen Sozialisationskontext. Viele der von uns befragten Personen benutzten irgendwann im Laufe des Gesprächs statt des vom Interviewer gebrauchten Begriffes »premier matin«[1] plötzlich in ihren Antworten den Begriff »petit matin«[2]. In dem Adjektiv »petit« schwingt etwas mit, was die Leute unwillkürlich dazu brachte, es anzuwenden, und es zeugt damit von einem nicht greifbaren, unerklärten Element. Diese Art automatisch verwendeter Worte, die bei vielen Gesprächspartnern immer wieder auftauchen, verweisen in der Regel auf ganz zentrale Prozesse (Kaufmann, 1996). Aber natürlich ist auch eine im engeren Sinne sprachwissenschaftliche Erklärung dieser Verschiebung möglich. Im Französischen ist »petit matin« ein Ausdruck, der die Morgendämmerung, das Erwachen des Tages bezeichnen kann. Doch diese Erklärung erscheint mir eher sekundär und nicht ausreichend, um zu erklären, warum dieser Ausdruck mit solcher Macht an die Oberfläche drängt, und dies umso mehr, als die meisten Szenen des Morgens danach nicht bei Tagesanbruch spielen, sondern später am Vormittag. Dass in den Interviews so oft der Ausdruck »petit matin« verwendet wird, liegt in Wahrheit daran, dass er die für dieses besondere Ereignis typische zurückhaltende Atmosphäre so gut illustriert und symbolisiert. Am Morgen danach erscheint alles klein und diskret. Die Emotionen sind nun sanfter, die Zärtlichkeiten ruhiger, die Gespräche kurz, die Gesten und Gegenstände normal. Wie im Moment der Ruhe nach dem Schock der Begegnung oder nach dem Sturm der Nacht. Wir werden später noch sehen, dass dieses Gefühl von banaler und flüchtiger Nüchternheit sehr extrem werden und sich sogar bis hin zu einer regelrechten impliziten Theorie des Nicht-Ereignisses entwickeln kann. Doch selbst die extremen Theoretiker des Nicht-Ereignisses geben schließlich zu, dass an einem solchen Morgen trotz allem eine spezielle Atmosphäre herrscht, dass etwas Ungewöhnliches in der Luft liegt. Und das ist genau das Fehlen von Gewohnheiten, von verlässlichen Orientierungspunkten, der Schwebezustand, das Gefühl, weit weg zu sein, man selbst und zugleich nicht wirklich man selbst. Der Morgen danach ist ein Ereignis, das gekennzeichnet ist von einem Bruch mit der Vergangenheit, einem Bruch, der aber zumeist unbewusst bleibt. Ein Ereignis geht immer auf einen äußeren Faktor zurück, der einen plötzlich überrascht. Es wird jedoch nur dann intensiv erlebt, wenn das Indi-

---

1 A.d.Ü.: »premier matin«, wörtlich »der erste Morgen«, steht für den Morgen nach der ersten gemeinsamen Nacht, den »Morgen danach«.

2 A.d.Ü.: »petit matin«, wörtlich »der kleine Morgen«, bedeutet eigentlich »Morgengrauen«.

viduum von ihm »ergriffen« wird, und zwar mit Haut und Haaren, was so weit gehen kann, dass es seine gewöhnliche Identität vergisst. Der Morgen danach ist ein merkwürdiges Ereignis, bei dem der äußere Faktor kaum in Erscheinung tritt (er kam zuvor, anlässlich der Begegnung und während der Nacht, ins Spiel), so dass man denken könnte, dass es sich um gar kein Ereignis handelt, keinen Bruch, keine Gespaltenheit der Identität. Doch der Bruch und die Neuformulierung des Selbst spielen sich im Geheimen, in der Tiefe ab. Der Morgen danach ist ein Ereignis, das sich seiner Ereignishaftigkeit nicht bewusst ist. Und vor allem: ein Ereignis, das einen Bruch mit der Vergangenheit darstellt, überschwängliche Freude, ein intensives und im Innersten empfundenes Wohlfühlen.

Eine Vielzahl von Zeichen (natürlich »kleinen« Zeichen) weist jedoch darauf hin, dass das Gewöhnliche ein falsches Gewöhnliches ist, dass sich die Szene in einem Raum jenseits des normalen Lebens abspielt. Da ist unter anderem die überschwängliche Freude. Der verzauberte Morgen danach ist eine Freude, ein Karneval, eine kleiner Umsturz. Konventionelle Abläufe werden außer Kraft gesetzt (was so weit gehen kann, dass man den ganzen Tag im Bett verbringt). Gegenstände und Nahrungsmittel werden zweckentfremdet (Spaghetti im Bett, große Schachtel mit Schokokuchen). Zwischen Lachen und regressiven Spielen werden die Liebenden des Morgens wieder zu Kindern. »Man hätte meinen können, er sei ein kleiner Junge, ein Kind, so glücklich war er, und total kindisch. Es ging ihm gut« (Colombine). Juliette, die schon die Erfahrung mehrerer (mehr oder weniger) wunderbarer Morgen danach gemacht hat, neigt in ihrem Enthusiasmus sogar zu Verallgemeinerungen. »Oh, die Morgen danach sind einfach etwas Tolles!« Doch dann differenziert sie doch noch ein wenig. »Ich habe schon von jeder Art welche erlebt. Auch klassische Morgen danach. Ein klassischer Morgen (man steht auf, frühstückt) kann auch etwas sehr Nettes sein.« Nett, aber (ihr monotoner Tonfall bringt das deutlich zum Ausdruck) kein Vergleich zum zwanglosen Überschwang dieser »etwas verrückten« Morgen danach. Erneut wird sie von Wehmut erfasst, sie erinnert sich an Romano. »Wenn ich daran denke – es war total verrückt. Was haben wir gespielt und herumgealbert!«

Natürlich sind die Spiele und das Lachen nicht immer ohne Hintergedanken. Scherze und dumme Späße stellen nämlich ein bevorzugtes Instrument dar, um die Aufmerksamkeit abzulenken und das Unbehagen zu besänftigen. Man lacht, um nicht zu weinen, um den Schwebezustand zu ignorieren, um sich von der Schwere der Situation zu befreien. Und was die infantile Regression betrifft, so spielt sie sich merkwürdigerweise genau in dem Moment ab, in dem ein entscheidender Schritt ins Erwachsenendasein und/oder (bei den weniger Jungen) hin zur familialen Etablierung getan wird. Auch hier haben wir es zweifellos mit einem Kompensationseffekt zu tun. Wie Kinder zu spielen, erlaubt es, vor sich selbst zu verbergen, was hier ganz konkret geschieht: Es wird der Grundstein zu dem Gebäude gelegt, das Schritt für Schritt die »Jugendphase« beenden wird. Die gleiche Umkehrung in Bezug auf die Routinen. Der Karneval der verzauberten Morgen macht sich über das Repetitive und Institutionalisierte lustig. Tempo und Zeitmaß, der Kanon und die Suiten, alle spielen ein wenig »verrückt«. Und doch: Hinter diesem scheinbar wilden Durcheinander werden implizite Abstimmungen vorgenommen und Verhandlungen geführt, in denen es um die Definition des künftigen Stils und der Gewohnheiten des Paares geht, das (möglicherweise) gerade im Entstehen begriffen ist. Der Morgen danach ist beseelt von einer intensiven Arbeit an der Herstellung der künftigen Paargewohnheiten. Die Spiele und das Lachen sind somit durchaus nicht nur reines Glück und Unbeschwertheit. Aber was macht das schon! Das Wesentliche für die morgendliche Atmosphäre besteht darin, dass hier eine überschwängliche Freude herrscht – man braucht nicht zu wissen, was sich dahinter verbirgt. Übrigens: Je lebendiger der Zauber ist, desto weniger gibt es zu verstecken. Das Lachen, hinter dem sich das Unbehagen verbirgt, ist nicht das der überschwänglichen Freude.

Auf unsere erste Interviewfrage hin, die wir Erika (wie auch allen anderen Personen) stellten und die sehr offen gehalten war, sprach sie zuerst von ihrer Erinnerung an ein ganz allgemeines Gefühl. »Ein Gefühl des Wohlfühlens.« Wohlfühlen ist ein Wort, das in Mode ist und ein zentrales Anliegen unserer Zeit zum Ausdruck bringt. Weil es ständig verwendet wird, besteht die Gefahr, dass es sich abnutzt, obgleich es doch eine komplexe und wandlungsfähige, objektiv schwer messbare Wahrnehmung beschreibt. Und noch dazu liegen Welten zwischen elementarem Wohlfühlen (man fühlt sich körperlich gut) und existenziellem Wohlfühlen (es geht einem gut), diesem

Verhältnis zu sich selbst, das in einer endlosen Suche besteht. Es gilt folglich, zwischen unterschiedlichen Wohlfühlebenen am Morgen danach zu unterscheiden. Beginnen wir zum Beispiel mit Charles-Antoine, der den Empfang, den ihm die »Holländerin« bereitete, als äußerst »angenehm« empfand. Sein erstes Gefühl am Morgen war »angenehm, ich habe mich wohl gefühlt«. Und doch spricht er davon, als würde er ein Hotel mit perfektem Service beschreiben, einen organisierten Wochenendtrip nach Venedig, ganz aus der Perspektive des Konsumenten. Erika hingegen versucht mit demselben Wort deutlich leidenschaftlichere Regungen auszudrücken. Tristan wiederum befindet sich weniger im Universum der Erregung – sein Wohlfühlen (im Refugium Bett) ist von der ruhigen Art; es ist zugleich von einer gewissen Leere und läuft auf ein schwebendes, losgelöstes Gefühl hinaus. »Du genießt den Augenblick, du bist auf einer Wolke.« Damit wird die Glückseligkeit des Morgens danach in ihrem reinsten Aspekt symbolisiert. Farblos und doch von großer Tiefe, reglos und doch mitreißend. In der Metapher der Wolke findet sich diese Fortbewegung: Tristan ist woanders, in einem dahintreibenden Universum, jenseits dieser Welt. Aus diesem Grund taucht diese Metapher auch immer wieder auf; Colombine fügt ihr noch einen kleinen Vogel hinzu. »Es war ... ich weiß nicht ... das vollkommene Glück ... Ich war wie ein kleiner Vogel auf einer Wolke.« Und dabei ist gar nicht viel passiert. Das Bild des Glücks des kleinen Vogels kam ihr während des Frühstücks in den Sinn, während sie irgendwelche Belanglosigkeiten austauschten (»Ist das Schoko-Croissant gut? Ja, es ist lecker«). Doch diese scheinbaren Banalitäten verraten nichts über die einschneidenden inneren Umwälzungen, für die es keinen Ausdruck gibt, sie sagen nichts über die verborgene Intensität, die dieser Situation innewohnt. Colombine fühlt sich voll und ganz eingehüllt von ihrem neuen Leben, dem Leben als Paar. »Jede Minute war wahnsinnig intensiv. Es war intensiv und ganz unbemerkt passierte etwas.«

»Sie einfach nur berühren«

Es ist allgemein bekannt: Glückliche Paare haben keine Geschichte. Logischerweise hat der erste Teil dieses Kapitels, auch wenn er sicherlich angenehm zu lesen war und wir ganz konkret beobachten konnten, wie die Liebe funktioniert, uns keine großen soziologischen Enthüllungen gebracht. Der Zauber entfaltet sich in dem Maße, wie sich die Beteiligten auf einen gemeinsamen Weg einlassen: Das geliebte Wesen ist am Morgen wunderbar, weil es das geliebte Wesen ist (und umgekehrt bedeutet der Morgen ein böses Erwachen, weil einer der beiden Beteiligten auf Distanz geht). Doch soziologisch gesehen ist es interessanter, wie es nun weitergeht. Denn die Fortsetzung der Geschichte nimmt uns mit in das ungewöhnliche Universum der Banalitäten, die so banal gar nicht sind.

Der erste Teil dieses Buches (die fünf morgendlichen Szenen) hat uns eine Abstufung gezeigt: vom Refugium Bett, das manchmal nur eine Verlängerung der nächtlichen Verschmelzung darstellt, bis zur Distanzierung mit dem Gang ins Badezimmer und den kalkulierten Rollenspielen während des Frühstücks. Dieser Weg vom Heißen ins Kalte und vom Privaten zum Öffentlichen ist jedoch typisch für mittelmäßige Morgen danach, die weder ein allzu böses Erwachen darstellen noch von der wirklich liebevollen Art sind. Die wirklich verzauberten Morgen nehmen einen mit in eine andere – außergewöhnliche, da unerwartete – Dimension, und sie können sogar Stroh zu Gold verwandeln.

Auch hier werde ich wieder mit dem einfachsten Fall beginnen, demjenigen nämlich, der am weitesten vom Erträumten entfernt ist, und wieder geht es um Charles-Antoine, eine Art erfahrener Tourist in Sachen genussvoller Morgen danach, immer mit besonderer Erwähnung der »Holländerin«. »Ein sehr angenehmes Frühstück, eine sinnliche Atmosphäre. Ihre Wohnung war sehr sinnlich, gemütlich.« Und er präzisiert, abgesehen von der Einrichtung der Wohnung sei das Angenehmste die Tatsache gewesen, dass sie ihm erlaubte, sich so frei zu bewegen. »Sie klebte nicht an mir.« Wir sind hier sehr weit entfernt von dem Zauber, der aus verliebtem Sich-Einlassen auf eine Bindung entsteht – im Gegenteil: Hier ist die Distanz konstitutiv für das Wohlbefinden. Die ganz besondere Atmosphäre eines Morgens danach kann somit ihre Reize (zumindest ein bisschen) für jeden versprühen, der sie zu kultivieren weiß, auch ohne dass man sich allzu sehr auf die Sache einlassen müsste, ja sogar, indem man seine Distanz wahrt. Aber hierfür muss natürlich das, was geboten ist, von höchster Qualität sein: ein Gegenüber, das angenehm und zuvorkommend ist, aufmerksam, aber ohne zu übertreiben; eine gelungene Wohnungseinrichtung; alles Nötige, um der Bequemlichkeit Genüge zu tun; ein hervorragendes Frühstück. Noch mehr als Charles-Antoine ist Manuel ein wahres Gewohnheitstier in Sachen Morgen danach, ein Morgen-danach-Konsument, ein schwieriger Kunde, der Leistungen, die über das Gewöhnliche hinausgehen, zu schätzen weiß. Eine besondere Erinnerung hat er sich an Ingrid bewahrt. »Oh, das war wirklich ›drei Sterne‹. Man sah, dass sie Kohle hatte.« Das Badezimmer war perfekt. »Sehr hell, sehr modern, zwei Waschbecken nebeneinander. Es war sehr angenehm in diesem Badezimmer.« Die Einrichtung des Schlafzimmers war erlesen. »Ein sehr weibliches Zimmer, die Farben, die Gegenstände.« Man sollte nun aber nicht annehmen, Manuel sei ein Flegel (außer, wenn es darum geht, die Trennung zustande zu bringen – da bedient er sich der Strategie des Gedächtnisverlusts), jemand, der andere auf egoistische Weise ausnutzt. Er schätzt, er liebt. »Dieses Zimmer, das war sie, so sanft wie sie.« Im Refugium Bett ist er immer sehr liebevoll (außer »wenn es zu einer Verirrung kam«). Und dann, wenn er aufgestanden ist, erfasst ihn eine echte Neugier, eine Freude am Entdecken. »Vielleicht fühle ich mich bei anderen Leuten ja zu wohl, ich gewöhne mich total schnell ein. Das ist angenehm, du gehst auf Entdeckungsreise.« Und auf die gleiche Weise sammelt er Nächte ohne ein Danach und ist ein wahrer Liebhaber von Morgen danach.

Doch es handelt sich hier um eine sehr komplexe Kunst, einen delikaten Drahtseilakt, der einer gewissen Erfahrung bedarf. Denn normalerweise führt das Vermeiden einer engeren Bindung zu der logischen Folge, dass der Zauber gebrochen wird. Die Beziehungen (sowohl zu der Person als auch zu den Gegenständen) kühlen sich ab und die Unsicherheit der Situation schafft Unbehagen. Die Erfahrung des Reizes eines touristischen Morgens danach ist nur schwer zu machen, und dieser Reiz bleibt zudem immer begrenzt. Er hat weder die Intensität noch die Qualität der wahren Verzauberung. Er spielt beispielsweise auf der Klaviatur des Komforts, der objektiv messbar ist, wie im Hotel. Die Magie der Liebe hingegen verwandelt jedes beliebige Objekt, auch noch das armseligste. Selbst die kleinsten Details des morgendlichen Universums werden sublimiert, egal, ob sie reichhaltig oder ärmlich sind.

Das geschieht zunächst durch den einfachen Effekt der Liebe, die der Person entgegengebracht wird und die auf alles ausstrahlt. Der Morgen danach, den Colombine erlebt hat, erlaubt es, dies gut zu verstehen, und zwar paradoxerweise, weil sie allein war. Erinnern wir uns, sie war überflutet worden von exotischen Düften und hatte sich von ihnen davongetragen gefühlt, »wie in einem Film«. Die Gegenstände waren merkwürdig, verschiedene Buddhas, Räucherstäbchen, Karateposter und -schilder. Bisher kannte sie Franck nicht von dieser Seite, sie hatte diesen Geruch nie an ihm festgestellt und doch war es er. »Durch diesen Geruch spürte man die Person selbst, ihre Gegenwart. Das war sehr angenehm.« Sie hatte das Gefühl, ihn auf eine Weise zu entdecken und ihm nahe zu sein wie nie zuvor. »Obwohl ich allein war, fühlte ich mich ihm sehr nah.« Dieses Gefühl offenbarte ihr selbst ihre Liebe, oder besser gesagt, bestätigte sie ihr. Zu diesem Zeitpunkt wusste sie noch nicht genau, welche Gefühle ihr Franck entgegenbrachte. Aber was sie selbst betraf, so löschte der Zauber dieses Morgens definitiv all ihre Zweifel aus. Ein Morgen puren Glücks. Sie fühlte sich frei und unbeschwert in diesem Universum voller Wärme und ohne Verpflichtungen. »Ich fand mich ganz alleine wieder und fühlte mich wahnsinnig gut. Ich fand, das Leben war wirklich unheimlich schön. Und noch dazu schien die Sonne.« Colombine machte sich auf den Weg ins Badezimmer. Dort erwartete sie eine Überraschung (die sie am Vorabend nicht bemerkt hatte), ein weniger angenehmer Schock. Die Gesellschaft der Gegenstände war hier eine ganz andere als die, die das Schlafzimmer bewohnte. Schluss mit Exotismus, dem Schwarz und den Farben, der warmen Unordnung; das Badezimmer war tipptopp aufgeräumt, sehr funktionell. Und vor allem hatte es dort Regale, auf denen sich eine beeindruckende Anzahl von Pflegeprodukten aufreihte. »Ich hätte nie gedacht, dass ein Mann ... eine richtige Tussi!« Und im ersten Moment erschrak sie: Da standen viel mehr Pflegeprodukte als bei ihr zu Hause – würde Franck, wenn er das wüsste, nicht denken, sie wäre in diesem Punkt etwas nachlässig, vor allem für eine Frau? Zum Glück löste sich diese kleine, graue Wolke schon bald wieder auf. Sie beruhigte sich. Und machte sich nach den Buddhas und dem Karate nun auch mit diesem neuen Universum vertraut. Noch ein bisher unbekannter Franck. Merkwürdig, sogar unverständlich, aber doch wahr, die Gegenstände waren der

Beweis. Sie drang in sein Geheimnis vor. Und musterte die Pflegeprodukte eingehend, erneut erstaunt darüber, dass es sich um viele erlesene Markenprodukte handelte. »Das war schon lustig, denn ich habe die ganzen Parfumfläschchen entdeckt, die Düfte, die kleinen Eaux-de-Toilettes, die Marke seiner Zahnpasta.« Sie roch daran, berührte sie. Ein merkwürdiges Gefühl. Sie berührte die Sachen nicht so, wie sie ganz gewöhnliche Gegenstände berührt hätte, sondern sie berührte den Teil von ihm, der in ihnen steckte (vor allem da es sich um einen geheimnisvollen Teil von ihm handelte), und der überlieferte ihr ganz konkrete, wahrnehmbare Elemente. »Sie nur zu berühren, das ließ mich zwar vielleicht nicht gerade erzittern, aber es bewirkte so ein Kribbeln in den Fingern, das einem ein merkwürdiges Gefühl gibt.«

Das Paradox des Gewöhnlichen

Colombine hatte begonnen, zum Paradox des Gewöhnlichen vorzudringen. Was die Gegenstände im Schlafzimmer betrifft, waren ihre Gefühle ziemlich einfach zu verstehen: Ihre Liebe zu Franck hatte sie verwandelt. Doch im Badezimmer ging etwas anderes vonstatten. Ihr erster Reflex bestand darin, sie zu hassen, diese Gegenstände, die mit ihrer Vorstellung, die sie von ihm hatte, nicht konform gingen. Es waren die Gegenstände selbst, die sich ihr aufdrängten, und zwar durch die vertraulichen Mitteilungen, die sie ihr machten. So beginnt das Paradox des Gewöhnlichen: Irgendwelche lächerlichen Gegenstände ohne besondere Eigenschaften haben etwas zu sagen. Sie lehren einen, was man zuvor nicht wusste, und das ihnen innewohnende Wissen ist enorm.

In Gegenwart des Partners spielen die Gegenstände diese Rolle gemeinsam mit den Alltagsgesten. Das Badezimmer, das Frühstück – all das eröffnet den Blick auf ein unendliches Universum von Gewohnheiten, das man sich im Bett noch gar nicht vorstellen konnte. Hier enthüllen sich tausend Dimensionen einer Person, manchmal eher unsympathische, oft verführerische (denn schließlich ist man an diesem speziellen Morgen ein sehr wohlwollendes Publikum). Die Person offenbart einen Körper, der nicht derselbe ist wie der im Bett, einen gewöhnlichen Körper, den es erst noch zu entdecken gilt – eine Entdeckung voller subtiler Gefühle, die sich von denen der Liebesnacht deutlich unterscheiden, eine Entdekkung voller kleiner Genüsse, die man zu schätzen wissen muss.

Tristan wird auf dieser Entdeckungsreise unser Führer sein. Wir haben ihn bereits als Theoretiker des Refugiums Bett kennen gelernt. Er war es, der die Risiken des Verlassens dieser schützenden Hülle angesprochen hatte. Einige Augenblicke später im Interview entwickelte er eine positivere Meinung: Natürlich kann nichts mit der warmen Nähe des Zusammenseins unter der Bettdecke mithalten, aber das Umschwenken des Tonfalles spielt eine weniger einschneidende Rolle, wenn man den Morgen als Einheit betrachtet. Und letztere gründet sich auf die Kraft des Bedeutungslosen. »Das ist der totale Genuss, nichts passiert, da ist nichts Besonderes, alles ganz einfach, aber sehr intensiv. Es ist eher ein Zustand, den du empfindest, aber auch die kleinen Dinge, die du tust, sind ein Genuss.« Mit anderen Worten, die Gefühle aus dem Refugium Bett können auf den gesamten Morgen ausstrahlen. Tristan denkt nach, ist noch nicht zufrieden. Er hat es nicht geschafft, alles zu sagen, was er sagen wollte, sucht nach Worten, nimmt den Faden noch einmal auf. »Ein Morgen danach erlaubt es dir, all die unbedeutenden Kleinigkeiten voll und ganz zu genießen. Nach drei Jahren Beziehung achtest du auf diese Dinge nicht mehr, sie haben keine Bedeutung mehr. Am Morgen nach dem ersten Mal hast du eine ganz banale Beziehung dazu, und doch ist es merkwürdigerweise genau das, an was du dich am meisten erinnerst.« Hier sind wir mitten im Herzen des Paradoxes des Gewöhnlichen angelangt. Die Gegenstände und Gesten lassen die Person in einem anderen Licht erscheinen; selbst die kleinsten Elemente und Verhaltensweisen strömen eine einzigartige Anmut aus. Doch da ist noch etwas anderes, was auf sich aufmerksam macht. Für einen kurzen Übergangsmoment und auf eine völlig unkritische Weise wird man sich vage dieser allerallträglichsten Banalität bewusst, die im späteren gemeinsamen Leben sehr schnell in Vergessenheit geraten wird, indem sie sich in die Routinen einschreibt (die manchmal erstickend werden können). Gemeint ist hier nicht die Fremdheit des Partners (wie im Fall von Colombine im Badezimmer), sondern diese merkwürdige familiäre Fremdheit des Paarseins an sich, die sich in genau dem findet, was (sehr schnell) zur Alltäglichkeit werden wird, auf der die Beziehung gründet. Aber schließlich gibt es das Paar zu diesem Zeitpunkt noch nicht wirklich, es ist erst an seinem Anfang, und manchmal steht keineswegs fest, ob es eine Fortsetzung der Geschichte geben wird. Die Macht, die von den einzelnen Gesten ausgeht, hängt mit dieser Ambiguität zusammen. Gemeinsam im Badezimmer zu stehen, in seinem kleinen Zuhause gemeinsam zu essen (normalen Toast und normalen Kaffee) – all das löst undefinierbare Gefühle aus. Sie sind nicht so stark wie in der Nacht, nicht so zärtlich wie im Refugium Bett, aber doch auf subtile Weise bezaubernd. Der Blick, der auf einem liegt, ist doppeldeutig, zugleich intim und distanziert, so als würde man das etablierte Paar spielen und dabei vage erahnen, dass dieses Spiel die Macht hat, einen hineinzuziehen in eine partnerschaftliche Realität, dass diese Realität vielleicht sogar schon ein bisschen existiert. Schon die ersten gemeinsamen Alltagsgesten, stellen einen fortgeschrittenen Punkt im Prozess der einsetzenden Familiarisierung dar, eine Konkretisierung der Alltagsliebe, die sich erstaunlicherweise bereits abzeichnet. Darin liegt auch der besondere Reiz, und dies umso mehr, als sich beide – im Gegensatz zu dem, was später passieren wird – noch frei und ungezwungen fühlen, jenseits jeder Routine; es ist einfach nur ein Spiel.

»Ich versuche nicht, mich einzufügen«

Ob man in den Alltag des anderen und in das neue, sich gerade erst herausbildende partnerschaftliche Alltägliche eintaucht oder nicht, ist durchaus keine marginale Frage, nicht einfach das Sahnehäubchen auf dem Kuchen der Liebe. Es handelt sich um ein zentrales Element, das darüber entscheidet, ob es ein gemeinsames Leben geben wird oder nicht. Im negativen Fall endet die Geschichte hier oder sie konzentriert sich auf den sexuellen Aspekt der Liebe, wobei jeder auf Distanz bleibt und seinen Alltag für sich organisiert (Paare mit getrennten Wohnungen). Welches Verhältnis man zu den scheinbar bedeutungslosen Gesten und Gegenständen am Morgen danach hat, ist also keine unwichtige Angelegenheit; es geht um nicht mehr und nicht weniger als um die Zukunft der Beziehung. Um dieses merkwürdige Paradox besser zu verstehen, ist es interessant, ein Beispiel heranzuziehen, das aus der Negativperspektive spricht, einen Fall also, bei dem der Zauber nicht zur Entfaltung kam. Das bedeutet aber, so leid es mir tut, dass wir für einen Augenblick noch einmal in etwas eintauchen müssen, was der bitteren Atmosphäre eines Morgens mit bösem Erwachen stark ähnelt.

Rodolphe hätte beinahe seinen Platz im vorangehenden Kapitel gefunden, so sehr schien sein Morgen danach aus einer einzigen Folge von kleinen Unannehmlichkeiten zu bestehen. Man muss dazu sagen, dass verschiedene äußere Faktoren ihm das Leben nicht gerade leicht gemacht hatten. So zum Beispiel Charlottes Bruder, der mitten in der Nacht, im denkbar schlechtesten Augenblick, einfach so ins Schlafzimmer geplatzt war (er war betrunken) und sie in einer »delikaten Situation« überrascht hatte. Unbehagen stellte sich ein, erst recht bei dem Gedanken an den morgendlichen Aufbruch (der Bruder war noch immer da). Eine Katze hingegen kann eigentlich gar nicht als äußerer Faktor betrachtet werden. Sicher würde es für so manchen ein gewisses Problem darstellen, wenn sein Partner in der ersten gemeinsamen Nacht seine Katze mit ins Bett nähme. Doch das Paradox des Gewöhnlichen ist, wenn es in hohen Dosen angewandt wird, imstande, alle möglichen Aggressionen einfach auszulöschen – auch solche, die Krallen haben. Es kann selbst aus dem Allerabstoßendsten etwas Wunderbares erschaffen. In der Regel genügt ein bisschen ganz normale Liebe, um die Unebenheiten des Alltags zu glätten und die Gesten und Gedanken zu verflüssigen. Nun betrachtete Rodolphe die Katze aber vom ersten Augenblick an als absoluten Feind, der nicht die geringste Toleranz verdient. »Sie lässt sie die ganze Nacht in ihrem Bett! Oh nein, das ist etwas, das ich überhaupt nicht ertragen kann!« Das Tier erwiderte seine Feindseligkeit. »Und dann hat sie mir auch noch einen Krallenhieb auf den empfindlichsten Teil meines Körpers versetzt. Das tut vielleicht weh!« Am Morgen weckte ihn das ins Schlafzimmer einfallende Licht schon sehr früh. »Sie schläft bei offenen Fensterläden. Ich hasse das.« Als erstes sah Rodolphe die Katze, sie lag direkt neben ihm im Bett. Der Tag begann schlecht. Sein Blick, der durch das Zimmer wanderte, erfasste nur Negatives. Ein Fernseher im Schlafzimmer – das fand er ziemlich vulgär. Und noch weniger akzeptabel war die Unordnung. »Da herrschte ein schönes Durcheinander! Ich bin ziemlich ordentlich und wenn ich dann so was sehe!« Als er näher an den Körper an seiner Seite heranrückte, wurde die Bildersammlung auch nicht rosiger; die verhasste Katze lag nach wie vor zusammengerollt auf ihr, und Charlottes Augen waren merkwürdig geschwollen. Im Rückblick bezieht er in seine Kritik auch die Wachphasen während der Nacht mit ein. »Du wirst dir ihrer nächtlichen Gewohnheiten bewusst. Sie atmet laut. Nein, sie schnarcht nicht, aber sie atmet laut. Und sie nimmt im Bett sehr viel Platz ein.« Kurz: Das Bild, das hier entstanden war, war ziemlich finster und schien in die Rubrik »böses Erwachen« zu gehören.

Doch wäre da nicht die Anwesenheit des Bruders gewesen, hätte Rodolphe keinerlei Fluchtimpuls gespürt. Es war kein wirklich böses Erwachen. Da war keine Scham, kein Bedauern, kein Peinlichkeitsgefühl aufgrund der nächtlichen Übungen, im Gegenteil, er war durchaus in der Stimmung, damit fortzufahren. »Von mir aus hätte das den ganzen Tag so weitergehen können«. Er liebte Charlotte, emotional und körperlich. Das Aufwachen war sogar ein sehr intensiver Moment gewesen. »Mir wurde ein sehr rührender Blick geschenkt. Für sie stellte ich etwas dar, an das sie sich anlehnen konnte. Das war so angenehm: sich wichtig zu fühlen. Als ich beim Aufwachen ihre Reaktion sah, wusste ich sofort, dass es nicht bei diesem einen Mal bleiben würde. Es gibt Dinge, die täuschen nicht. Zu entdecken, dass der andere möchte, dass es weitergeht, ist etwas sehr Schönes. Zum einen fühlst du dich geliebt. Und zum anderen, wenn du dasselbe für die Person fühlst, dann ist das einer der besten Augenblicke im Leben. Das war wirklich etwas, das sehr, sehr tief ging.« Im Bett gefangen, ohne mit dem Liebemachen von vorne beginnen zu können (Gegenwart des Bruders), unterhielten sie sich lange. Zunächst einfach nur über irgendwelchen Kleinkram. Doch dann kam es auch zu intimen Vertraulichkeiten; ein wahrer Gesprächszauber. »Das war eines der wenigen Male, bei denen ich mit jemandem ein so tief gehendes Gespräch geführt habe.« Elf Monate später erklären Rodolphe und Charlotte, dass sie als Paar leben, und sie lieben sich noch immer. In Wahrheit schwanken sie jedoch zwischen zwei verschiedenen Leben, zwischen zwei körperlichen Modalitäten. Die Nacht war so warm und sanft gewesen, dass der Morgen kalt und verkrampft erschien. Der Körper der sexuellen Liebe betrachtete den anderen Körper, den der Alltagsgesten, wie einen Fremden.

Michel Bozon (1993) hat die »Vielfalt der sexuellen Biografien und der möglichen Kombinationen zwischen Sexualität, Paarbeziehung und Gefühl« analysiert und ist zu dem Ergebnis gekommen, dass es von Individuum zu Individuum »klar voneinander abgegrenzte Dispositionen« und sehr unterschiedliche Hierarchien von Prioritäten gibt. Er unterscheidet insbesondere zwischen zwei Typen von »intimer Orientierung« in der Konstruktion des Selbst (Bozon, 2001). Der eine umfasst Personen, die schon sehr frühzeitig sexuelle Beziehungen gehabt haben und deren weiterer Werdegang in Sachen Liebe eine hohe Zahl von Partnern umfasste (beziehungsmäßige Unstetigkeit), mit denen sie ein umfangreiches Repertoire an sexuellen Praktiken entwickelten. Für diese Personen ist Liebe ganz wesentlich mit Sex verknüpft und kann vom Alltagsleben relativ losgelöst sein. Letzteres (und das füge nun ich hinzu) gehört nicht zu ihren Vorstellungen von Liebe und kann sogar schnell zu einem Liebestöter werden. Der andere Typus von Werdegang sieht die Sexualität innerhalb eines breiteren, vielfältigen, dauerhaften und stabilisierten Ganzen, eine ruhige, um nicht zu sagen monotone Sexualität, die durch die Aufmerksamkeit kompensiert wird, die anderen Dimensionen des gemeinsamen Lebens geschenkt wird, insbesondere (und das füge jetzt wieder ich hinzu) der Gefühlswelt des Alltags. Diese Typologie teilt sowohl die Männer als auch die Frauen in zwei Gruppen ein. Dennoch ist bemerkenswert, dass in der ersten Gruppe die Männer zahlreicher sind und in der zweiten die Frauen (Bozon, 1998). Außerdem findet man bezogen auf den Lebenszyklus den erste Typus eher in der Jugendphase und den zweiten eher im reiferen Alter. Die klassische Analyse der Liebe (unter anderem die Arbeiten von Francesco Alberoni, 1981 und 1994) hat die emotionale Entzauberung betont, die mit der Einrichtung auf Dauer und der Institutionalisierung einhergeht. Routine schafft Langeweile und schwächt die Gefühle. Auch ich habe mich auf diese Analysen bezogen, und die Kritik, die ich nun formulieren werde, ist somit auch eine Selbstkritik. Denn ich denke inzwischen, dass diese Diagnose zum Teil falsch ist. Sicher kann es vorkommen, dass Routine ausschließlich Langeweile und die Schwächung der Gefühle hervorbringt. Aber meistens entsteht eine besondere Form der Liebe, die sich stark von den emotionalen Tumulten der sexuellen Liebe unterscheidet, so diskret und diffus, dass sie beinahe unsichtbar ist, und doch ist sie intensiv und zutiefst prägend. Die eheliche Liebe bringt Beruhigung, liebevolle Freundschaft, Komplizenschaft, Unterstützung, gegenseitige Großzügigkeit und Zärtlichkeit (Caradec, 1997). Und sie bringt auch die Kunst der kleinen Freuden, eine wahre Kultur des Unscheinbaren, die das Potenzial in sich birgt, wunderschön zu werden und so gut zu tun. Und dieser zweite Parameter der Liebe beginnt sich schon am Morgen nach der ersten gemeinsamen Nacht herauszubilden. Das Paradox des Gewöhnlichen ist vor allem das: ein frühes Entdecken der zweiten Liebesform (die sich in der Folge weiter entfalten kann). Rodolphe jedoch befindet sich auf einer ganz anderen Flugbahn, die die Grenzen der »reinen Beziehung« illustriert, wie sie von Anthony Giddens definiert wurde (de Singly, Chaland, 2001): Er möchte er selbst bleiben und sich nicht vereinnahmen lassen. Während er sich von Charlotte sexuell angezogen fühlt und auch wirklich verliebt in sie als Person ist, scheint eine unsichtbare Grenze seinen Blick zu verändern, sobald er sich auf alltägliche Gesten und Gegenstände richtet. Er wird kalt und funktionell, opportunistisch. »Ich schaue mir die strategischen Orte an: das Schlafzimmer, die Toilette, das Badezimmer.« Und sehr schnell wird sein Blick auch kritisch (der Fernseher, die Unordnung), auch auf die Charlotte nach der Liebe (geschwollene Augen, lautes Atmen). Rodolphe gibt übrigens ganz offen zu, dass dieses Alltägliche nicht nur überhaupt keine Gnade vor seinen Augen findet, sondern dass es ihn sehr schnell auch bedrückt. »Ich versuche nicht, mich einzufügen.« Sein vollständiger Satz war folgender: »Gleich am ersten Tag versuche ich nicht, in der Wohnung heimisch zu werden.« Später, so scheint es ihm, ist er offener, in bester Laune. Tatsächlich ist der Morgen nach dem ersten Mal entscheidend und sehr repräsentativ für das, was folgen wird. Trotz allen guten Willens, sich zu ändern, gelingt es Rodolphe nicht im geringsten, dem Alltag gegenüber gnädig zu sein. Seit elf Monaten sind Rodolphe und Charlotte zusammen, jeder in seiner eigenen Wohnung. Charlotte tröstet sich mit ihrer Katze.

Die Prägung

Die Arbeiten der Verhaltensforschung (die mit dem Bild der Gänse von Konrad Lorenz auf eine etwas schematische Weise popularisiert wurden) haben gezeigt, in welch hohem Maße und mit welcher

Schnelligkeit es schon bei der Geburt zur Prägung kommt. Das Jungtier inkorporiert die äußere Welt, indem es sich auf einen Gegenstand fixiert, der seine Aufmerksamkeit fesselt, und indem es das tut, nimmt es mentale Kategorien auf, die sein Handeln strukturieren. Die menschliche Verhaltensforschung hat betont, dass diese »Rezeptivität für Ereignisse«, die bei der Geburt maximal ist, in speziellen Kontexten weitere Schübe erleben kann (Cyrulnik, 1989). Das genau ist es, was an bestimmten Morgen geschieht, wenn sich der Zauber auch auf das Alltägliche legt. Die Rezeptivität kann dann so intensiv werden, dass die Wahrnehmungskategorien des alten Ichs außer Kraft gesetzt sind. Das Individuum erlebt dann wirklich eine Neugeburt (es wird in einer neuen Identität wiedergeboren). Es findet eine Mutation der Identität statt, weil Prägung stattfindet, und umgekehrt: Die beiden Aspekte sind untrennbar miteinander verknüpft. Natürlich sind angesichts dieser Möglichkeit einer Liebesneugeburt nicht alle Persönlichkeitstypen gleich. Die einen, die fest in ihrem identitären Fundament verankert sind und absolute Herrscher über ihr Schicksal sein wollen, werden bestenfalls ein paar schüchterne Schritte in diese Richtung machen. Die anderen werden bereit sein, sich zu verlieren, in dem neuen Universum zu zerfließen, das mit einem Schlag des Entzückens ihre alte Existenz auslöscht. Und diese Bereitschaft werden sie in der körperlichen wie in der beziehungsmäßigen Liebe haben. Und sie werden auch in der Alltagsliebe dazu bereit sein, die mehr als alles andere Träger dieser Erneuerung der Identität ist, viel mehr als die Liebe der Nacht oder des Refugiums Bett, auch wenn sie viel diskreter ist. Die Macht der Prägung entfaltet sich im wunderbar Gewöhnlichen, zwischen Toast und Kaffeetasse, zwischen schmutziger Wäsche und merkwürdiger Wohnungsausstattung, am Morgen nach dem ersten Mal.

Der Effekt der Prägung ist logischerweise bei der Person größer, die zu Gast ist. Jenseits ihres gewohnten Kontextes kann sich der Eindruck, den sie gewinnt, als sehr umfassend erweisen und sie mitreißen »wie in einem Film«. Der Gastgeber hingegen muss sich damit zufrieden geben, die Gewohnheiten »der Person« zu beobachten, die noch dazu wenig sichtbar sind, weil der andere sehr vorsichtig und darauf bedacht ist, die häuslichen Regeln zu verstehen und zu befolgen. Der Gast hat nur einige wenige Gegenstände mitgebracht. Die anderen kommen erst später, Schritt für Schritt (Alhinc-Lorenzi, 1997). Die Prägung kann sich aber auch auf weniger plötzliche Weise, in kleinen Schritten im Laufe der folgenden Morgen vollziehen. Für die zweite Nacht hatte José seinen Kulturbeutel mitgenommen. Mehrere Tage lang räumte er seine Utensilien nach der Benutzung wieder auf und machte seinen Kulturbeutel danach gewissenhaft wieder zu. Fanny bekam nur diese kleine, gut aufgeräumte, ihr Geheimnis bewahrende Gegenwart zu Gesicht. Doch dann, eines Morgens, entdeckte sie eine Zahnbürste an dem Ort, der der ihre werden würde. »Ich habe sie auf dem Waschbecken liegen sehen, und es war gut so.«

Auch auf Seiten des Gastes sind die Formen der Prägung vielfältig. Sie kann umfassend sein und als so wunderbar erlebt werden, dass sie unmittelbar die gesamte innere Welt revolutioniert. Wie in der glücklichen Geschichte des Morgens danach von Juliette bei Romano. Die Prägung kann aber auch eher selektiv und fortschreitend sein, weniger eklatant, weil die Realität, die zu transformieren ist, störrischer ist. Wie in der überraschenden Geschichte von Virginie. Beginnen wir mit ihr.

Der erste und der zweite gemeinsame Morgen von Léopold und Virginie sind eindeutig in die Rubrik »böses Erwachen« einzuordnen. Nach seinen vollkommen unverständlichen Äußerungen über Ziegen und seiner unerträglichen Ein-Personen-Schlafsack-Manie schien ihre Geschichte zu einem schnellen Ende verdammt zu sein. Doch einige Wochen später hingen sie immer noch aneinander, und ihr Abenteuer fand im Haus von Léopolds Eltern seine Fortsetzung. Eine objektive Beschreibung der Räumlichkeiten könnte einen glauben machen, dass hier eine weitere Schwelle des Schreckens überschritten wurde. Virginie inventarisiert sehr scharfsichtig die Gegenstände ihres Widerwillens und ihrer Abscheu. »Es gab da wirklich widerliche Ecken, und dann war da sein Vater, der die ganze Zeit in die Ecken spuckte.« Unnötig, hier ins Detail zu gehen. Es fiel ihr ziemlich schwer, die Dinge zu benennen und mitzuteilen. »Manchen hätte es sicher gleich gereicht, wenn sie gesehen hätten, dass ihr Freund in so einem schmuddeligen Loch lebt. Aber schließlich kannst du nichts dafür, wenn deine Eltern unreinlich sind«. Léopold wurde aus dem Kontext herausgelöst. Die entstehende Liebe, die sie ihm entgegenbrachte, strahlte sogar auf die Umgebung aus und ließ einige allzu widerwärtige Details verblassen. »Eigentlich ekelte es mich am Anfang gar nicht mal so sehr. Denn irgendwie ist es dir egal, Hauptsache, du bist mit deinem Typen zusammen. Was kümmert's dich da, wenn in der Küche dein Ärmel auf einem Fettfleck landet? Du bist nicht angewidert, weil du dich so sehr zu deinem Freund hingezogen fühlst.« Unglücklicherweise ist eine schmutzige Wohnung nicht das Einzige, was das Bild verderben kann. Am schlimmsten war vielleicht der Mangel an Intimität zu zweit. »Immer war jemand da, ein Haufen Leute, das war wirklich nervig.« Keine Ecke im Haus, die Zweisamkeit ermöglicht hätte, blieb von der Meute verschont. Außer (mehr oder weniger) der Bettcouch. Und vor allem dem Badezimmer. »Diese ganzen Leute, die uns daran hinderten, zusammen allein zu sein, machten nur an der Badezimmertür Halt.« Ihr Paradies. Dieses Badezimmer hatte überhaupt nichts Tolles an sich – es war klein, fensterlos, ohne jede Dekoration und in kaum besserem Zustand als der Rest der Wohnung, »nicht sehr hübsch und nicht sehr sauber«. Dennoch vollzog sich die Verwandlung allein durch die Magie der Alltagsgesten und der zweideutigen Körper, durch die sinnliche Subtilität der alltäglichen Nacktheit, die warme und sanfte Nähe der entstehenden Alltäglichkeit der Beziehung. »Das Wunderbarste am Morgen danach war, zusammen in dem kleinen Badezimmer zu stehen.« Virginie bewahrt sich eine wunderbare Erinnerung daran. Es wäre gewiss übertrieben zu sagen, dass das Dekor selbst zu etwas Entzückendem geworden wäre, vielmehr waren es die Körper, die auf die Gegenstände ausstrahlten. Der Schmutz wurde ganz einfach verborgen, das beliebige Unbedeutende durch den verliebten Blick verschönert. Virginie erlebte einen Zauber, der Stroh zu Gold werden lässt.

»Oh, wie glücklich war ich!«

Juliette hat eine solche Verzauberung mit Romano erlebt; die Blendung war intensiv und vollkommen. Sie war jung (17 Jahre), und er war ihre erste Liebe. Sie hatte lange davon geträumt. Ein sehr starkes Gefühl, eine innere Explosion, eine echte Liebe auf den ersten Blick. »Die Begegnung mit ihm hat mich wie ein Blitz getroffen, total verrückt, so was ist mir noch nie passiert. Hoch zehn sozusagen. Ich hab geheult und so.« Der Zauber schöpfte seine Stärke also zu allererst aus dem Gefühl. Doch es war der Morgen, der besonders berauschend war, mehr noch als die vorausgehenden emotionalen Höhenflüge. »Oh, beim ersten Mal, am Morgen danach, oh, wie glücklich war ich! Glücklich, es getan zu haben, glücklich, bei ihm zu sein. Ich war total süchtig nach ihm, mega-süchtig, wirklich mega-süchtig! Ich war bei ihm! In seinem Zimmer! Darauf hatte ich so lange gewartet. Und noch dazu hatten wir sehr viel Spaß miteinander. Es war einer meiner schönsten Morgen danach.« Ihr letzter Satz überrascht ein wenig: Nur einer unter vielen schönen Morgen? Hat Juliette oft einen so intensiven Zauber erlebt? Nein, dies war das einzige Mal. Tatsache ist, dass es Dinge gibt, die man nicht eingestehen kann, auch nicht sich selbst gegenüber. Insofern sollte man eine verlorene Liebe nie allzu stark wieder lebendig werden lassen, nur so sehr, wie es nötig ist, um eine sanfte Nostalgie zu spüren, aber ohne die Gegenwart zu belasten. Juliette macht deshalb nur Andeutungen (insbesondere, um ihre derzeitige ruhige Eintracht mit Guillaume nicht zu gefährden). Aber in ihrer Erinnerung finden sich noch so viele Wellen innerer Erregung, dass einige Augenblicke später die Deiche brechen. »Das ist wirklich eine tolle Erinnerung! Das vollkommene Wohlfühlen! So ist es, wenn es einem wirklich gut geht, du bist glücklich. Ich fühlte mich wahnsinnig gut. Seither war das nie wieder so stark.«

Um diese sanfte Gefühlsexplosion auszulösen, kamen viele Faktoren zusammen. Das lange Warten, die Konkretisierung einer Empfindung (die selbst bereits sehr intensiv war), die sanfte Wärme des Refugiums Bett, das Gefühl von Autonomie und des Übergangs in das Erwachsenendasein etc. Und selbst die überschwängliche Freude, die dem Charme dieses Morgens keinen Abbruch tat. In dieser Summe von Faktoren nahm jedoch die Materialität des Raumes einen besonderen Platz ein – natürlich aufgrund der gefühlsmäßigen Projektion (»Ich war bei ihm! In seinem Zimmer!«), aber auch das Zimmer selbst drängte sich ihr bis in seine kleinsten Details mit aller Kraft und mit einer Realität auf, die über jeden Verdacht erhaben war. Sie war in seinem (Romanos) Zimmer, das nun auch ihr (Juliettes) Zimmer war, sie selbst war das Zimmer, war eins mit all den Gegenständen dort. Da war nicht der geringste Schock, nur eine leichte, ruhige Verwunderung. »Ich mochte es sehr, mich in seinem Zimmer umzusehen. Das geschah voller Hingabe.« Die Prägung hatte bei ihr unverzüglich stattgefunden und die Inkorporierung war allumfassend. Es konnte gar nicht erst zu einem Überraschungsschock kommen, denn der Raum war bereits ein Teil von ihr. Das wurde ihr in den Tagen darauf klar, als sie (und das ist leider die traurige Fortsetzung der Geschichte) wieder alleine in ihrem alten Zimmer saß, das doch eigentlich so nett eingerichtet war. Aber plötzlich war das Zimmer kalt, abscheulich, fremd und unerträglich geworden. Ihr kritischer Blick nahm an jedem Winkel Anstoß und stöberte immer neue Ärgernisse hervor. Schließlich schloss sie die Augen und träumte von jenem anderen Zimmer, Romanos Zimmer, ihrem Zimmer, ihrem gemeinsamen Zimmer. Ein erstaunlich konkreter Traum: Eine ganze Horde von Gegenständen, die sich heimlich in ihrem Leben niedergelassen hatte, weigerte sich nun, dieses wieder zu verlassen – und dies umso mehr, als Juliette noch gar nicht wirklich überzeugt davon war, dass sie diese Gegenstände tatsächlich wieder ausquartieren zu musste. Sie zog es vor, ihre Augen zu schließen und in ihren Träumen zu bleiben.

Ein unscheinbarer Morgen

»Er setzte sich auf den Bettrand, als könne er mit seinem Körper all das Seltsame aus der Welt schaffen.
›Meinst du, wir sollten vielleicht einfach mal etwas ganz Normales machen?‹ fragte er.
Sie lächelte. Zärtlich, schüchtern, vertrauensvoll. ›Was machst du denn normalerweise um diese Tageszeit?‹
›Normalerweise‹, sagte er, ›dusche ich um diese Zeit und gehe dann auf einen Hamburger zum A & W an der Osborne.‹
›Na gut‹, sagte sie, ›dann gehen wir jetzt zum A & W‹, blieb aber weiter liegen und sah ihn an.
›Wir können ja wohin gehen, wo es ein bißchen – ein bißchen‹ – er suchte nach dem passenden Wort‹ –, ›ein bißchen festlicher ist.‹
›A & W klingt gerade richtig. Ich meine, wenn du sonst auch da hingehst.‹«

Carol Shields, *Die süße Tyrannei der Liebe*[1]

Die Flugbahn der Kontinuität

In welchem Maße hat ein Individuum die Freiheit, seine Gegenwart und Zukunft selbst zu erfinden? Das ist eine alte philosophische Debatte, die von der Soziologie wieder aufgenommen wurde, eine Debatte, die zu keinem guten Ende führt, wenn jeder sich in seine radikale Denkschule zurückzieht (Freiheit versus Determinismus) und für die Anhänger der entgegengesetzten Position nur Schmähreden übrig hat. Denn die Wahrheit findet sich in den ständigen Wechselwirkungen zwischen den beiden Bewegungen: Das Individuum konstruiert selbst Tag für Tag den Orientierungsrahmen, an dem es später sein Denken und Handeln ausrichtet (Kaufmann, 2001). Das Konzept der biografischen Flugbahn eignet sich in idealer Weise dafür, diesen in zwei verschiedene Richtungen verlaufenden Prozess zu verstehen (Dubar, 1998; Kaufmann, 2002). Das Ich fühlt sich mitgerissen auf einer Flugbahn des Lebens, die es selbst Schritt für Schritt in Gang gesetzt hat, und zwar durch eine

1 Deutsch von Elfi Hartenstein, Goldmann Verlag, München 1993.

lange Reihe oft stillschweigender Detailentscheidungen, die es getroffen hat, ohne sich wirklich bewusst zu sein, dass hier Weichen für seine Zukunft gestellt werden.

Die Geschichte von Éric und Anna (erzählt von letzterer) wird uns als Beispiel dienen. Wenn der Wissenschaftler Lebensgeschichten sammelt, muss er äußerst vorsichtig zu Werke gehen (Bertaux, 1997). Die Akteure neigen nämlich zu nachträglichen Rationalisierungen, indem sie sämtliche Wendungen ihres Lebens ex post als Ergebnisse einer willentlichen Entscheidung deuten, selbst wenn es einfach nur der Lauf der Dinge war, der sie in eine bestimmte Richtung gedrängt hat. Umgekehrt neigen diejenigen, die ihr Leben als eine einzige Aneinanderreihung von Zwangsläufigkeiten verstehen wollen, dazu, auch noch die kleinsten Entscheidungen auszublenden und sich auf abstrakte Verallgemeinerungen zurückzuziehen. So als wäre das Band, das diese Entscheidungen verknüpft, atemporal, jenseits jedes konkreten Ereignisses, ohne irgendwelche besonderen Eigenschaften. Und so beginnt Anna ihre Erzählung folgendermaßen: »Es gab keine erste Begegnung. Wir haben uns schon immer gekannt.« In Wahrheit kannten sie sich seit zwei Jahren, wobei verschiedene soziale Rollen aufeinander folgten, die jeweils eine Neudefinition ihrer Beziehung erforderlich machten. Sie waren erst Freunde, wurden dann zu »sehr guten Freunden«, gingen dann »miteinander aus« und wurden schließlich zu Liebenden, die sich mehr oder weniger bewusst auf eine partnerschaftliche Laufbahn einließen. Anna sieht durchaus, dass diese Entwicklung stattgefunden hat. Doch sie betont, es habe nie eine willentliche Entscheidung für die Veränderung ihrer Beziehung gegeben, die einzelnen Etappen hätten sich vielmehr »ganz von selbst ergeben.« Und erst, als sie sich ergeben hatten, wurden sie im Rückblick sichtbar. Die Beschreibung, die sie uns von ihrem Morgen nach der ersten gemeinsamen Nacht gibt, ist an diesem Punkt sehr erhellend. »Wir kannten uns schon zehn Jahre und waren sehr eng befreundet. Einen Morgen danach mit ihm zu verbringen, war wirklich mehr als Freundschaft, es war Liebe, es war etwas Ernstes. Ich hatte das Gefühl, gewachsen zu sein, fast so eine Art symbolische Ehefrau geworden zu sein.« Einige Augenblicke später ändert Anna diese Version ihrer Geschichte leicht ab. Von einem solchen biografischen Sprung zu reden, erscheint ihr nun selbst im Rückblick übertrieben.

Oder ja, doch, natürlich, wenn sie daran denkt, hat sie es schon wie das Überschreiten einer symbolischen Schwelle empfunden. Aber der Morgen selbst bedeutete überhaupt keinen Bruch zu vorher. Er war sehr einfach, evident, beinahe banal. »Das war keine urplötzliche Veränderung, es war die Fortsetzung des Vorabends.« Außerdem bedeuteten die gemeinsame Nacht und der darauf folgende Morgen eine Konkretisierung dessen, was genau durch dieses Ereignis zu einer festen Bindung wurde. »Hier nahm etwas Gestalt an, das wir bereits aufgebaut hatten.« In Wahrheit jedoch hatte es dieses klare und explizite Sich-Einlassen auf eine Liebesbeziehung bisher nicht gegeben. Lediglich die Weiterentwicklung einer Freundschaft, die immer inniger wurde. Und manchmal war es auch zu Gesprächen mit einem verbindlicheren Charakter gekommen, die sich aber dadurch auszeichneten, immer indirekt und zweideutig zu bleiben. So hatten sie in der Zeit ihrer Freundschaft sehr oft über ihre Vorstellungen vom Leben gesprochen und auf diese Weise Schritt für Schritt zu einem gemeinsamen Standpunkt gefunden. Zum Beispiel definierten sie gemeinsam eine wahre Paar- und Familienethik, jedoch ohne zuzugeben, dass sie an der Konstruktion ihres persönlichen Projekts arbeiteten. »Wir waren eher gegen solche Dinge wie Heiraten, Kinderkriegen etc. Schon in unseren Gesprächen als Freunde sagten wir immer: Diejenigen, die heiraten, sind doch blöd. Ich habe da auch nicht weiter drüber nachgedacht. Ich wollte einfach, dass das mit uns weitergeht.« Diese Art von Gesprächen wurden übrigens weniger, als die Zeit der Konkretisierung kam (nach zehn Jahren gemeinsamen Lebens erwarten sie inzwischen ihr erstes Kind, von Heirat ist aber immer noch nicht die Rede). Es war fast so, als wären die Grundsteine aus Versehen gelegt worden, und danach musste man sich einfach nur noch von der Evidenz der Kontinuität tragen lassen.

»Ich wollte, dass das mit uns weitergeht.« Anna hat also doch eine Entscheidung zum Ausdruck gebracht, aber eine schwache Entscheidung, die in den Lauf der Dinge eingebettet war, der sie unwillkürlich vorwärts drängte. Ihr Wunsch war lediglich Begleiter einer Art natürlicher Entwicklung des Lebens. Sich ihr zu widersetzen, hätte wirklich bedeutet, eine Entscheidung zu treffen, hätte eine Willensanstrengung erfordert. Anna gab sich damit zufrieden, sich dem ruhigen Fluss der Dinge, der sie davontrug, anzuvertrauen.

»Ich sah in uns ein ganz normales, alltägliches Paar. Es würde noch weitere Morgen danach geben, es würde weitergehen. Kontinuität, ja, es war eine Geschichte, die auf Kontinuität basierte. Und auf Sicherheit und gegenseitigem Vertrauen. Die Sicherheit der Beziehung, das gemeinsame Sich-Wohlfühlen.« Da dieses Gefühl der Sicherheit und des Wohlfühlens vorherrschte (die beiden stärksten Erwartungen in der heutigen Gesellschaft), war es nicht nötig, sich irgendwelche Fragen zu stellen.

»Diese tiefe Bindung«

Anna bastelt ihre Erzählung auf die gleiche Weise zusammen wie die Flugbahn ihres Lebens: indem sie verschiedene Erklärungsmuster ins Spiel bringt, die sie auf intuitive Weise aneinanderfügt, und dabei (auch sich selbst gegenüber) die Illusion vermittelt, das alles sei aus einem Guss. Wir haben gesehen, wie sie beispielsweise in Bezug auf den Morgen danach zwischen zwei Erzählvarianten hin- und herschwankt: dem Überschreiten einer Schwelle und der vollkommenen Kontinuität. Was ihre Flugbahn auf lange Sicht betrifft, schwankt sie erneut zwischen einer Erklärung, die ausschließlich auf Kontinuität abstellt (»Es war eine Geschichte, die auf Kontinuität basierte«), und einer Erklärung, die ein eher aktives Moment hervorhebt: die »tiefe Bindung«.

Die tiefe Bindung ist das, von dem man annimmt, es halte die beiden Personen zusammen, egal, was die Wechselfälle des Lebens auch bringen mögen. Wenn sie auf diese Weise präsentiert wird, wird sie zu einem unabwendbaren Argument, aufgrund dessen man sich alle weiteren Erklärungen sparen kann: Es ist nicht nötig, der Komplexität des partnerschaftlichen Beziehungsgefüges weiter nachzuforschen, denn schließlich ist da ja die tiefe Bindung. Anders gesagt wird die tiefe Bindung leicht zu einem magischen Operator, der weit von jeder konkreten Realität entfernt ist. Anna hat uns bereits erzählt, dass sie sich schon immer kannten. Sie spielt mit dem Sinn des Verbs »kennen« (der Unterschied zwischen »sich vom Sehen kennen« und einer Liebesbeziehung ist unendlich groß). Und sie lügt, was das »immer« angeht. Sie würde zweifellos entgegnen, dass sie nicht offen lügt, sondern dass sie an anderer Stelle im Interview auch »zwei Jahre« gesagt hat, dass dieses »immer« für sie eine Metapher ist. Aber genau hier liegt das Problem: in der Tatsache, dass sie in einer doppeldeutigen Sprache Metaphern verwendet, die für sie zumindest teilweise die Realität wiedergeben. Die Erklärung mittels der tiefen Bindung wird in der Regel im Nachhinein gegeben, um der eigenen Flugbahn eine klare Logik und Kohärenz zu verleihen. »Wir waren zuvor schon zwei Jahre lang Freunde. Wir waren so enge Freunde, dass das, als wir zu Liebenden wurden, gar kein ... Natürlich kam es zu dieser neuen Entdeckung, der des Körpers, aber ... Und außerdem war da diese tiefe Bindung, die schon immer zwischen uns bestand.« Die tiefe Bindung kann also zu etwas sehr Abstraktem und Undefinierbarem werden und sich jenseits der normalen Wirklichkeit befinden: Sie lässt sich nicht beschreiben, sie ändert sich nicht durch die Ereignisse, sie ist unaussprechlich und immerwährend, beinahe göttlich. Sie funktioniert wie eine wirksame und modernere Alternative zu dem alten Glauben an schicksalshafte Liebe, von der angenommen wurde, sie entscheide darüber, wer wem begegnet (so stand es geschrieben: ER musste es sein und SIE musste es sein). Auch wenn man heimlich noch davon träumt (Kaufmann, 2002), ist es heute schwierig geworden, offen an Vorhersehung in Liebesdingen zu glauben, enthüllen doch die Tatsachen tagtäglich den zufälligen Charakter von Beziehungen. Die »tiefe Bindung« ist da weitaus glaubhafter und macht mehr her.

Dies gilt umso mehr, als es ja wirklich eine reale, konkrete und starke Verbindung zwischen zwei Menschen geben kann, die imstande ist, ein ganzes Leben lang zu halten, unabhängig davon, wie sich die Beziehung verändert. Also eine sehr starke Bindung. Aber diese Tiefe ist niemals geschenkt und niemals unveränderlich. Sie erfordert im Gegenteil eine ständige Arbeit, um bei jeder Veränderung des Kontextes das Einvernehmen wiederherzustellen. Das zeigt sich auch schon auf dem Gebiet der Freundschaft: Um einander über lange Zeit freundschaftlich verbunden zu bleiben, bedarf es beträchtlicher Anstrengungen auf beiden Seiten, und die Beziehung muss immer wieder neu definiert werden (Bidart, 1997). Man bleibt nicht befreundet, sondern man schafft die Bedingungen für eine ständige Erneuerung der Freundschaft, eine neue Freundschaft zwischen Individuen, die verschiedene biografische Etappen durchschritten haben und nicht dieselben geblieben sind. Es gibt also gute

Gründe anzunehmen, dass die »sehr tiefe Bindung« sich grundlegend wandelt, wenn die alten Freunde zu Liebenden werden. Die zwischenmenschliche Verbindung wird jeden Tag neu konstruiert und rekonstruiert.

Die tiefe Bindung ist Ergebnis einer Arbeit der Akteure, auch wenn sie ihnen dann später wie eine Abstraktion erscheinen kann. Es handelt sich um eine konkrete, wandelbare und spezielle Realität: Es gibt keine zwei Liebesbeziehungen, die in ihren Modalitäten genau identisch wären. Vincent zum Beispiel lässt sich von den Enttäuschungen, die er erlebt, nicht aus der Ruhe bringen. Sie ziehen über ihn hinweg und kratzen allenfalls an der Oberfläche seines Seins. Denn tief in seinem Innersten hat er die Überzeugung, dass er sein Leben mit Aglaé verbringen könnte. Ist das Liebe? Er weiß es nicht so recht. Eher eine Art schlecht definierter intuitiver Bindung, die stärker zu sein scheint als alle Schwierigkeiten. Beweist seine Immunität gegenüber allen Widrigkeiten des Morgens nach der ersten gemeinsamen Nacht nicht, dass er mit dieser innersten Überzeugung richtig liegt? Er kann sich sagen, dass er doch längst die Tür hinter sich geschlossen hätte, wäre da nicht diese tiefe Bindung. In Wahrheit jedoch tut er nichts anderes, als die Augen vor allzu unangenehmen Ereignissen zu verschließen und ihre Bewertung auf später zu verschieben. Er kann hier nicht ernsthaft von einer tiefen Bindung sprechen, kennt er Aglaé doch erst seit sehr kurzer Zeit, erst seit vierzehn Tagen. Also tut er so als ob. Er spielt eine unwahrscheinliche und wenig überzeugende schicksalshafte Liebe, während er darauf wartet, dass diese trotz allem ihr Werk tut.

Die Kraft der kleinen Gesten

Von der tiefen Bindung ist in der Regel erst im Rückblick die Rede – wenn überhaupt. Denn meistens stellt sich die Kontinuität, auf der diese tiefe Bindung beruht, von ganz allein ein (ohne dass es dieses leicht magischen Operators bedürfte); sie wird von einem Tag zum anderen und von einer Minute zur anderen erzeugt, und zwar durch eine möglichst flüssige Folge von Alltäglichkeiten. Hierbei gilt es, schwierige Übergänge zu meistern, Unebenheiten zu glätten, Unbehagen zu vertreiben. Es gilt, so zu handeln, dass sich jeder der Illusion hingeben kann, es passiere gar nichts oder fast nichts, der Morgen bestehe nur aus lächerlichen Belanglosigkeiten, während doch in Wahrheit das ganze Leben gerade auf der Kippe steht.

Hierfür sind tausend kleine Tricks vonnöten. Küsse, die die Lükken füllen, das Spielen und Lachen, Gespräche über alles und nichts. Vincent hat sich für die Strategie des Kopfeinziehens entschieden, das stille Warten darauf, wie es wohl weitergeht. Doch wenn der Partner redseliger ist als Aglaé, dann geht diese Taktik nicht mehr auf. Dann muss man sich Strategien zur Glättung der Interaktionen und zur Strukturierung der Kontinuität ausdenken. Die häufigsten bestehen – nach der Banalisierung und Entdramatisierung des Handelns (es ist ein Morgen fast wie jeder andere) – darin, in das gewohnte Leben einzutauchen, die Spuren zu verwischen und die Erschütterung, die das Ereignis bedeutet, so gut wie möglich zu dämpfen. »Auch wenn es eine besondere Nacht war, sind wir sehr schnell zu unseren gewohnten Gesprächen zurückgekehrt. Wir waren nicht so naiv, uns zu sagen: Du liebe Zeit, es ist unglaublich, was uns hier passiert! Das Leben musste weitergehn. Wir hatten beschlossen, in den Unterricht zu gehen. Vielleicht war es kein Zufall (denke ich heute), dass wir beschlossen haben, in den Unterricht zu gehen« (Boris). Das war mit Sicherheit kein Zufall. Oft werden irgendwelche dringenden Beschäftigungen, diverse Notwendigkeiten vorgeschoben, um der Unsicherheit der Situation zu entkommen. Es genügt, sich für den Abend wieder zu verabreden und die Runde ist schon fast gewonnen. Denn in der Nacht wird alles einfach, und am zweiten Morgen haben sich bereits kleine Gewohnheiten eingestellt, die einem als Leitlinie dienen können. Danach muss man sich nur noch dem Lauf der Dinge überlassen. Nun hatten sich Fanny und José aber unglücklicherweise für diesen Morgen überhaupt nichts vorgenommen und so machte sich Unbehagen breit: Die Unsicherheit aufgrund der Unklarheit der Situation traf sie völlig unvorbereitet. Ein Schweigen folgte auf das andere. Am Anfang schafften sie noch mit Küssen Abhilfe. Aber in dieser Richtung zu übertreiben, hätte den Trick in ihren eigenen Augen entlarvt. Sie waren also dazu verurteilt zu reden. Sie versuchten es mit Banalitäten, die sich aber schnell als allzu banal erwiesen. Die Zweisamkeit drohte bedrückend zu werden ... Doch dann kam ihnen eine Idee, eine Idee, die sie plötzlich befreite und alles Weitere vereinfachte: Es galt, den Tag zu organisieren, sich für bestimmte Aktivitäten zu entscheiden (Kino? Spaziergang? Restaurant?). Aber wären das Aktivitäten als Freunde oder als Paar? Das machte keinen Unterschied, und das war es auch, was die Sache so bequem machte: Sie würden sich am Abend näher stehen, ohne zuvor über die Veränderung sprechen zu müssen, die sie verband. Selbstverständlich sprachen sie nicht über diese Annäherung, sie sprachen nur sehr konkret und leidenschaftlich über die Aktivitäten als solche, über Filmdetails, Schauspieler etc. Sie waren nun weit entfernt von den vorherigen Banalitäten: Sie organisierten nun ihre Zukunft, wenn auch nur die kurzfristige. Sie trafen Entscheidungen und leiteten Handlungen ein. Sicher, das waren nur ganz kleine Handlungen, ins Kino zu gehen oder ins Restaurant, aber das Wichtige war, dass diese völlig unscheinbaren Handlungen eine biografische Flugbahn in Gang setzten, die ihrerseits eine Sogwirkung auf die beiden ausübte. In bestimmten Kontexten können winzig kleine Entscheidungen oder Gesten von kolossalem Gewicht sein.

Die Herstellung des Nicht-Ereignisses

Die alltäglichen Beschäftigungen, denen man nachgeht, irgendwelche Dringlichkeiten, die das Handeln diktieren, diverse Mikroentscheidungen etc.: All diese kleinen Elemente werden als Vorwand benutzt, um die Aufmerksamkeit abzulenken, und erlauben es, die Fortsetzung eines gemeinsamen Lebens reibungslos in Gang zu bringen. In den meisten Fällen entsteht eine Paarbeziehung nicht aufgrund einer Entscheidung, sondern weil es zu keinem Bruch kommt. Die einzige wirkliche Entscheidung ist der Bruch. Um zu einem Paar zu werden, genügt es, dass die Bewegung, die einen mitzieht, diese Bewegung der Reproduktion von Gewohnheiten, niemals abreißt. Es genügt, sich am Abend nach dem Morgen danach wiederzusehen, und schon hat das Leben den Geschmack eines beruhigenden Déjà-Vus angenommen. Die ersten Gewohnheiten stellen sich rasch ein, wenn man sie sich nur in aller Ruhe einstellen lässt. Daher das Paradox: Wenn am Morgen danach scheinbar überhaupt nichts passiert, passiert doch etwas. Und das ist selbst bei denen so, die sich für die Methode des radikal unscheinbaren Morgens entschieden haben: Je weniger passiert, umso mehr passiert etwas. Die einen (wie Fanny und José) suchen nach Ablenkung, nach Vorwänden, nach Mikroentscheidungen. Aber es gibt auch eine sehr viel extremere Strategie: Die totale Banalität herstellen, das Nicht-Ereignis. Dadurch entstehen Einfachheit und die Macht der Evidenz, die einen in ihrem Fluss mitziehen und dabei verbergen, welche weitreichenden inneren Richtungswechsel hier stattfinden.

Es gibt Fälle, die sind sehr speziell und somit wenig repräsentativ, haben aber den Vorteil, dass an ihnen die Charakteristika eines Prozesses besonders deutlich werden. So habe ich etwa Colombines allein verbrachten Morgen danach dafür benutzt, den Bezug zu den Gegenständen deutlich zu machen. Es folgt nun ein anderer Einzelfall: Der Morgen danach von Gabrielle und André. »Wir haben uns schon zwei Jahre lang regelmäßig getroffen, bevor ...« André schlief in seiner eigenen Wohnung, Gabrielle bei ihren Eltern. Zwei Jahre lang besuchte sie ihn jeden Morgen vor der Arbeit, um eine halbe Stunde zusammen zu verbringen. Ein wenig Flirt, aber vor allem Alltag: Es war ihr kleines gemeinsames Zuhause, die Gespräche eines fast schon etablierten Paares, ein ganzes Universum bereits eingespielter Gewohnheiten. So folgte beispielsweise das Frühstück einem festen Ritual. Und am Morgen nach der ersten gemeinsamen Nacht stellte sich dann auch kein Unbehagen ein, keine Überraschung; sie stützten sich in ihrem Denken und Handeln auf Orientierungspunkte, die sie längst mit viel Geduld aufgebaut hatten. »Es war unsere erste gemeinsame Nacht, aber in gewisser Weise haben wir gleich zu unseren morgendlichen Gewohnheiten zurückgefunden. Dieser Morgen war ein Morgen wie jeder andere.« Einziger Unterschied: Sie hatten ein paar Minuten mehr für ihr gemeinsames Leben. »Unsere Morgen wurden länger.« Kein Bruch, sondern eine reibungslose Entwicklung. Natürlich war da die Nacht gewesen. Aber das Wichtige war, dass der Morgen »ein Morgen wie jeder andere« war.

Selbstverständlich ist ein solcher Ablauf selten. Im Allgemeinen sind die Orientierungspunkte am Morgen danach unsicher und schwankend. Man muss improvisieren, sich einander anpassen, während man nicht weiß, was der Partner denkt (und oft genug weiß man selbst nicht einmal ganz genau, was man denken soll), und vor allem muss man über die Zukunft entscheiden, obwohl sich das Denken als träge erweist. Die einzige Lösung, die sich bietet, besteht dann darin, der Kontinuität den Weg zu bahnen, das Nicht-Ereignis herzustellen, sich entschlossen in die Banalität und Gewöhnlichkeit der Situation hinein zu versenken. Ein kleines rückblickendes Lächeln über die Nacht, aber was den Morgen betrifft: nichts zu berichten. »Wir hatten für diesen Morgen nichts Besonderes vor, da gab es nur die Gespräche, die wir genauso gut am Abend zuvor hätten führen können, als wir uns getroffen hatten« (Erika). Auf der Ebene des konkreten Handelns: ein Morgen wie jeder andere. Was jedoch die geheimen Gedanken betrifft, fügt Erika noch hinzu, dass sie die diffuse Ahnung einer Verschiebung hatte. Das Nicht-Ereignis schrieb sich in einen Lauf des Lebens ein, der sie beide mitzog, indem er sie zusammenschweißte. »Ich wusste, dass es hier nicht enden würde, dass es weiter seinen Gang gehen würde.« Dieses merkwürdige »es« verändert sie, während die beiden Beteiligten doch zugleich dieselben bleiben. »Es brachte unserer Beziehung ein Plus, aber es änderte nichts an unserer Art zu leben.« Das ist natürlich eine Illusion. Denn dass sich ihre Beziehung änderte, hat eben doch genau damit zu tun, dass sie ihre Art zu leben gründlich geändert hatten. Doch dies galt es hinter der Vorstellung von Kontinuität und von einem Nicht-Ereignis zu verbergen, damit »es« in aller Ruhe sein Werk vollenden und die beiden zu einem Paar werden lassen konnte.

Von der Anomie profitieren

Die Verwendung eines sehr alten Konzepts in der Soziologie, des Konzepts der Anomie, wird es uns erlauben, die Besonderheit des unscheinbaren Morgens danach genauer zu definieren. Es war Émile Durkheim, der dieses Konzept bekannt gemacht hat, insbesondere mit seiner Untersuchung über den Selbstmord (Original von 1897; dt. Ausgabe 1993). Die Anomie kennzeichnet eine Situation, in der es einem Akteur nicht gelingt, sich in ein festes Orientierungssystem einzuschreiben, auf dem sein Denken und Handeln gründen kann. Dann liegt ein Verlust des *nomos* vor, dieses Rahmens für das Leben, der den Dingen durch ihre Einordnung in eine genau umrissene Realität ihren Sinn verleiht – eine Realität, die den Geist einengt, aber auch zur Ruhe bringt. Traditionelle Gesellschaften kennen die Anomie nicht, denn in ihnen waren die Individuen genau durch diese Art von Rahmen definiert, in dem sie ihren festen Platz hatten. Die Anomie ist eine Krankheit der modernen Gesellschaft, der Preis, der zu zahlen ist für individuelle Freiheit, für die Möglichkeit eines jeden, seine eigene Wahrheit und Moral zu definieren (Kaufmann, 2001). Die Selbstdefinition des Ichs schafft ein »Übel der fehlenden Grenzen« (Durkheim 1993), das aus der Öffnung des Horizonts und dem Unsicherwerden der Orientierungspunkte resultiert. Die unausweichliche Folge: psychologische Zusammenbrüche, die bis zum Selbstmord reichen können.

Am Morgen nach der ersten gemeinsamen Nacht bringt man sich nicht um (glücklicherweise!). Man erlebt möglicherweise ein Unbehagen, aber keinen Zusammenbruch. Dennoch ist die Situation typisch für die Anomie. Denn zur Ambiguität der Situation (»Sind wir nun Freunde oder Liebende?« »Sollte man besser wieder auf Distanz gehen?«), die durch das Zögern und ständige Schwanken noch vergrößert wird, kommt auch noch die Tatsache, dass verschiedene Gewohnheiten aufeinanderprallen, die zwischen den Partnern nicht abgestimmt wurden. Nach der Erregung der Nacht und der Zärtlichkeit des Refugiums Bett entdecken sie plötzlich, dass es keine Spielregeln mehr gibt. Alles ist offen und alles wird kompliziert. Die beiden Partner finden sich in einem Definitionsvakuum wieder. »Du hast mit ihm die Nacht verbracht, aber am nächsten Morgen weißt du nicht so recht, wie du dich verhalten und was du mit ihm reden sollst. Denn du kennst die Person ja eigentlich gar nicht. Es gibt zum Beispiel Leute, die sollte man morgens lieber nicht ansprechen« (Fanny). Sie gar nicht erst ansprechen oder ein scheinbar neutrales Gesprächsthema finden (wie mit José das Kino). Dabei fällt es einem extrem schwer, keinen Versuch zu unternehmen, die eigene Position wenigstens grob einzuschätzen. Aber oft führen lahme Versuche nur zu Misserfolg und werden schnell wieder aufgegeben. »Der Morgen danach ist etwas Spezielles, sehr speziell, da ist so eine Peinlichkeit ... nicht wirklich Peinlichkeit ... doch, in gewisser Weise Peinlichkeit. Man weiß nicht so recht, wie die Person reagieren wird, und du weißt auch nicht wirklich, wie du selbst reagieren wirst« (Rodolphe).

Diejenigen, die sich vor dem Unbehagen besonders fürchten, stürzen sich in heftige Definitionskonflikte (um ein bestimmtes Handlungsmodell durchzusetzen), die nur dazu führen, dass der Morgen zu einem bösen Erwachen wird. Die besonders Verliebten tauchen voller Wonne in die Zärtlichkeiten des Refugiums Bett und in den Zauber der häuslichen Kultur ab, die es zu entdecken gilt. Und die besonders Raffinierten, die nicht sonderlich verliebt sind, haben ihrerseits die Möglichkeit (abgesehen von der Ablenkung durch Lachen oder durch die Aktivitäten des Tages) zu versuchen, einen wirklichen Gewaltstreich zu vollbringen: von der Anomie zu profitieren. Nicht nur nicht darunter zu leiden, sondern sie bewusst zu verstärken, sie zu vergrößern, um den Morgen nur noch unscheinbarer werden zu lassen.

Die Eigenschaften des Ortes, an dem sich das Ganze abspielt, werden hier entscheidend. Nehmen wir das Beispiel von Sophie. Seit Jahren reihte sich bei ihr unerbittlich ein böses Erwachen ans andere, eine morgendliche Scham an die andere, eine überstürzte Flucht an die andere. Bis sie Sébastian traf. Die Begegnung als solche hatte eigentlich nichts besonders Bemerkenswertes. Die Nacht war ähnlich gewesen wie viele andere Liebesnächte. Aber am Morgen, da war alles anders. Und das lag an diesem Ort, einem neutralen Ort, an dem keiner der beiden Partner zuvor auch nur einen Deut persönlicher Geschichte hinterlassen hatte. »Ich hatte das Gefühl, das Recht zu haben, hier zu sein. Das Zimmer gab mir Sicherheit. Da gab es keine Vergangenheit, jeder legte da hinein, was er wollte. So als ob wir nur vorübergegangen wären und keine Spuren hinterlassen würden.« Was wünschte sie sich für die Zukunft? Sollte das Abenteuer mit Sébastian weitergehen? Sie wusste es nicht und wollte es auch gar nicht wissen, wollte nicht darüber nachdenken und vor allem keine Entscheidung treffen, sie wollte »nur vorübergehen«, ohne »Spuren zu hinterlassen«, aber gleichzeitig ohne die Entwicklung aufzuhalten. Nicht fliehen, sich auf die Erfahrung einlassen, ohne sich wirklich darauf einzulassen. »Ich hatte keine Lust, mich zu Hause zu fühlen, mich so richtig darauf einzulassen. Aber die Tatsache, dass das ein neutraler Ort war, an dem nichts vorher schon da war, gab mir Sicherheit, denn ein kleines bisschen konnte es ja auch mein Zuhause sein. Also hatte ich weniger den Drang zu gehen, denn schließlich konnte ich einen Teil von mir da hineinlegen. Wenn es die ersten Male bei ihm zu Hause passiert wäre, wäre sicher alles ganz anders gelaufen.«

Es gibt noch weitere Faktoren, die es ermöglichen, von der Anomie zu profitieren. Zum Beispiel wenn sich die (morgendliche) Szene nicht in der Zweisamkeit abspielt, sondern umgeben von einer Gruppe von Freunden. Dann setzt sich eine andere Situationsdefinition (die Gruppendynamik, freundschaftliches Herumalbern) durch und ermöglicht Ablenkung. Dennoch ist dies ein ganz anderer Kontext als der, den wir bei Fanny und José gesehen haben. Bei ihnen bestand die Ablenkung darin, den gemeinsamen Tag zu organisieren. Sicher, das waren nur kleine Entscheidungen, aber es handelte sich wirklich um die ersten Schritte ihres gemeinsamen Lebens. Die Gruppe von Freunden hingegen ist nur eine sehr vorübergehende Realität. Im übrigen: Wenn sich ein Paar bildet, wird es sehr schnell auf Distanz gehen und die freundschaftlichen Bande neu formulieren (Berger, Kellner, 1988). Das freundschaftliche Umfeld hat also etwas leicht Künstliches, von dem sich die beiden Partner aber nicht täuschen lassen. Sie tun nur so, als wären sie bei der Sache, während sie sich in Wahrheit kurze verschwörerische Blicke zuwerfen oder, jeder für sich, über die weitere Fortsetzung der Geschichte nachdenken. Sie haben ihre alte Identität hinter sich gelassen, jedoch ohne bereits in eine neue Paaridentität geschlüpft zu sein; sie sind irgendwo anders. Sie sind nicht einmal richtig Teil der Gruppe; sie sind nirgendwo, in einer Art Luftblase jenseits der normalen Realitäten des Lebens. »Wie in einem Film«, hatte Colombine gesagt. Das ist es, was es heißt, von der Anomie zu profitieren: Aus den normalen Kontingenzen zu entfliehen, um die Grenzen des Ichs zu verwischen. Mit dem Unterschied, dass es hier weder exotische Gerüche noch eine prächtige Inneneinrichtung gibt, der Film ist vielmehr ein undefiniertes und unsicheres Jenseits, eine zusätzliche Dezentrierung des Ichs, die die Offenheit der Situation noch vergrößert.

Ein doppeltes Spiel

Doch von der Anomie zu profitieren, hat auch seine Grenzen. Ein Minimum an Orientierungspunkten ist immer nötig. Und es ist schwierig, dem Wunsch zu widerstehen, zu wissen und zu erraten, wer der andere wirklich ist und was geschehen wird. Man kann sich selbst nicht davon abhalten, sich umzuschauen (während man zugleich den Eindruck vermittelt, man schaue sich gar nicht um) und über den Umweg einer Geste oder einer scheinbar nichtigen Frage Analysen anzustellen, aber immer nur ganz vorsichtig. »Da ist eine gewisse Peinlichkeit, du weißt nicht so recht, was du sagen sollst. Du stehst auf und fragst irgendwas, zum Beispiel: ›Willst du Kaffee?‹ Aber in Wahrheit bist du dabei, den anderen zu beobachten« (Fanny). Die Partner spielen ein doppeltes Spiel.

Doch es gilt, genau zu definieren, was mit dem doppelten Spiel gemeint ist. Denn im Allgemeinen bedeutet diese Formulierung, dass man nach außen hin einen trügerischen Schein präsentiert, um seine heimliche Meinung besser verbergen zu können. Im vorliegenden Fall ist es etwas anderes, die Anomie wird auf rechtschaffene Weise genutzt. Es ist nur einfach so, dass sie die Situation nicht allein regeln kann und die Partner dazu gezwungen sind, auf einem doppelten Register zu spielen: Eine gewisse Zeit gehört der anomischen Unsicherheit, eine andere dem Versuch, die Regeln der Beziehung zu definieren. Nehmen wir das Beispiel von Rodolphe. Er war in der Nacht (mit Charlotte) mehrmals aufgewacht, immer mit dem gleichen Gedanken im Kopf: »Du weißt nicht so recht, was du darüber denken sollst.« Der beinahe obsessive Charakter seines Nachdenkens hinderte ihn daran, wirklich weiterzukommen. Eigentlich dachte er Dinge, ohne wirklich nachzudenken. Wir wissen, wie es weiterging: Er blieb mit seiner Entscheidung schließlich auf halber Strecke stehen (sie sind ein Paar, wohnen aber nicht zusammen). Wichtig aber ist zu wissen, wie er zu seiner Entscheidung kam. Er machte es so, wie er es sich nach und nach an all seinen Morgen danach mit jeder neuen Partnerin zur Gewohnheit gemacht hatte, und folgte bestimmten Prinzipien, die mittlerweile theoriereif sind: »Erst mal wartest du. Dann bringst du ein Gespräch in Gang. Du beginnst, sagst irgendwelche Banalitäten, blablabla ... Und dann versuchst du, entweder einen Vorwand zu finden, um zu bleiben, oder einen, um zu gehen.« Man sollte ganz genau hinhören, was Rodolphe hier sagt. Eine schnelle Lektüre könnte einen glauben machen, es handele sich hier um ein klassisches doppeltes Spiel (ich sage nur oberflächliches Zeug, während ich innerlich darüber nachdenke, wie es weitergehen soll). Doch Rodolphe ist auf beiden Ebenen durch und durch ehrlich. Es ist sogar wahrscheinlich, dass der Einsatz der Anomie in seiner Strategie die Hauptrolle spielt. Erst wartet er, dann beginnt er ein banales Gespräch. Blablabla. In diesem konkreten Augenblick ist er mit seinen Versuchen nachzudenken noch kaum weiter gekommen als in der Nacht. Er sieht immer noch nicht so recht klar, und er hat auch nicht versucht, eine Form des Austausches in Gang zu setzen, mit der er sich auf eine Flugbahn zu zweit einlassen würde oder die umgekehrt Distanz signalisieren würde. Er verharrt in der strikten Neutralität banaler Sätze. Blablabla. Tatsache ist, dass er weiterhin wartet, darauf wartet, ein äußeres Zeichen zu erhalten, einen »Vorwand«, der ihm sagt, ob ja oder nein. Zweifellos hat er diesen Vorwand in seinem Kopf schon vorbereitet, und er muss nur noch zu demjenigen greifen, der ihm innerlich am besten passt. Aber er ist sich dieser kognitiven Arbeit nicht bewusst. »Es lohnt sich nicht, sich deshalb aufzuregen. Irgendwann ist plötzlich alles klar, das kommt ganz von selbst.«

In Fannys Fall kam das in Bezug auf Gilberto durchaus nicht ganz von selbst. Erst waren da auch diese Banalitäten wie mit José und dann die Küsse, um die Lücken zu füllen. Der unscheinbare Morgen kündigte sich in ruhiger Anomie an. Doch dann wurde alles anders. Die Aktivitäten, die sich beide (jeder für sich) für diesen Vormittag vorgenommen hatten, brachten sie dazu, schnell auseinander zu gehen. Gewöhnlich ist daran nichts Problematisches. Im Gegenteil, wir haben gesehen, dass dies eine Methode sein kann, um Kontinuität zu schaffen. Die Schwierigkeit für Fanny und Gilberto bestand nun aber darin, dass sie bis zum Augenblick des Auseinandergehens bei den Banalitäten stehen geblieben waren. Sie hatten sich liebevoll auf Wiedersehen gesagt, aber ohne jeden weiteren Kommentar. »Ich wusste nicht, ob er mich anrufen würde, ob er zurückkommen würde.« Die einzige Verbindung, die noch bestand, war sein Fahrrad, das sie ihm noch zurückbringen musste. Doch das Fahrrad stellte nicht das geringste Indiz dar – es konnte genauso gut einem Freund wie einem Liebespartner zurückgebracht werden.

Hier war die Anomie wohl ein klein wenig zu weit getrieben worden.

»In der Logik der Dinge«

Ich habe mich entschlossen, dieses Kapitel mit Isas Fall abzuschließen, dem beinahe perfekten Beispiel für alles, was einen unscheinbaren Morgen ausmacht: die Flugbahn der Kontinuität, die anomische Dezentrierung, das Nicht-Ereignis.

Gleich zu Beginn des Interviews warnt sie uns: Ihre Geschichte mit Tristan sei die einer »seltsamen Beziehung«. Sie war nicht die Einzige, die diese Bemerkung gemacht hat. Tatsächlich ist die Vorstellung sehr verbreitet, dass es eine Norm gibt, nach der Liebesbeziehungen zustande kommen, und dass diese gekennzeichnet ist von einer verliebten Begegnung voller Klarheit, die den Grundstein legt, wenn nicht sogar von einer plötzlichen Liebe auf den ersten Blick. Nun ist die Realität aber Lichtjahre von einer solchen Vorstellung entfernt. Die überwiegende Mehrheit von Paarbeziehungen geht aus einer zumindest ein klein wenig »seltsamen« Geschichte hervor, im Laufe derer die Akteure mit Unklarheiten und Doppeldeutigkeiten spielen, sich merkwürdiger Vorwände und verlegener Ausreden bedienen und von der Eigendynamik winziger Handlungen einfach mitziehen lassen. Die Geschichte von Tristan und Isa ist somit lediglich ein klein wenig seltsamer als der Durchschnitt. Da war zunächst diese Gewohnheit, die sie schon vor langer Zeit angenommen hatten, »als Kumpel« zusammen in einem Bett zu schlafen. Es ist sicher unnötig, näher darauf einzugehen, mit welcher Leichtigkeit Isa somit ihren ersten Morgen danach als Nicht-Ereignis erleben konnte, ohne jeden Bruch, ohne jede Überraschung. »Ich war es gewohnt, mit ihm zusammen zu sein. Wir hatten schon unser kleines gemeinsames Universum.« Jener Morgen war ein Morgen wie jeder andere. Wie bei Erika verhinderte diese Stabilität der Orientierungspunkte indessen nicht, dass Isa intuitiv eine Entwicklung spürte, die sie unaufhaltsam mit sich zog. »Es lag in der Logik der Dinge, es geschah, weil es geschehen musste. Ich sagte mir, dass es so lange dauern würde, wie es eben dauern würde. Ich stellte mir keine Fragen.« Eine Logik der Dinge, die eine pure Weiterentwicklung des

Bestehenden war, ohne »tiefe Bindung«, zumindest auf ihrer Seite. Sie fühlte sich Tristan sehr verbunden, aber auf freundschaftliche Art: An bestimmten Stellen des Interviews erklärt sie ganz offen, dass sie an diesem Morgen danach immer noch nicht verliebt war. Er hingegen fühlte sich viel mehr zu ihr hingezogen und erlebte voller Glück das Überschreiten jeder neuen Schwelle – dieses Glück, das man erlebt, wenn ein Traum in Erfüllung geht. Tristan: »Das war eine langwierige Arbeit, aber da ich kleine Fortschritte sah, sagte ich mir: Eines Tages wird es zu etwas führen.« Isa: »Er war sehr glücklich (er hatte es geschafft, das zu bekommen, was er wollte), und das spürte ich. Es ist immer etwas Schönes, sich bewusst zu werden, dass man jemanden glücklich machen kann, und es schmeichelt einem.« Sie war glücklich, ihn glücklich zu sehen, aber aus Freundschaft, und aus dieser geteilten Freude heraus spürte sie unmerklich auch den Drang, die in Gang gesetzte Entwicklung fortzuführen. »Und dann konnte ich gar nicht mehr nein sagen, schließlich hatte er mich schon eine ganze Weile bedrängt.« Die »Logik der Dinge« wurde von Tristan heimlich beschleunigt.

Dennoch wäre es nicht zu dieser Liebesnacht gekommen ohne ein Ereignis, das sich später als entscheidend erweisen sollte: Ursulas Abreise nach Amerika. Ursula war Isas beste Freundin, ihre Vertraute. Ihre plötzliche Abwesenheit brachte Isa völlig aus dem Gleis. Sie brauchte jemanden zur Unterstützung, der ihr nahe stand, um die Lücke zu füllen: Tristan erwies sich als der ideale Ersatz. »Er war nicht gerade der Lückenbüßer, aber es stimmt schon, dass er ein wenig an Ursulas Stelle trat. Ich habe schon immer jemanden gebraucht, der mir sehr nahe steht, und Tristan war nun mal da.« Offensichtlich wollte er sich nun aber nicht mit der Rolle zufrieden geben, die ihm Isa zuwies, und so kam es zu Missverständnissen. Bis zu jenem Tag hatte Tristan zu Unrecht geglaubt, die Tatsache, dass sie im selben Bett schliefen, hätte ihn seinem Eroberungsziel bereits einen entscheidenden Schritt näher gebracht. Doch Nähe, die sich im Rahmen einer freundschaftlichen Definition einstellt, kann paradoxerweise schwieriger in eine Liebesbeziehung zu transformieren sein als anfängliche Distanz. In eine unbekannte Person kann man sich ohne besondere Mühe verlieben; bei einem Freund muss man zuerst die alten freundschaftlichen Bande sprengen. Liebe lässt sich nicht einfach zu Freundschaft hinzuaddieren. Zum Glück für

Tristan schaffte Ursulas Abreise eine Verwirrung der anomischen Art: Isa wusste nicht mehr so recht, in was für einer Art von Beziehung sie sich befand. Darüber hinaus (und das erhöhte die anomische Verwirrung noch) fühlte sie sich Ursula in Gedanken weiterhin sehr nah und erhielt die Verbindung trotz der Entfernung auf virtuelle Weise aufrecht. Sie erzählte sich selbst, was sie ihr erzählt hätte und erzählen würde. Sie träumte davon, ihr etwas erzählen zu können, das unglaublich und überraschend wäre. Nun war dieses Etwas gerade heimlich, still und leise dabei zu entstehen. Was würde Ursula für Augen machen, wenn sie es erführe! Isa versuchte, sich die Situation auszumalen, so stark und so lustig, dass ihre Entscheidung fiel. »Das einzige, woran ich dachte (das ist bescheuert, nicht?), war meine Freundin in Amerika. Ich habe mir gedacht: Oh Mann, die wird vielleicht lachen, wenn sie zurückkommt.« Das Schicksal hängt in Liebesdingen manchmal an Lappalien. »Im Grunde war das so ein Kompensationsding, das sich dann in etwas anderes verwandelt hat.«

Noch am Morgen danach hielt sie ihre Freundschaft zu Ursula für wichtiger als alles andere. In Wahrheit war die anomische Verwirrung bereits auf ihrem Höhepunkt. Sie hatte auf Tristans Druck hin nachgegeben, um ihrer Freundin eine gute Geschichte erzählen zu können. In ihrem Kopf blieb sie zuallererst die Freundin von Ursula und erst dann die Freundin (Freundin aus Freundschaft) von Tristan – und, seit jener Nacht, seine Geliebte, jedoch ohne weitere Verpflichtung oder Neuformulierung ihrer Beziehung. »Anfangs habe ich mich nicht wirklich auf ihn eingelassen. Er war jemand, den ich wirklich sehr lieb hatte, den ich vergötterte, aber verliebt – ich weiß nicht. Wenn ich verliebt war, dann weil wir es getan hatten.« Sie dachte, sobald Ursula zurück wäre, würde das Leben wieder »seinen gewohnten Gang« nehmen. Dieser kuriose »gewohnte Gang« der Dinge (die Beziehung zu Ursula, die wichtiger ist als alles andere; die einfache Freundschaft zu Tristan) sollte sich in aller Ruhe wieder einstellen, während jedoch die »Logik der Dinge« (die Entstehung einer Liebesbeziehung mit Tristan) sie ebenso in aller Ruhe mit auf ihren Weg nahm. »Ich dachte, wenn Ursula erst zurück wäre, würde sich der gewohnte Gang der Dinge wieder einstellen. Ich dachte, dass wir das Spiel wieder von vorne beginnen würden.« Doch als Ursula zurückkam, hatte das Paar im Zuge der

»Logik der Dinge« bereits Schritt für Schritt seine ersten gemeinsamen Orientierungspunkte inkorporiert. »Natürlich stellen sich dann bei einem Paar auch Gewohnheiten ein.« Das zwang Isa, auf neue Weise an ihren biografischen roten Faden anzuknüpfen, sich eine andere Geschichte zu erzählen. »Und als Ursula dann zurückkam, na ja, da war es geschehen, ich war verliebt.«

Als wir im Interview zu den Fragen kommen, die sich ganz präzise auf den Morgen danach beziehen, wird Isa wütend. Eine Untersuchung zu diesem Thema ist ihr lästig. Denn für sie ist der Morgen danach ein absolutes Nicht-Ereignis und das muss er auch sein. Sie sucht nach Worten, um auszudrücken, wie radikal die existenzielle Leere dieser Szene war. »Das war kein Einschnitt zwischen vorher und nachher. Dass wir miteinander geschlafen hatten, ja, das hat etwas verändert. Aber an seinen Gewohnheiten änderte sich überhaupt nichts. Er war nicht zuvorkommender, nicht ... Nein, nichts! Überhaupt keine besonderen Gesten!« Wem soll man nun glauben? Tristan oder Isa? Tristan hatte uns als großer Theoretiker des Refugiums Bett die ganze Intensität dieser geteilten Intimität geschildert, die das Fundament für ihre Beziehung legte, hatte uns von diesem Glück berichtet, den ganzen Tag zusammen unter der Bettdecke zu verbringen. Tristan und Isa erzählen uns zwei völlig unterschiedliche Versionen derselben Geschichte. Die konkreten Beschreibungen sind identisch (das Fernsehen, die Spaghetti) oder ähneln sich zumindest sehr (ein wenig später berichtigt Isa ihre Aussagen und gibt zu, dass Tristan im Bett sehr zärtlich war – es gab also durchaus besondere Gesten). Aber ihre Interpretationen stehen sich diametral entgegen. Das hat uns zu einer interessanten Frage geführt: Existiert das Nicht-Ereignis wirklich in den Tatsachen oder ist es ein reines Produkt der Phantasie? Zweifellos entspringt es vor allem der Vorstellung. Wie könnte Isa sonst erklären, dass dieses Nicht-Ereignis sie ganz entgegen den Plänen, die sie eigentlich im Kopf hatte, auf den Weg eines Lebens zu zweit geführt hat? Es gab sehr wohl besondere Gesten, und der Morgen danach markierte sehr wohl einen Bruch. Sie wollte das einfach nur nicht sehen, sondern schrieb es (und schreibt es noch) der »Logik der Dinge« zu, was es ihr ermöglicht, nicht darüber nachdenken zu müssen. Es war nichts Ungewöhnliches passiert. Den ganzen Tag unter der Bettdecke? Das lag nur an Tristans Faulheit!

Dennoch sollte man sich kein falsches Bild von der Entstehung einer Paarbeziehung machen, so als ob Tristan die ganze Initiative übernommen hätte, während sich Isa damit zufrieden gegeben hätte, das Geschehen passiv hinzunehmen (oder sogar in die Falle zu gehen). In Wahrheit vollbrachten beide eine enorme Arbeit, die umso schwieriger war, als sich hier zwei verschiedene Konzeptionen des Morgens danach gegenüberstanden. Wenn sich beide Partner auf die Seite der Kontinuität und des Unbedeutenden schlagen, genügt es, wenn sie sich einfach der »Logik der Dinge« überlassen. Zwischen Tristan und Isa hingegen mussten heimliche Verhandlungen geführt werden, es musste pausenlos an den kleinsten Details gefeilt werden, um eine Art gerechte Mitte zu finden, auf die sich die beiden Verbündeten und zugleich Gegner mit ihren verschiedenen Geschichten stützen konnten. Isa hätte sich nicht innerhalb dieser »Logik der Dinge« bewegen können, zu der Tristan den Anstoß gegeben hatte, wenn dafür ein zu großer Bruch oder ein besonders großer Zauber vonnöten gewesen wäre. Glücklicherweise bestand der Verhaltensstil aus »ganz einfachen Handlungen« (Tristan), war wenig demonstrativ oder schmachtend, war erfüllt von leerer Fülle, in der Tristan die Fülle sah (das stillschweigende Gefühl einer entstehenden Beziehung) und Isa die Leere (die Gewöhnlichkeit eines Tages wie jeder andere, nur dass sie es ein wenig langsamer angehen ließen). Das Nicht-Ereignis ist indessen nicht ausschließlich auf einen Wahrnehmungseffekt zurückzuführen; auch von einem objektiven Standpunkt aus sind unscheinbare Morgen nicht identisch mit verzauberten Morgen. Ich hätte persönlich anwesend sein müssen, um in Bezug auf Tristan und Isa Genaueres sagen zu können; die folgenden Zeilen sind somit einfach nur Hypothesen. Ich glaube aber, dass ihr Morgen danach absolut nichts von der glatten Ruhe hatte, die Isa beschreibt (oder dem sanften Glück, das Tristan beschreibt). Im Gegenteil, der unterschwellige Konflikt muss den ganzen Tag lang getobt haben. Denn hier stießen zwei verschiedene Konzeptionen aufeinander, zwei Vorstellungen von der Zukunft und zwei Sichtweisen des Morgens danach selbst. Und jeder von beiden versuchte, bis hin in die kleinsten Gesten seinen Vorstellungen Gestalt zu verleihen. Übrigens, warum hat Tristan am Ende eigentlich gewonnen? Weil es ihm gelungen ist, der »Logik der Dinge« freie Bahn zu verschaffen, und zwar indem er die Zeit im

Refugium Bett in die Länge zog, sich kleine Verrücktheiten wie »Spaghetti auf romanische Art« ausdachte und den Tag so dahinplätschern ließ, dass sich die nächste Nacht direkt anschloss. Er hat ganz konkret die Bedingungen für Kontinuität geschaffen, während er persönlich die Situation als Bruch erfuhr.

Tristan und Isa leben inzwischen seit drei Jahren als Paar zusammen. Eine Liebe ohne dunkle Wolken. Es ist erstaunlich festzustellen, in welchem Maße sie sich noch heute gegenseitig (und sich selbst) zwei Geschichten erzählen, die so weit voneinander entfernt sind. Tristan war »schon immer« verliebt. Das sexuelle Verlangen war die Energie, die sein Streben vorantrieb. Die entscheidende Nacht war nicht vorgesehen gewesen, doch er ergriff schnellstens diese Gelegenheit und organisierte das, was ihm als das Schönste am Refugium Bett erschien. Am Morgen danach wusste er, dass er sein Leben mit Isa verbringen würde. Für letztere kam die Liebe erst Schritt für Schritt. Am Anfang war da nichts anderes als die strikte »Kontinuität der Dinge«. »Ganz am Anfang war es wirklich die Kontinuität der Dinge.« Das sind ihre beiden Lieblingsworte, die ihr immer wieder über die Lippen kommen. Die »Dinge«, eine Art diffuses und modernes Schicksal, ziehen sie in ihrem »Lauf« oder ihrer »Logik« einfach mit. Die »Kontinuität« ist nichts anderes als diese fließende Bewegung des Lebens, in der einen die »Dinge« mitziehen, reibungslos und ohne Brüche. »Das ist auf ganz natürliche Weise geschehen, da ist für mich nichts Einschneidendes passiert.« In der ganzen gemeinsamen Geschichte mit Tristan erinnert sie sich lediglich an zwei persönliche Entscheidungen, zwei Brüche, die ihr zu denken gegeben haben. Das erste Mal war vor langer Zeit, im Zusammenhang mit ihrem Freundeskreis, als sie beide sich von der Gruppe abgrenzten, indem sie deutlich machten, dass ihnen ihre Freundschaft besonders wichtig war. Das zweite Mal war ungefähr sechs oder sieben Monate nach dem ersten gemeinsamen Morgen danach, als Isa beschloss, bei Tristan einzuziehen. Er hätte es vorgezogen, wenn sie schon deutlich früher zu ihm gezogen wäre. Aber da die »Kontinuität« einer langsamen Entwicklung bedurfte, wollte Isa »die Dinge« nicht überstürzen, und dies umso mehr, als sie noch nicht genau wusste, wo sie in ihrer Beziehung zu Tristan eigentlich stand. Sie entschied sich also zunächst für ein unabhängiges Wohnen. »Am Anfang pendelte ich zwischen zwei Wohnungen hin und her.« Der Lauf der Dinge erwies sich jedoch als anstrengend zu managen. »Es war schon lästig, sich jeden Morgen zu fragen, was man für den nächsten Tag zum Anziehen braucht.« Eine Klärung der Situation wurde unumgänglich. Nun hatte Isa nicht die geringste Vorstellung, wie sie den Rückwärtsgang hätte einlegen können. Also musste sie den partnerschaftlichen Vorwärtsgang offiziell werden lassen. »Ich war es, die die Entscheidung getroffen hat«, sagt sie, und ist dabei ziemlich stolz auf diesen plötzlichen Willensschub. Offen gesagt entsprach diese Entscheidung ganz ihrem Stil, geschickt dosiert, um nicht als unerträglicher Bruch erlebt zu werden. »Eines Tages habe ich mir gesagt: Jetzt nehme ich wenigstens mal die Hälfte meiner Sachen mit zu Tristan.«

Dritter Teil: Am Morgen danach werden die Weichen gestellt

Wie die Dinge zu tun sind

»Als ich aufwachte, war Tanya nicht mehr im Bett. Ich ging nach vorn ins Wohnzimmer. Da saß sie auf der Couch und trank Whisky aus der Flasche.
›Meine Güte, du fängst aber früh an.‹
›Ich werde immer schon um sechs Uhr wach, und dann steh ich auch auf.‹
›Ich steh immer erst mittags auf. Das wird ein Problem mit uns.‹«
Charles Bukowski, *Das Liebesleben der Hyäne*[1]

»Aha, er hat also auch so eine Seite!«

Dass die Dinge alle so merkwürdig sind, sorgt schon direkt nach dem Aufwachen für Überraschungen. »Oh je, eine braun-orange Tapete! Es war grauenhaft! Ich war wirklich ziemlich baff!« (Juliette, bei Guillaume). Der Morgen muss wirklich von einem ganz besonderen Zauber erfüllt oder völlig nichts sagend sein, damit die Gegenstände im Nebel bleiben und nicht plötzlich in den Vordergrund treten – es ist, als hätten sie es furchtbar eilig, ihre Geheimnisse preiszugeben. Ob sie nun nachlässig abgestellt oder übertrieben aufgeräumt sind, rätselhaft, scheußlich oder wunderschön – sie sind es, mit denen sich der Gedankengang in den Gesprächspausen befasst.

Häufig tritt ein bestimmtes Element als erstes hervor, ein Detail, das einem durch die Fragen, die es aufwirft, nicht mehr aus dem Sinn geht. Kaum hatte Agathe das Foto gesehen, drehten sich ihre Gedanken nur noch darum. »Er war vorher drei Jahre lang mit einem anderen Mädchen zusammen gewesen und hatte noch ein Foto von ihr in seinem Schlafzimmer hängen. Ich habe es ewig angestarrt. Ist sie das? Na ja, ich wusste schon, dass sie das war, aber was hatte sie noch hier zu suchen? Obwohl ich noch gar nicht wusste, wohin das mit uns führen würde, war ich schon ganz schön eifersüchtig.« Das Foto hinderte Agathe daran, sich einfach in aller Ruhe von den Ereignissen treiben zu lassen, wie sie es sich eigentlich gewünscht hätte. Eigentlich war sie ja total unentschlossen. »Ich wusste nicht, ob das etwas

1 Deutsch von Carl Weissner. dtv, München 1989.

von Dauer sein würde.« Warum also diese plötzliche Eifersucht? Ihre Reaktion angesichts des Fotos (mit John war darüber nicht gesprochen worden) zwang sie, ihre eigenen Vorstellungen zu klären und ihre Ziele genauer zu formulieren. Doch ihre Gedanken liefen völlig durcheinander (Bin ich besser als sie? Warum haben sie sich getrennt? Warum kann ich nicht aufhören, an dieses Mädchen zu denken?), ohne dass sie ihren Blick von dem problematischen Foto hätte wenden können. Am Morgen danach kann ein einziger Gegenstand einen enormen Raum einnehmen.

Aber so ein einzelner Gegenstand ist niemals so interessant wie die geheimnisvolle Welt der ganz gewöhnlichen Dinge. Regale, Poster, Geschirrtücher, Zahnbürste, Besen, Töpfe etc.: eine ganz eigene und fremde Welt, die jedoch weder kalt noch abweisend ist. Das stumme Universum von Gegenstände, die schon lange in Gebrauch sind, offenbart, was diese Person jenseits dessen ausmacht, was man aus der Liebesbeziehung von ihr weiß. »Na ja, es war ein männliches Schlafzimmer, voller männlicher Sachen. Es war sehr britisch und typisch männlich, voller nützlicher Dinge. Als ich mich so umschaute, sagte ich mir: Das ist eine Person, die viel in Bewegung und echt auf Draht ist« (Agathe). Was man hier erhält, sind nicht einfach nur ein paar zusätzliche, eher marginale Informationen – manchmal lassen die Gegenstände des Morgens den Abend zuvor in einem völlig anderen Licht erscheinen. »Ich kannte ihn vorher kaum und hatte ihn noch nie in seinem alltäglichen Kontext erlebt. Ich entdeckte eine völlig andere Person und das änderte für mich alles. Er war absolut nicht mehr der Gleiche« (Agathe). Ein solcher Überraschungsschock ist jedoch recht selten. Denn die Nacht hat so viel Nähe erzeugt, dass diese Gegenstände, selbst wenn sie einem seltsam erscheinen mögen, nicht als etwas wahrgenommen werden, was vollkommen außerhalb von einem selbst steht. Die Liebe (oder zumindest die positive Haltung gegenüber dem Partner) bringt einen dazu, voller Empathie in diese ungewohnte Welt einzutauchen. Die fremden Gegenstände werden geliebt, noch bevor sie verstanden werden.

Zu lieben ohne zu verstehen, ist umso einfacher, als sich die Persönlichkeit am Morgen danach mit großer Leichtigkeit einfach spaltet. Das liebende Ich ist frei und leicht, es nimmt an nichts Anstoß und ist in der Lage, unverzüglich zu einem anderen zu werden (erst später wird es dann zur Auseinandersetzung mit dem gewöhnlichen Ich kommen). Colombine hatte sich davongetragen gefühlt »wie in einem Film«, in ihrem ganzen Sein (dem liebenden Ich) war sie durchdrungen von den exotischen Farben und Gerüchen. Doch im selben Maße, wie ihr gewöhnliches Ich wieder Land gewinnen konnte, drängten sich ihr auch sehr schnell gewisse Fragen auf. Fragen in Bezug auf Franck. Wer war der wirkliche Franck? Was sagten diese Gegenstände über ihn aus? War es diese neue Facette seiner Persönlichkeit auch wert, geliebt zu werden? Colombine nahm das Zimmer bis in seine kleinsten Details genau unter die Lupe. »In den Gegenständen spiegelt sich die Persönlichkeit. Ach, schau an, er hat also auch diese Seite? Schau an, schau an ... Da standen so Karate-Figuren, Shao-Yong-oder-was-weiß-ich-Mönche. Ich kannte mich damit überhaupt nicht aus. Und ich habe mir gesagt: Was ist das nur für ein komischer Typ mit all seinen Figuren!« Zunächst beschloss Colombine, das Ganze mit einem Lächeln auf die leichte Schulter zu nehmen, doch dann wurde sie nachdenklich, denn schließlich schätzt sie es ganz und gar nicht, wenn man sich religiösen Ritualen unterwirft und sie zu Fetischen macht – für sie ist das etwas Groteskes. »Ich habe nichts gegen Leute, die sich für so etwas begeistern, aber ich finde, etwas auf diese Weise zu verehren, einfach ein bisschen lächerlich.« Und abermals nahm sie die Figuren ins Visier – diesmal entwickelten sich ihre Gedanken in eine weniger kritische Richtung. »Als ich dann länger darüber nachdachte, sagte ich mir: das sieht ihm ähnlich.« Wenn sie Franck lieben wollte, dann musste sie diese andere, merkwürdige Seite seiner Persönlichkeit nicht nur akzeptieren, sondern auch lieben. Genauso, wie am Morgen danach erst wieder neu an den biografischen roten Faden angeknüpft werden muss, führt die Entdeckung des anderen über seine Gegenstände dazu, dass man seine eigene, persönliche Geschichte neu schreiben und herausarbeiten muss, was wirklich Sinn macht. Schließlich fand Colombine das entscheidende Argument, das es ihr erlaubte, eine Verbindung zwischen ihr selbst und diesem neuen Universum herzustellen: innere Stärke. »Was mich an ihm am meisten anzog, war seine innere Stärke. Und so habe ich mit seinen ganzen asiatischen Skulpturen, seinen Säbeln und all dem Kram Freundschaft geschlossen.« Nachdem auf diese Weise ein grober Wahrnehmungsrahmen errichtet war, konnte Colombine in aller

Ruhe ihre Nachforschungen fortführen, weiterhin Detailbeobachtungen sammeln und positiven Bewertungen den Vorrang geben. »Er war nicht so einer, der lebt wie ein notorischer Junggeselle. Als ich das erste Mal bei ihm war, war alles blitzsauber, obwohl mein Besuch nicht vorgesehen war. Ordentlich gefaltete Handtücher, sauber gewaschene Wäsche. All diese Kleinigkeiten.«

»Ich war ein wenig unbeholfen«

Dass Colombine am Morgen nach dem allerersten Mal allein war, erleichterte ihr eine genaue Besichtigung. »Am Anfang war es noch ein unbekanntes Haus mit unbekannten Schränken, mit Essen, das du normalerweise nicht isst – einfach eine Entdeckungsreise, die totale Entdeckungsreise.« Wenn der andere hingegen präsent ist, muss dieser Prozess sehr viel schneller vonstatten gehen, denn das bringt mit sich, dass man sich den Regeln dieses Ortes anpassen und unterordnen muss, ohne zunächst Zeit zum genauen Beobachten oder Nachdenken zu haben. »Ich war ein wenig unbeholfen, ich ließ sie die Schränke öffnen und die Sachen herausholen. Ich wollte mich nicht selbst bedienen« (Boris). Das Handeln ist vorsichtig, zurückhaltend, unbeholfen; der Gast nimmt eine diskrete Rolle im Hintergrund ein. Und dies noch mehr, wenn weitere Familienmitglieder anwesend sind. »Ich habe mich sehr fremd gefühlt. Da waren eine Menge Leute und ich habe mich ganz klein und unscheinbar gefühlt.« Obwohl die Familie sehr »herzlich« und das Haus »gemütlich« war, fühlte sich Anna zutiefst unwohl. Sie wusste nicht, wie sie sich verhalten sollte, hatte Angst, Fehler zu machen. Denn jeder Gegenstand ist eine potenzielle Falle und, verborgen hinter seiner auf den ersten Blick erkennbaren Funktion, kann er mit einer sehr präzisen, zugleich aber für Außenstehende schwer erkennbaren Bedeutung aufgeladen sein. Erst am dritten Morgen wurde sich Vincent bewusst, dass er im Hinblick auf das Waschbecken einen Fehler gemacht hatte. »Ich hatte zunächst das linke Waschbecken benutzt – später habe ich dann erfahren, dass dies das Waschbecken ihres Vaters war. Wir anderen hatten das rechte zu benutzen: sie selbst, ihr Bruder und ihre Mutter. Ich fand das komisch, verstand das nicht so recht.«

Am Morgen danach muss es einem gelingen, die Mysterien des Ortes grob zu entschlüsseln, ohne allzu sehr in die Tiefen der Reflexion vorzudringen, und mit den Gewohnheiten des Partners Kompromisse zu schließen, wenn nicht gar, sich ihnen unterzuordnen. Wieder ist es die Gespaltenheit des Ichs, die dies möglich macht. Ebenso sehr, wie die gewöhnliche Identität fest in ihren Gewohnheiten verankert ist, kann der ereignishafte Bruch in Gestalt des Morgens danach das Individuum für diesen Augenblick in ein Chamäleon verwandeln. Obwohl diese Realität ohne Zweifel Teil des Konkreten ist (und nicht mehr nur »wie in einem Film«), ist sie zugleich eine Art Parallelwelt zu den Handlungsleitlinien, an denen man sich für gewöhnlich orientiert und die für den Augenblick in Vergessenheit geraten. Normalerweise wusch sich Anna nicht direkt nach dem Aufstehen, aber diesmal richtete sie sich nach dem Rhythmus von Éric. Charles-Antoine, der doch eigentlich vor dem Duschen unfähig ist zu sprechen, ist zu jedem Kompromiss bereit. »Übrigens, es ist komisch, aber an so einem Morgen danach, da kann es vorkommen, dass ich zuerst frühstücke und dann erst ins Bad gehe. Wenn ich hingegen allein bei mir zu Hause bin, dann gehe ich immer zuerst unter die Dusche.« Allein bei sich zu Hause nimmt Charles-Antoine seine Gewohnheiten wieder auf, die für seine Identität konstitutiv sind. Auch Isa war es dank der inneren Spaltung gelungen, in ihrer Anpassung an den anderen eine gewisse Leichtigkeit zu entwickeln. Sechs oder sieben Monate lang pendelte sie pausenlos »zwischen zwei Wohnungen hin und her« (zwischen Tristans Wohnung und der ihrer Eltern), ohne dass es je zu einer Gleichwertigkeit beider Wohnungen gekommen wäre. »Es war niemals wirklich mein Zuhause. Außerdem sagte er die ganze Zeit ›meine Wohnung‹, also habe ich mich auch nicht zuhause gefühlt. Wenn mich jemand fragte, dann sagte ich, dass ich bei meinen Eltern wohne.« Bei Tristan war sie eine andere Isa, anders als die gewohnte Isa, die in Bezug auf ihre persönlichen Angelegenheiten so gut organisiert war. Dies half ihr, viele Dinge zu akzeptieren – diesen langsamen Rhythmus, diese Morgen, die erst nach und nach in Gang kamen, die merkwürdigen Frühstücke mit Käse und Spaghetti. Als sie dann einige Monate später richtig bei Tristan einzog, änderte sich ihr Blick auf den Raum von Grund auf, ohne dass ihr das wirklich bewusst geworden wäre. »Als ich meinen Koffer öffnete, bekam ich Lust, alles so umzuräumen, wie es mir gefällt.« Aber in der neuen, gemeinsamen Wohnung hatten sich ja bereits eine Reihe von Gewohnheiten entwickelt. Die innere Gespaltenheit ist ein zweischneidiger Prozess. Er entfaltet seine Wirkung ganz flexibel, weil die Dekontextualisierung einem den Eindruck einer nur vorübergehenden Realität vermittelt, die einen unberührt lässt, so als ginge es nicht wirklich um etwas. In Wirklichkeit aber gibt es kein wahres Ich, das wie eine Art identitärer Rückzugspunkt unumstößlich festgelegt wäre. Am Morgen danach beginnt sich schon von den ersten Sekunden an eine neue Identität zu formen. Je unbeschwerter und kurzlebiger das Ereignis erscheint und je weniger es mit einem selbst zu tun zu haben scheint, desto schneller vollzieht sich paradoxerweise die Neuformulierung der Identität. Man sollte sich vor der Sorglosigkeit eines verliebten Morgens in Acht nehmen.

Das Aufeinanderprallen der Gewohnheiten

Die Prägung an einem Morgen voller Zauber, die Kontinuität eines unscheinbaren Morgens oder die identitäre Gespaltenheit: Alles trägt dazu bei, die Unebenheiten des Alltags zu glätten, die andernfalls eine Konfrontation, ein Aufeinanderprallen verschiedener Arten und Weisen, die Dinge zu tun, bewirken würden. Fanny hat erst später entdeckt, wie unterschiedlich José und sie doch waren. An ihrem ersten gemeinsamen Morgen hatte nicht die kleinste Geste sie schockiert oder auch nur überrascht. »José hatte wirklich eine vollkommen andere Lebensweise als ich selbst, aber ich bin mir dessen nicht bewusst geworden.« Dennoch war es ein Problem, dass unsere Befragung *a posteriori* durchgeführt wurde und wir erst im Nachhinein versuchten, zu den widersprüchlichen Feinheiten des Denkens vorzudringen. Denn oft werden, auch ohne dass man von etwas massiv schockiert oder überrascht wäre, beiläufig Hinweise gesammelt und Merkwürdigkeiten im Hinterkopf notiert. Da war nichts, was einen schockiert hätte, aber die Dinge sind gesehen und registriert worden, und sie könnten später wieder im Bewusstsein auftauchen. Wenn der Blick besonders stark an etwas hängen bleibt, wenn ein Verhalten oder eine bestimmte Geste so störend sind, dass sie sofort Fragen aufwerfen, kann es auch vorkommen, dass man schon am Morgen nach der ersten gemeinsamen Nacht ins Nachdenken kommt. »Aber es gibt schon auch Dinge am Morgen danach, die sind irgendwie komisch. Zum Bespiel kam es ein paar Mal vor, dass ich Frühstück machen musste, obwohl wir doch bei der anderen Person zu Hause waren. Ja, also das, das hat mich schon überrascht« (Rodolphe). Ordnung oder Unordnung und die Beteiligung an diesen ersten Haushaltstätigkeiten gehören zu den häufigsten Motiven für Überraschung und für ein sofortiges Nachdenken. »Ich habe mich nicht in ihn verliebt. Es gibt dafür zweifellos noch andere Gründe, aber es hat schon eine Rolle gespielt, dass ich mir gesagt habe: Ich könnte nicht mit jemandem leben, der es nötig hat, sich bedienen zu lassen« (Sophie).

Das Aufeinandertreffen verschiedener Gewohnheiten löst auf diffuse Weise kaum wahrnehmbare Gefühle aus. Ärger bei dem, der höhere Ansprüche hat; Scham bei dem, der den Eindruck hat, mit dem anderen nicht mithalten zu können. Manchmal auch eine gewisse Gereiztheit, die jedoch meist nur sehr punktuell auftritt, außer, wenn es sich um einen Morgen mit bösem Erwachen handelt. »Manchmal ist man zu Unrecht wegen irgendwelcher eher lächerlicher Kleinigkeiten aufgebracht. Man hat da so seine etwas manischen Ansprüche, die kleinen Schwächen, die jeder hat.« Tristan führt einige Lappalien als Beispiele an, ignoriert aber, dass Isa ihrerseits höchst gereizt war, als sie sah, wie er sich in der Toilette mit Klopapier die Nase putzte – eine alte Angewohnheit von ihm. Sie hatte ihn nicht darauf angesprochen, weil sie es übertrieben fand, sich wegen einer solchen Kleinigkeit aufzuregen. Wenn also die Unebenheiten des Alltags doch einmal zur Stolperfalle werden, dann tut der Partner sein Möglichstes, um sie zu ignorieren oder sich anderen Dingen zuzuwenden. Die wahre Entdeckung der Unterschiede wird erst später kommen, Schritt für Schritt, Morgen für Morgen. Was zunächst nur aus dem Augenwinkel beobachtet wurde oder lediglich eine winzige Spur von Irritation hervorgerufen hatte, setzt sich Schritt für Schritt fest und wird zu einem Bestandteil der Beziehung. Das kann so weit gehen, dass daraus irgendwann *die* Nerv tötende Geste schlechthin wird, auf die sich sämtlicher Groll konzentriert. »An den ersten Morgen habe ich gar nichts bemerkt – erst nach und nach fallen dir dann die kleinen Schwächen auf, die dich nerven.« Tristan fügt noch hinzu, dass diese Entdeckung zunächst spielerisch vonstatten geht – kleine Hänseleien erleichtern die Äußerung von Kritik. »Mit der Zeit entdeckst du dann die kleinen Fehler des anderen, aber es ist eher wie ein Spiel, eine Herausforderung.« Und hat sich das Paar dann erst einmal eingerichtet, verstummt die Kritik – es sei denn, es handelt sich um eine Welle von Ärger, die sich nicht unterdrücken lässt –, denn es ist gefährlich und nutzlos geworden, sich zu äußern. Gefährlich, weil explosiver Ärger ansteckend ist, und nutzlos, weil sich einem die zunächst ignorierte nervende Geste nun mit aller Vehemenz aufdrängt und zu einer Art rituellem Aufhänger für ehelichen Zwist geworden ist. In seiner süßlich-unaufgeregten und freudigen Unscheinbarkeit täuscht der Morgen danach über das hinweg, was im Verborgenen bereits in ihm angelegt ist.

Zu einer eher gewaltsamen Konfrontation voneinander abweichender Gewohnheiten kommt es ganz am Anfang eigentlich nur dann, wenn es sich um einen Morgen mit bösem Erwachen handelt: Die Unlust, sich auf die Beziehung einzulassen, führt zu einer kritischen Sichtweise. »Ich habe sie so sehr begehrt, dass ich auf diese Dinge, die einen nerven, gar nicht geachtet habe. Bei anderen Mädchen habe ich so was viel schneller bemerkt und es hat mich schnell gegen sie eingenommen« (Tristan). Es gibt aber auch ganz spezielle Fälle, wie zum Beispiel Gildas Methode: Er betont ganz bewusst bestimmte Züge an sich, um spätere Unstimmigkeiten zu vermeiden. »Ich habe meine Angewohnheiten und ich bin nun mal so. Diese Person muss mich halt so aushalten können, wie ich bin. Und da ich der Ansicht bin, dass man, um als Paar leben zu können, dieselben Gewohnheiten, dasselbe Savoir-Vivre haben muss, betone ich an solchen Morgen meine Eigenschaften noch stärker als an einem Morgen, an dem ich allein bin.« Und dann gibt es da noch die komplexen Morgen, an denen man hin- und hergerissen ist zwischen widerstreitenden Kräften. Boris war sich unsicher. »Es war ein schöner Morgen, aber mit gewissen Befürchtungen. Du fühlst dich wie ein Versager und bist gleichzeitig froh, da zu sein.« Voller Angst, sich unwohl fühlend und doch glücklich und von dem Wunsch erfüllt, sein Leben mit Prudence zu teilen. Die identitäre Gespaltenheit öffnet dem kritischen Blick Tür und Tor, und gegensätzliche Momente lassen einen zwischen verliebter Toleranz und Irritation hin- und herschwanken. Obwohl sich Boris aufrichtig zu Prudence hingezogen fühlt, trägt er uns eine eindrucksvolle Liste all der Kleinigkeiten vor, die ihm auf die Nerven gegangen sind. Zunächst das Radio. »Sie hat eher Europe 2 gehört, so Zeugs, und ich, ich höre France Inter. Das war total ätzend!« Dann die Katzen (hier würde er offensichtlich mit Rodolphe sympathisieren). »Diese Katzen! Selbst an einem Morgen wie diesem hat sie sie mindestens fünf Minuten lang gestreichelt! Ich habe noch nie verstanden, wie man Katzen seine Zeit opfern kann. Das hat mich an jenem Morgen total genervt.« Boris und Prudence sollten eineinhalb Jahre zusammen bleiben, bevor sie sich wieder trennten. Der Schock ihres ersten Morgens danach konnte niemals ganz überwunden werden.

Nun sollte man daraus aber nicht schließen, das jeder anfängliche Missklang bereits ein Hinweis auf die Zukunft des Paares ist. Der Ausgang der Geschichte hängt von der Entwicklungsdynamik der Beziehung und von der individuellen Position der jeweiligen Akteure ab. Obwohl Boris wirklich aufrichtig Lust hatte, sich auf Prudence einzulassen, war er nicht bereit nachzugeben – weder, was das Radio angeht, noch die Katzen, noch irgendwelche anderen Dinge. Der anfängliche Missklang zwischen ihnen hat sich also nur verschlimmert. Aber dieses traurige Ende ist nicht unausweichlich. Manchmal wird eine Unstimmigkeit schon ganz zu Anfang zur Sprache gebracht, weil das Aufeinanderprallen der Gewohnheiten so heftig ist, dass es nicht, wie an einem klassischen Morgen danach, einfach übergangen werden kann. Der Wunsch, sich selbst grundlegend zu verändern, um die Beziehung zu retten, kann wahre Wunder wirken. Die Differenzen werden über einen längeren Zeitraum hinweg in einem gemeinsamen Kampf bearbeitet, und jeder liefert sich eine Schlacht gegen sich selbst, gegen sein altes Ich. Wenn der Kampf gegen sich selbst siegreich verläuft und die Oberhand über die Irritatiohn gewinnt, dann gelingt es dem Paar, eine atypische Flugbahn einzuschlagen, im Verlauf derer die Nerv tötende Geste tendenziell mit der Zeit aus dem Blickfeld verschwindet. Dies ist die schöne Geschichte von Franck und Colombine, die nach drei Jahren gemeinsamen Lebens heute spüren, wie die Irritationen nachlassen. Und dabei hatte ihr erster Morgen danach (ihr erster *gemeinsamer* Morgen danach – am Tag zuvor war Colombine alleine aufgewacht) auf eine sehr abrupte Weise mit einer direkten Konfrontation begonnen. Man muss dazu sagen, dass ihre jeweiligen Wertesysteme und Handlungsmaximen ganz besonders weit voneinander entfernt waren. Colombine hatte sich bereits im Anschluss an ihre sorgfältige Inspektion an ihrem allerersten, einsamen Morgen danach einige Fragen gestellt. Es war ihr gelungen, in ihrem Kopf das heikle Problem der religiösen Figuren zu lösen. Etwas schwieriger war es, mit dem bereits angesprochenen Badezimmerproblem fertig zu werden. »Es gibt da was, das hat mich erstaunt: Er hatte das ganze Badezimmer voller Schönheitsprodukte. Ich fand das unglaublich. Ein normaler Typ hat eben Zahnpasta, Zahnbürste, Rasierschaum und fertig. Aber der! Mittelchen für die Haut, für die Haare ... und auch noch Markenprodukte! Fast schon wie so eine Tussi! Ich habe mir gesagt: Das ist doch nicht möglich, das kann doch nicht sein, dass er allein lebt! Er war äußerlich so ein Klotz, dass das überhaupt nicht zu den Schönheitsprodukten passte. Und da bekam ich dann wirklich Panik und sagte zu mir: Wie werd ich das bloß machen? Ich, die ich mir ein bisschen Creme ins Gesicht schmiere und fertig – ich kann mit solchen Produkten doch gar nichts anfangen.« Doch es gelingt ihr, ihre Aufregung zu mildern, indem sie die Lösung des Problems auf später vertagt und sich ein Vergnügen daraus macht, die Schönheitsprodukte der Reihe nach in die Hand zu nehmen. Am folgenden Morgen (ihrem ersten wirklich gemeinsamen Morgen danach) nahm die Entdeckung der Unterschiede dann härtere Formen an: Die Konfrontation war plötzlich und heftig. »Also er stand auf und – ja, das habe ich mir gemerkt, das ist wirklich hängen geblieben! Er sah mich an und sagte: ›Ich habe meine Wohnung noch nie in so einem Durcheinander gesehen‹. Und ich sagte: ›Ach wirklich?‹ Ich spürte, wie der Ärger in mir aufstieg. Aber er sagte: ›Aber wie hast du es nur geschafft, hier alles zu verstreuen, überall Klamotten ...‹ Ich bin völlig durchgedreht! Ich hatte gute Lust, ihn in den Arsch zu treten und zu sagen: ›Öffne dich, atme durch, lebe, breite dich an dem Ort aus, an dem du bist!‹« Er hatte seine Wohnung im totalen Chaos angetroffen und ich, ich fühlte mich auch noch wohl in diesem Durcheinander. Und ich sagte mir: Mist, wie sollen wir das nur hinkriegen? Denn für mich war Aufräumen etwas beinahe Unmögliches.« Ihre gemeinsame Zukunft entschied sich zweifellos in diesem Moment, als Colombine aus Liebe beschloss, in einen heftigen Kampf gegen sich selbst zu treten, einen Kampf, der auf diskrete Weise von Franck unterstützt wurde. »Aber dann habe ich mir gesagt: An diesem Punkt bin ich es, die sich bewegen muss, die den ersten Schritt tun, etwas opfern muss (und ich habe mir gesagt: jetzt geht das schon los!). Meine Güte, das war vielleicht ein Scheiß! Die Küche, einfach alles, wir hatten nichts gemeinsam! Ich weiß wirklich nicht, wie ich das geschafft habe, das ist wirklich phantastisch. Ich war einen Monat lang mega-unordentlich, ohne mir dessen bewusst zu sein. Und er, er hatte zwar so seine Zweifel, aber er ließ mich leben und blieb an meiner Seite.«

»Du fängst sofort das Organisieren an«

Der Morgen nach dem ersten Mal ist nie so einfach, wie er nach außen vorgibt; er schafft erzeugt nur die Illusion von Einfachheit. So vermittelt beispielsweise Anomie den Eindruck von Leere, während sie doch in Wahrheit aus einem Zuviel, aus einem Definitionskonflikt resultiert. Ist der andere ein vorübergehender Freund oder ein künftiger Lebenspartner? Wie kann man mit dem Aufeinanderprallen der Gewohnheiten umgehen? Die Widersprüche verbergen? Oder dem alten Ich den Vorrang einräumen (wie Gildas oder Boris)? Oder sich mit Haut und Haaren in die neue partnerschaftliche Identität hineinwerfen (wie Colombine)? All diese inneren Verhandlungen, Gedanken und impliziten Anpassungen, deren Tragweite oft beträchtlich ist, finden unter dem Druck der Ereignisse statt, ohne dass sich die Betroffenen wirklich der Bedeutung bewusst wären. Nichtsdestotrotz sind die Beobachtungen, die angestellt werden – selbst wenn sie im Verborgenen stattfinden – äußerst genau. Hier wird eine Geste aufgeschnappt, dort ein überraschender Satz genau registriert. Doch dabei wird ein falsches Spiel gespielt. Denn diese akribische Arbeit richtet sich auf Verhaltensweisen und Äußerungen, die wohl kalkuliert und künstlich sind und sich mehr oder weniger stark vom gewöhnlichen Lebensstil unterscheiden. Da das gegenseitige Beobachten auch der kleinsten Details eine entscheidende Bedeutung für die Zukunft haben kann, setzen sich die beiden Beteiligten, die gleichzeitig Akteure und Beobachter sind, mit Handlungen in Szene, die anders sind als gewohnt, und täuschen den anderen über ihre wahren Gedanken und Gewohnheiten hinweg. Am Morgen danach gibt es nichts, was wirklich einfach wäre.

Warum kommt es an einem Morgen, der doch anscheinend ein einziger Traum von Unschuld und Natürlichkeit ist, zu einem solchen Täuschungsmanöver? Aus tausend – noch dazu durchaus legitimen – Gründen.

Wenn es zu keinem bösen Erwachen kommt, ist der Morgen danach erfüllt von Liebe, Zärtlichkeit und Freundlichkeit. Da wäre es zumindest paradox, ganz strikt und authentisch man selbst sein zu wollen, mit all seinen kleinen Fehlern, während man doch eigentlich den drängenden Wunsch verspürt, ganz besonders liebenswert zu sein und dem anderen Freude zu bereiten. Es ist somit ganz und gar logisch, dass jeder versucht, sich besonders viel Mühe zu geben und sich nicht einfach mit irgendwelchen Grobheiten und Ungehobeltheiten gehen zu lassen. Rodolphe, der ja eines schönen Tages die Ausrede erfunden hat, er gehe Brötchen holen, um sich dann aus dem Staub zu machen, weiß, wovon er redet: »Wenn es nicht gut gelaufen ist, na ja, dann bin ich natürlich auch nicht gerade unverschämt, aber doch ein bisschen weniger freundlich. Wenn es gut gelaufen ist, tue ich alles, um der Person Dankeschön zu sagen, mit der ich einen ganz besonderen Moment verbracht habe.« Er kann durchaus zuvorkommend und großzügig sein – ebenso wie er ein Verführer sein kann, was nicht genau dasselbe ist. »Bei den ersten Malen versuchst du noch, ein bisschen mehr zu machen als nötig, die alten Gewohnheiten zu vermeiden und einen Überraschungseffekt zu erzeugen. Alles ist eine Frage der Verführung.« Denn verführen zu wollen, kann einen dazu bringen, künstliche und betrügerische Strategien anzuwenden, was am Morgen danach nur selten der Fall ist. An einem solchen Morgen ist die Verführung ehrlicher gemeint als gewöhnlich; es ist so viel enthüllt worden, dass es einfach nicht passen würde, sich nun hinter Masken zu verstecken. Es geht darum, zuvorkommend zu sein und zu gefallen. Colombine, die zweifellos von Francks Schönheitsprodukten beeindruckt war, verbrachte unendlich viel Zeit im Badezimmer, um die richtige Bluse auszuwählen (sie, die sich normalerweise in aller Eile etwas überwirft). »Ich habe mich herausgeputzt, um ihm zu gefallen. Man denkt immer, man sei die Allerschönste.« Virginie erklärt uns, wie sehr einen der Wunsch, den anderen zu verführen, dazu bringt, sich zu verbiegen, wenn Verliebtheit im Spiel ist. Mit Raoul jedoch war das etwas ganz anderes – da wollte sie sich auf keine Beziehung einlassen. Also fühlte sie sich sehr wohl und mehr sie selbst als zum Beispiel mit Léopold. Dies hinderte sie aber nicht daran, sich trotzdem bei verschiedenen Gelegenheiten in ein gutes Licht zu rücken. »Ein bisschen was hab ich trotzdem gemacht – kleine Schlampe …«

Denn der Morgen danach ist – jenseits von Liebesdingen – eine (sehr nahe) Begegnung zweier Individuen, die den Regeln jeder Begegnung folgt und somit auch dem Hauptprinzip: eine gute Figur machen (Goffman, 1974), vor allem, wenn man die Person vorher nicht kannte. In jeder Interaktion versucht ein jeder, in seinem Auftreten den Erwartungen zu entsprechen und, wenn sein Gegenüber einen wichtigen Platz in seinen Gedanken einnimmt, sich sogar von seiner besten Seite zu zeigen. »Du versuchst, darauf zu achten, was du tust« (Rodolphe). »Man gibt sich schon Mühe« (Virginie). »Du möchtest nicht enttäuschen und versuchst, dich von deiner besten Seite zu zeigen« (Tristan). »Ich bin zwar nicht der totale Morgenmuffel, aber normalerweise rede ich morgens nicht besonders viel. Aber an so einem besonderen Morgen zwinge ich mich zu einem Gespräch. Ich gebe mir Mühe, es ist mir wichtig, was ich für ein Bild abgebe« (Gildas). Eine der häufigsten Bemühungen bezieht sich auf das Aufräumen (wenn der Besuch vorgesehen war). »Mir war danach, darauf zu achten, dass nichts rumlag« (Fanny). Wenn man schon für einen ganz normalen Besucher aufräumt, wie könnte es da sein, dass man bei einem Gast, der bis in die intimsten Bereiche vordringt, nicht Lust hätte, einen großen Hausputz zu machen und die gewöhnliche Unordnung zu beseitigen? Charles-Antoine verwandelt sich jedes Mal, wenn eine Liebesnacht mehr oder weniger in Aussicht ist, in einen wahren Putzteufel. Aglaé hatte, was Vincent betrifft, falsch kalkuliert. »Sie hatte gewusst, dass ich am Vorabend kommen würde. Also hatte sie alles aufgeräumt. Aber es war nicht geplant, dass ich am nächsten Tag noch mal kommen würde – da war überhaupt nichts aufgeräumt. Ihr ganzer Kram lag überall herum.«

Doch selbst wenn es unvorhergesehenermaßen zu einer gemeinsamen Nacht kommt und die ganz normale Unordnung herrscht, ist es unmöglich, am Morgen danach ganz man selbst zu bleiben. Denn die Besonderheit der Situation zwingt einen dazu, angemessene Erklärungen für diese seltsame, im Blick des anderen halb fremde, halb vertraute Umgebung zu finden. »Selbst wenn man sich wohl fühlt, ist man nicht genau dieselbe und tut nicht genau dieselben Dinge« (Virginie). »Du wachst auf und merkst sofort, du bist nicht allein – und dann fängst du sofort das Organisieren an« (Fanny). Denn tatsächlich gilt es (auch ohne sich dessen vollständig bewusst zu werden), tausend Entscheidungen zu treffen: einen Kompromiss zu erarbeiten zwischen den eigenen Gewohnheiten und denen des anderen, einen *modus vivendi* zu etablieren, der es beiden Partnern erlaubt, sich weiterhin als sie selbst zu fühlen. Oder, um es kurz zu fassen und mit Fannys äußerst passenden Worten zu sagen: Es gilt, die Dinge zu organisieren – ein Unternehmen, das sich umso schwieriger gestaltet, als Beziehungsfragen und starke Gefühle ins Spiel kommen, wodurch man sich leicht zu unkontrollierten Handlungen hinreißen lässt. Nehmen wir den Fall Colombines. Sie war von den Vorwürfen wegen ihrer Unordnung so schockiert, dass sie sofort beschloss, sich mehr Mühe zu geben, um einem frühzeitigen Ende der Beziehung vorzubeugen, das für sie eine wirkliche Katastrophe gewesen wäre. Es erschien ihr offensichtlich, dass sich der *modus vivendi* zwischen ihr und Franck auf der Grundlage einer schnellen und radikalen Reform ihrer eigenen Vorstellungen in Sachen Haushalt entwickeln musste. Wie von unsichtbarer Hand getrieben, machte sie sich also sofort daran, das Frühstücksgeschirr zu spülen. Und sie fühlte sich fremd im eigenen – für gewöhnlich so gefügigen – Leib, so als wollte sie des Guten zu viel. »Das ist etwas, das passiert ganz plötzlich, und es bringt dich dazu, auf eine ganz bestimmt Weise zu reagieren oder Dinge zu tun. Zum Beispiel spülst du das Geschirr. Und weil du an einem solchen Morgen innerlich sehr aufgewühlt bist, fällt dir wahrscheinlich gleich alles runter, was ziemlich viel sagend ist. Denn auf diese Weise wirst du künftig frühstücken, gehen, dich ausdrücken.« Sie erkannte ihre eigenen Bewegungen nicht wieder, die sich entlang einer stockenden Choreografie entwickelten. Ihre Gesten waren die einer anderen Colombine.

»Oh mein Gott, oh mein Gott, was soll ich bloß tun?«

Diese Kombination aus Angst und Liebe hatte ihre Persönlichkeit bis hinein in ihre elementarsten Grundlagen erschüttert. Da ist sie also wieder, die Angst. Sie, die einen am Morgen danach so ungeschickt werden lässt. Sie, die einen dazu bringt, sich selbst als jemand anderen zu erfinden, um keine Enttäuschung zu sein. Je mehr der Morgen danach von Angst erfüllt ist, umso künstlicher wird das Verhalten nach außen hin.

Es gibt verschiedene Motive, die Quellen der Angst sind. Da ist zum Beispiel die Furcht, nicht mithalten zu können, wenn man sich inkompetent fühlt oder die andere Person allzu beeindruckend ist (in ihrer Ungezwungenheit, ihren Gewohnheiten in Sachen Reinlichkeit, ihrer Kultur). Gildas ist leicht zu beeindrucken. »An den meisten meiner Morgen danach ging es darum, den anderen zu entdecken – mit all den Ängsten, die das beinhalten kann. In der Regel bin ich am Morgen danach nicht wirklich ich selbst.« Vor allem, wenn er sich in einer unterlegenen Position fühlt. Wenn der Gast bei seiner Frühstücks-Inspektion durchfällt, verlegt sich Gildas ziemlich schnell wieder auf seine gewohnten Handlungsleitlinien (er wird wieder er selbst), und erfindet, weil er zunehmend genervt ist, Strategien, um den zur Last Gewordenen loszuwerden. Ist der Kandidat aber umgekehrt allzu brillant, tritt Angst an die Stelle der Gereiztheit und bringt ihn dazu, sich selbst als eine andere Person zu erfinden. Und glücklicherweise ist er ein Meister im Sich-selbst-in-Szene-Setzen. »Selbst dann, wenn ich von einer Person wirklich beeindruckt bin, bin ich ein guter Schauspieler und spiele die Rolle des total Selbstsicheren sehr gut.«

Ein zweites Motiv der Angst ist eher erstaunlich: die Liebe. Je stärker der Wunsch ist, dass aus der Beziehung etwas Verbindliches wird, umso mehr ergreift die Angst von einem Besitz, was ja zunächst noch verständlich ist. Weniger verständlich jedoch ist das, was daraus resultiert: Der zaghafte Verehrer neigt mehr als jeder andere dazu, sich eine Maske anzulegen. Er kann sich nur dann aus diesem Paradox retten, wenn die Liebe ohne jeden Zweifel erwidert wird. Sobald sich auch nur die kleinste Kluft zwischen den beiden Positionen auftut, sobald der kleinste Zweifel aufkeimt, bedient sich der Liebende, der doch eigentlich nach den reinsten aller Gefühle trachtet, der ausgeklügeltsten Strategien, um sich ein Erscheinungsbild zu konstruieren, von dem er annimmt, es entspreche den Erwartungen des Partners. Boris hat ein Grundhandicap: Egal, um welche Art von Morgen danach es sich handelt, hat ihn die Angst immer fest im Griff. »Ich fühle mich nicht sehr wohl mit meinem Körper, deshalb bedeutet für mich ein Morgen danach immer ... Ich wache oft als erster auf, um irgendwie mit der Situation zurecht zu kommen.« Er »kommt zurecht«, wie er so schön sagt, seine Verhaltensweisen sind schon im Vorhinein berechnet und arrangiert, was ihn oft dazu zwingt, lange und intensiv nachzudenken– vor allem dann, wenn er verliebt ist und sich wünscht, aus der Sache würde etwas Festes. »Wenn du dir wünschst, dass die Geschichte weitergeht, ist es noch viel härter. Denn du spürst, dass du weit davon entfernt und mit deinen Verführungskünsten noch lange nicht am Ziel bist. Und es gibt Dinge, die du lieber nicht zeigen solltest.« Wie Boris Fall zeigt, fällt es einem also merkwürdigerweise weniger leicht, sein wahres Gesicht zu zeigen, wenn es in Sachen Liebe um etwas geht. Obwohl er anfangs von Prudence genervt war (von den Gerüchen, dem Radiosender, den Katzen), ging es ihm bei ihr wirklich um etwas, und er hatte große Angst, von ihr zurückgewiesen zu werden. Seine pedantische Kontrolle jeder einzelnen seiner Verhaltensweisen ließ ihm keinen Moment Ruhe. »In jener Nacht habe ich nicht sehr viel geschlafen: Ich hatte Angst zu schnarchen. Und dabei schnarche ich doch gar nicht.«

Diese Angst, die dafür verantwortlich ist, dass man sich auf mehr oder weniger künstliche Art und Weise in Szene setzt, ist noch größer, wenn sich der Morgen in Gegenwart der Familie abspielt. Denn wieder gilt es, sich von seiner besten Seite zu zeigen. »Ich habe mir gesagt: Wenn sie mich bei der ersten Begegnung gleich mit diesem Gesicht sehen ... Ringe unter den Augen, ungewaschen – schrecklich. Denn ich glaube, der erste Eindruck ist entscheidend. Wenn ich ihnen begegnet wäre, wäre ich niemals wieder gekommen« (Vincent). Es gilt nicht nur, sich von seiner besten Seite zu zeigen und einen guten Eindruck zu machen, sondern genau den Erwartungen zu entsprechen. Doch dieser Versuch erweist sich als die Quadratur des Kreises. Denn schließlich ist es schon bei einem einzigen Gegenüber schwierig, die eigene Rolle klar zu definieren (Unsicherheit im Hinblick auf die Art der Beziehung, Zusammenprallen verschiedener Gewohnheiten etc.), und man tendiert stark dazu, sich in anomische Unentschiedenheit zu flüchten. Wird man aber der Familie vorgestellt, bedeutet dies zugleich eine plötzliche Klärung und den Eintritt in eine neue Rolle (Höflichkeit, gute Haltung), die sich nur schwer mit der Atmosphäre lockerer Neckereien vereinbaren lässt, von der die Situation zu zweit geprägt war. »Alles war total anstrengend, ich hatte richtig Angst. Oh mein Gott, oh mein Gott, was soll ich bloß sagen? Oh mein Gott, oh mein Gott, was soll ich bloß tun?« (Anna). In Wahrheit ist die Angst aber besonders groß, wenn man sich im Vorhinein die Situation ausmalt, in die man sich hineinbegeben muss. Ist man dann erst einmal mittendrin, lösen sich die Probleme von selbst. »Aber dann war es sehr gemütlich, ich war nicht der Mittelpunkt der Welt. Sie waren mitten im Gespräch: Guten Morgen und das war's. Zuerst war ich ein bisschen beleidigt und dann erleichtert! Oft ist das alles ganz leicht, aber im Voraus erscheint es total kompliziert« (Anna).

»Du spielst eine Rolle«

Am Morgen danach schlüpft also jeder der beiden Partner in eine selbst erfundene Rolle – selbst dann, wenn er sich aufrichtig verliebt hat (vor allem wenn er sich aufrichtig verliebt hat) und sogar dann, wenn er sich im Refugium Bett mehr als je zuvor einem anderen ausgeliefert hat. Er wird zum Schauspieler und Regisseur seines eigenen Lebens, das sich vor seinen Augen abspielt. »Eins ist sicher: du bist nicht natürlich, du spielst eine Rolle« (Gildas).

Zunächst beschränkt sich die Inszenierung auf ein Minimum: Es gilt, Fehler und Unbeholfenheiten zu vermeiden, die eigenen Gesten zu kontrollieren. »Ich achte mehr als gewöhnlich auf das, was ich tue« (Fanny). »Am Morgen danach passt du auf, dass du mit deinen Gesten nicht zu ungeschickt bist, nicht so ungehobelt und so. Wenn du dich an einem Morgen danach ungeschickt benimmst, ist dir das peinlich. Zwei Jahre später bemerkst du es nicht einmal mehr« (Tristan). Die Protagonisten sind sich der Tatsache bewusst, dass sie beobachtet werden. Sie wägen Für und Wider gegeneinander ab, denken nach, bevor sie irgendetwas sagen, versuchen den Eindruck zu vermitteln, dass sie wissen, was in dem Gesagten unterschwellig mitschwingt. »Man ist nicht natürlich. Ich rede normalerweise wie ein Wasserfall. Aber an einem Morgen danach mache ich das nicht, sondern achte darauf, was ich sage« (Virginie). Tut sich hier nicht ein neuer Widerspruch auf? Denn schließlich haben wir gesehen, dass sich die Stimmung am Morgen danach durch einen kleinen Karneval ungezügelter Heiterkeit auszeichnet. Die beiden Partner amüsieren sich wie Kinder, sorglos und unbelastet. In der Tat sind beide Elemente präsent, aufs Engste miteinander verwoben und äußerst wirksam. Colombine ist zugleich diejenige, die Franck in größter Ungezwungenheit dazu bringt, nackt aus der Wohnung zu gehen, und diejenige, die Angst vor einem negativen Urteil hat, Angst, nicht abspülen zu können, ohne eine Tasse zu zerschmettern. Der Morgen danach ist voller Widersprüche. »Es ist komisch, weil ... du machst den totalen Unsinn ... Gut, manchmal will man damit einfach nur das Unbehagen vertreiben. Aber manchmal machst du richtig Unsinn, einfach nur, um Unsinn zu machen, wie ein Kind – völlig frei. Du bist dumm und glücklich, ohne über irgendetwas nachzudenken, du spielst den Idioten. Aber komischerweise passt du gleichzeitig total auf, setzt dich in Pose, bist einfach nicht so wie normalerweise. Du bist auf der Hut« (Gérard).

Doch die Rolle, die man zu spielen hat, beschränkt sich nicht darauf, Fehler zu vermeiden oder sich um Selbstkontrolle zu bemühen. Man muss sich auch den Kopf über raffinierte Strategien zerbrechen, sich ein komplettes Drehbuch ausdenken. Die Sache »organisieren«, wie Fanny gesagt hat, und erahnen, welche Erwartungen der andere hat, um ihnen entsprechen zu können. Verhaltensweisen an den Tag legen, die eine gute Chance haben, zu gefallen. »Was konnte ich tun, um ihn zu beeindrucken? Was konnte ich tun, damit wir einen supertollen Tag miteinander verbringen würden? Wie musste ich sein? Musste ich eher ruhig sein oder aufgedreht? Sollte ich ihm von mir erzählen? Sollte ich ihm Fragen stellen?« (Agathe). Und so wird es schnell unmöglich, sich über allzu lange Zeiträume hinweg irgendwelchen spontanen Aktionen hinzugeben. Zu hemmungslosen Späßen kommt es nur noch innerhalb kurzer Sequenzen von beschränkter Dauer. Die anderen Sequenzen erfordern ganz im Gegenteil dazu eine vorausschauende Reflexion, sogar, wenn es um Alltagsgesten geht. Die Rolle ist genauestens ausgearbeitet, bevor sie gespielt wird, besonders in den weniger privaten Szenen, dem Frühstück oder der Kontaktaufnahme mit der Familie. »Was sollte ich nur zu den Eltern sagen, wenn ich aus seinem Zimmer trat? Wie sollte ich ihnen guten Morgen sagen? Sollte ich ihnen die Hand geben oder sie mit Küsschen begrüßen? Würden sie mich duzen und sollte ich sie duzen?« (Anna). Doch nicht selten ist auch der intimste Bereich Gegenstand einer vorausschauenden Verhaltensplanung. »Ich weiß noch, dass ich dachte: Was wirst du danach tun? Wirst du ihre Hand halten? Wirst du sie auf den Mund küssen können, um ihr auf Wiedersehen zu sagen?« (Boris). Aufgrund der Anomie, die es dem Verhalten nicht erlaubt, sich in einen stabilen Rahmen einzuschreiben, ist eine solche (sich schrittweise entwickelnde) Reflexivität unvermeidbar. Die Zukunft ist noch nicht geschrieben, sie entscheidet sich just in jeder einzelnen dieser winzigen Handlungsentscheidungen. Dies ist auch der Grund für eine weitere Merkwürdigkeit dieses doch eigentlich so spielerischen und sanften Morgens: das Gefühl einer großen geistigen Müdigkeit (die natürlich durch den Schlafmangeln noch verstärkt wird). Agathe erinnert sich besonders im Hinblick auf die Konversation daran: »Wie könnte man da ein vernünftiges Gespräch führen, jenseits irgendwelcher Banalitäten? Anstrengend. Viel zu anstrengend!«

Colombine hatte nicht lange nachgedacht, bevor sie sich auf ihr Geschirr stürzte. Oder anders gesagt, sie hatte über die allgemeinere Frage der Kluft zwischen zwei verschiedenen Arten von Haushaltsmoral und über die Notwendigkeit nachgedacht, ihr eigenes Verhalten radikal zu ändern. Ihr plötzlicher Drang hin zum Spülbecken war jedoch nicht geplant gewesen. Sie hatte sich wie von einer Selbstverständlichkeit dort hingetragen gefühlt, ihr Körper allein lenkte ihre Schritte. »Das ist stärker als du selbst. Du hast nicht einmal die Zeit, darüber nachzudenken – schon hast du die Hände unterm Wasserhahn.« Und dabei musste sie doch, in diesem Stadium angekommen, feststellen, dass sie eine Rolle spielte, die denkbar weit von ihren gewohnten Rollen entfernt war. Eine gewohnte Rolle verliert ihre Äußerlichkeit, wird eins mit einem selbst und zieht eine gewisse Leichtigkeit und Ungezwungenheit des Handelns nach sich (Kaufmann, 1995). Colombine hingegen fühlte die Distanz, die sie von der Rolle trennte, die sie hier spielte, und dabei hatte sie sich diese Rolle nicht einmal vorher zurechtgelegt. Die

Spaltung des Ichs, die so charakteristisch ist für den Morgen danach, verleiht diesen Rollenspielen, die die Identität umdefinieren, eine ungewohnte Kraft. Ohne vorher darüber nachgedacht zu haben, ohne diesen Punkt des Drehbuchs genau ausgearbeitet zu haben, tritt das Individuum in ungewohnte Rollen ein, die nichtsdestotrotz teilweise zu etwas Vertrautem werden. Das ist man selbst, ein neues Selbst, das sich mehr oder weniger gut (in Colombines Fall schlecht) in seiner Haut und in seinen Gesten fühlt, denn zugleich ist es nicht das wahre, das normale Selbst. »Wäre ich allein gewesen, hätte ich meine Tasse gleich danach abgewaschen. Aber diesmal ließ ich das Geschirr stehen« (Pierre). Eine vorübergehende Verhaltensverschiebung ohne Bedeutung? Weit gefehlt. Ausgehend von einem Augenblick, in dem sich eine bestimmte Handlungsfolge flüssig und selbstverständlich vollzieht, kann es zur Einführung einer neuen Handlungsnorm kommen. »Ich habe den Tisch abgeräumt. Das war für mich eine ganz neue Geste: den Tisch abräumen, das Geschirr spülen und aufräumen. Aber ich fand das normal. Aber bei mir zu Hause machte ich das nicht so (und mache es noch immer nicht so): Ich warte erst eine oder eineinhalb Stunden. Ich stelle die Sachen ins Spülbecken und warte erst mal ab.« Vincent bewahrt sich den früheren Bezugspunkt seines Handelns, aber dessen Geltungsbereich ist beträchtlich geschrumpft. Denn seit drei Jahren lebt er mit Aglaé zusammen. Das, was er am Morgen danach als normal betrachtet hat, ist auch zur Normalität seines Alltags geworden.

»Darf man am Morgen danach pupsen?«

Diese ständige Reflexivität, das Arbeiten an Rollen und das Zur-Schau-Stellen eines äußeren Scheins hat am Morgen danach etwas Unerträgliches an sich. Tristan hat uns (im Zusammenhang mit dem Refugium Bett) erklärt, dass es vielleicht keinen anderen Moment gibt, an dem es zu einem so intensiven und offenen, innigen Einssein kommt wie an einem solchen Morgen. In diesem ungewöhnlichen Schonraum zwischen sexueller Leidenschaft und der Kälte des gewöhnlichen Lebens, das schon bald wieder die Oberhand gewinnen wird, sind diese beiden Personen mit Sicherheit nackter als irgend sonst, ihrer durch und durch entblätterten

Realität ausgeliefert. Was macht es schon, wenn man schweigt oder sich nur Banalitäten zu sagen hat? Hier werden wichtige Botschaften ausgetauscht, und eine dieser Botschaften lautet: Ich möchte in der Begegnung mit dem anderen ich selbst sein, noch mehr ich selbst als sonst. Ohne Masken. Und das gilt für alle beide. Zu diesem Zustand der Gnade und Verzauberung kann es ohne ein wahrhaftig ernsthaftes und tiefes Gefühl nicht kommen. Das ist auch der Grund, warum, wie bereits gesagt, die Verführung hier aufrichtiger ist als gewöhnlich. Und doch haben wir gesehen, dass (vor allem, wenn man von Angst geplagt ist und die Liebe einen befürchten lässt, zu missfallen) der Wunsch zu verführen eine Vielzahl von Kunstgriffen nach sich ziehen und dazu führen kann, dass man sich selbst als jemand anderen erfindet als der, der man ist. Deshalb kommt es manchmal auch zu einer Gegenreaktion gegen all die Vorsichtsmaßnahmen und übertriebenen Kontrollen, gegen die Falschheiten, die am Morgen danach als besonders widernatürlich empfunden werden. Zum Teufel mit den Kalkülen und der Zurückhaltung! Eigentlich träumt man doch davon, wahrhaftig und natürlich zu sein.

Aber wie weit kann man in diesem Wahrhaftig- und Natürlichsein gehen? Gibt es da nicht auch Grenzen? Eine schöne philosophische Debatte, auf die wir bereits im Zusammenhang mit der Toilette gestoßen sind. Wir treffen nun erneut darauf, und zwar in Bezug auf eine ähnliche Frage, die aber mit einer Erleichterung der gasförmigen Art zu tun hat, deren Besonderheit darin besteht, dass sie in der gesamten Wohnung, sogar im Bett, stattfinden kann. Daher die große Tragweite dieser ganz präzisen Frage. »Darf man am Morgen danach pupsen? Pupsen oder nicht pupsen, das ist hier die Frage.« Walter führt seine Frage aus, indem er ein in keinster Weise komisches literarisches Werk zitiert, und lacht dabei so laut, als handele es sich um einen reinen Witz. Und dabei weiß er ganz genau, dass das keineswegs so ist, und auch wenn die Frage ihn unausweichlich zum Lachen bringen mag, betrifft sie doch ein sehr reales und wichtiges Thema. Der Furz war ihm beim Aufwachen entwischt, nur ein einziger, aber klar und deutlich. Diane war aus dem Bett aufgesprungen, völlig entsetzt. »Sie hat mich übelst beschimpft: ›Aber das geht doch nicht! Bist du völlig verrückt geworden?‹ Ich aber habe nur gelacht, ich habe gelacht, denn schließlich war nichts passiert, aus was man ein solches Drama machen musste. Ja, ich hatte gefurzt, das war nicht gut, o.k. Aber sie war wirklich eine Korinthenkackerin.« Ihr Morgen danach war von der unentschiedenen Art, ein Morgen, an dem die Zukunft noch sehr offen ist. Keiner von beiden wusste, ob sie sich wiedersehen würden. Dieser Kontext erklärt zweifellos, warum ihr Gespräch, das auf den Vorfall folgte, so offen war. Tatsächlich entwickelte sich zwischen ihnen eine erbitterte Auseinandersetzung, in der jeder auf seiner Position beharrte. »Auch das hätte witzig sein können, denn es war eine richtige philosophische Debatte, und das alles ... nackt am Bettrand. Aber sie lachte ganz und gar nicht. Mit der Zeit habe ich mir gesagt, dass es wohl eine echte Frage war. Wenn du sie mir heute stellst, weiß ich nicht, was ich darauf antworten soll. Am besten ist es, wenn man gar nicht erst pupsen muss.«

Zu einer solchen Diskussion über das Thema kommt es nur selten. Normalerweise beschränkt sich die Konversation auf kurze Bemerkungen, die Ärger zum Ausdruck bringen, oder ein zähes Schweigen, in dem das Ungesagte mitschwingt. Eine Diskussion über dieses Thema ist aber auch deshalb selten, weil das Ereignis selbst nur selten vorkommt und es nur in Ausnahmefällen und versehentlich dazu kommt. Denn die wichtigste Regel ist trotz allem, diese Art von Zügellosigkeit am Morgen danach zu vermeiden. »Es gibt eine Menge Typen, die rülpsen und so, in aller Ruhe. Aber er hielt sich zurück, er hat sich sehr vornehm benommen. Darauf achtete er. Na ja, damit will ich nicht sagen, dass er fünf Monate später ...« (Colombine). Was im Hinblick auf das morgendliche Gewohnheitsrecht interessant ist, sind also weniger die (seltenen) Tatsachen selbst als vielmehr schlicht die Hypothese ihres Auftretens. Der Wunsch nach Freiheit und Natürlichkeit, der es doch ohnehin schon schwer hat, sich angesichts der dehnbaren, aber doch schwerwiegenden Zwänge des anomischen Kontextes Bahn zu brechen (abgesehen von den Momenten, in denen ein besonders närrisches Treiben herrscht), stößt also sehr schnell an seine Grenzen. Eine überwältigende Mehrheit ist der Ansicht: Am Morgen danach darf man nicht pupsen.

Das Problem wird sich dann später, im Laufe der Beziehungsgeschichte, stellen. Tristan verfügt wieder einmal (wie schon im Hinblick auf das Refugium Bett) über eine fixfertige Theorie. »Am

Anfang passt du ein bisschen auf, denn du wünschst dir eine gewisse Ästhetik in der Beziehung. Wenn du aber in dieser Hinsicht vorsichtig bist (auf der Toilette nicht zu viel pupsen), sollte das nicht so bleiben. Denn wenn das so bleibt, besteht kein wirkliches Vertrauensverhältnis zwischen den beiden Partnern. Das ist der Beginn einer schlechten Beziehung. Wenn du vorsichtig bist, heißt das, dass du dich nicht wohl fühlst, dass du kein natürliches Verhalten an den Tag legst. Inzwischen bin ich total natürlich, wir lachen uns darüber kaputt, wenn ich im Bett pupsen muss ...« Tristan hat sich für eine ziemlich radikale Option entschieden: Das freie Pupsen als Indikator für Authentizität in der Partnerschaft. Er bedauert sogar, dass einem die dem Morgen danach eigenen Zwänge eine anfängliche Zurückhaltung auferlegen. »Idealerweise würde man von Anfang an nicht darüber nachdenken.« Sein Referenzpunkt ist ein Paar, das die persönliche Entfaltung und das Wohlbefinden beider Partner fördert, was auch tatsächlich ein starker Trend in der Entwicklung heutiger Verhaltensweisen ist. Aber da ist auch noch der direkt entgegengesetzte Trend, der in den heutigen Einstellungen ebenso prägnant ist: Der Wunsch, den anderen zu respektieren, und die Weigerung, im Namen von Freiheit und Bequemlichkeit die Tugenden der Verführung und die Grundregeln der Höflichkeit zu missachten (de Singly, 2000). Entgegen Tristans Behauptungen gehört die Frage des Pupsens bei etablierten Paaren zu den heikelsten Punkten (übrigens scheint auch Isa eine deutlich weniger begeisterte Anhängerin der Theorie des libertären Naturalismus zu sein). Auch wenn es selten zu einer wirklichen Auseinandersetzung kommt, weil dieses Thema zu denjenigen gehört, über die man nicht gerne spricht, wirken die Meinungsverschiedenheiten im Verborgenen weiter. Es genügt, dass die flatulenten Manifestationen eine gewisse implizite Toleranzgrenze überschreiten, um einen Ausbruch von Empörung auszulösen. »Es kommt darauf an, wie es dazu kommt. Wenn einem einer entwischt, weil man zu viele Bohnen gegessen hat, na ja, was soll's, man tafelt ja schließlich nicht mit dem Präsidenten. Aber Fernand war irgendwann ganz ungeniert – da mussten wir schon mal Klartext reden. Beim ersten Mal rechnest du absolut nicht mit so was, und das ist dann noch schlimmer, als wenn du gerade mit dem Präsidenten tafeln würdest« (Marlène). Denn am Morgen danach befinden sich der Blick auf sich selbst und die

Selbstkontrolle auf ihrem Höhepunkt. Wir sollten uns von dem Freudentaumel und dem närrischen Treiben nicht täuschen lassen: Man überwacht sich gegenseitig und verhält sich alles andere als beliebig an einem solchen Morgen.

»Eine ganz andere Person entdecken«

Man selbst bleiben, frei und natürlich? Aber wer ist man wirklich am Morgen danach? Der Widerspruch zwischen vorgetäuschtem Schein einerseits und biografischer Wahrheit andererseits verschwimmt angesichts einer gespaltenen Identität, die die Ausgangslange ändert, indem sie die gewohnten Orientierungspunkte ins Wanken bringt: Wo ist man denn nun mehr man selbst – im alten Ich oder im neuen, das sich gerade noch in der Erprobungsphase befindet? In Wahrheit kann das Authentizitätsideal zum Schlechtesten und zum Besten führen. Versuchen wir, etwas mehr Klarheit in diese komplexe Frage zu bringen.

Um dies zu schaffen, muss zunächst noch einmal betont werden, dass die Modalitäten des Beginns einer Beziehung nach dem ersten Morgen danach höchst vielfältig sind: Es gibt verschiedene Arten und Weisen, ein Leben zu zweit zu beginnen. Nur ein Element bleibt immer gleich: Die Veränderung der persönlichen Identität. Was jedoch variiert, ist die Art und Weise, wie diese Revolution der Identität vonstatten geht. Für die verzauberten Morgen haben wir beispielsweise die Wirkungsweise der Prägung gesehen. Kraft der neuen Sozialisation, die die Person mitreißt, vergisst diese augenblicklich ihr altes Ich (in Wahrheit beschränkt sie sich – mithilfe der Gespaltenheit ihrer Identität – vielleicht auch darauf, dieses alte Ich vorübergehend in den Hintergrund zu drängen) und klammert sich mit hinreißender »natürlicher« Leichtigkeit an die neuen Orientierungspunkte. Nun hat jedoch nicht jeder das Glück, solch einen Morgen danach voller Zauber zu erleben, und manche, denen es eher wichtig ist, energisch ihre Zukunft in den Griff zu bekommen, würden vielleicht auch sagen: glücklicherweise. Für all diese Ausgeschlossenen und Verächter des morgendlichen Märchenspiels und für all jene, die es nur in abgeschwächter Form genießen, gibt es eine ganz andere mögliche Vorgehensweise. Sie besteht darin, seine

Anstrengungen darauf zu richten, sich als jemand anderen darzustellen oder sich gar neu zu erfinden – auf die Gefahr hin, dass sich die Veränderungen nur dem äußeren Schein nach vollziehen, die Posen nur Täuschung sind und man sich auf raffiniert kalkulierte Inszenierungen einlässt. Paradoxerweise jedoch kann dieses ganze falsche Spiel schließlich doch das neue Sein eines Individuums hervorbringen, das sich auf eine Bindung einlässt. Durch die Magie der Identitätsspaltung wird aus falsch wahr, ohne dass sich die Person dessen wirklich bewusst wäre.

Dieser Prozess mag für denjenigen, der es gewohnt ist, Identität als Block zu denken, ziemlich überraschend erscheinen, aber um ihn besser zu verstehen, genügt es, sich genauer anzusehen, wie er in seinen Anfangsphasen verläuft. Sich zu bemühen bedeutet zunächst ganz einfach, aufmerksamer und freundlicher zu sein als gewöhnlich, zuvorkommend, liebevoll und großzügig. Kein Morgenmuffel zu sein. Ohne Zögern den Tisch abzuräumen oder kurz auszukehren. Sich eher für freundliche Worte als für kurz angebundene Sätze zu entscheiden. Seine Kritik für sich zu behalten. Wenn möglich, unterhaltsam zu sein. »Ich habe versucht, sie zum Lachen zu bringen, viel zu reden, damit sie sich wohl fühlt. Habe mentale und rhetorische Bemühungen unternommen« (Tristan). Nun ist diese Stimmung (die kaum den gewöhnlichen Verhaltensweisen entspricht) tendenziell ziemlich schnell ansteckend, löst beim Gegenüber analoge Verhaltensweisen aus und verwickelt die beiden Partner in eine Art positiven Teufelskreis. Tristan fasst zusammen: »Du versuchst, dich von deiner besten Seite zu zeigen.« Beide Partner geben sich Mühe, ihre dunkle Seite zu verbergen und nach außen hin das Liebenswerteste von sich zu zeigen, während sie zugleich doch auch sie selbst bleiben. Theoretisch heißt das, dass sie dabei gar nicht lügen, denn diese gute Seite ist ja auch ein wahrer Teil von ihnen, aber sie ist eben nicht alles.

Tristan denkt einen Augenblick nach, bevor er dann mit großer Aufrichtigkeit und analytischer Präzision fortfährt: »Du versuchst, dich von deiner besten Seite zu zeigen ... na ja, eben die beste Seite von dem, was dem anderen gefällt.« Diese kleine sprachliche Ergänzung führt uns in eine völlig andere Richtung: die Verschiebung der Identität. Denn diese »beste Seite«, von der sich die Person zeigt, ist nichts Abstraktes oder Universelles. Vielmehr werden Nachforschungen angestellt, um herauszufinden, was dem anderen gefallen und womit man gut ankommen könnte. Nun ist man aber mit dem, was gefragt ist, nicht immer unbedingt gut ausgestattet. Also muss man sich der Lüge bedienen oder, genauer gesagt, der Erfindung eines äußeren Scheins, der weder ganz falsch ist noch ganz der Wahrheit entspricht: Man betont ein bestimmtes Merkmal und formuliert dabei vage vorhandene Identitätsreserven neu. Manchmal stürzt man sich dabei aber auch in völlig neue Inszenierungen, reine Erfindungen eines neuen Selbst, in denen man sich aber dennoch rasch zu Hause fühlt und sie als neue Wirklichkeit empfindet. Die Lüge – sofern es überhaupt eine Lüge gegeben hat – blieb nur für die Zeit des Übergangs von einer Wahrheit zur anderen eine Lüge.

Einige Augenblicke später wird Tristan noch präziser und äußert sich mit aller Deutlichkeit. »Du versuchst, dich dem anderen so zu zeigen, wie du ihm gefallen könntest, auch wenn das nicht unbedingt du selbst bist. Wenn du erst einmal weißt, was ihm gefällt, dann möchtest du ihm dieses Bild von dir vermitteln, auch wenn du normalerweise nicht so wärst.« Und doch prägt sich dieses Bild schließlich in die Tatsachen ein. Zunächst geschieht das nur durch Verhaltensweisen, die man nach außen hin zum besten gibt, während das Individuum noch das Gefühl hat, es gäbe da in seinem tiefsten Inneren noch eine andere, verborgene Wahrheit. In genau diesem Stadium befindet sich Tristan in Bezug auf das abendliche Ausgehen. Nachdem er festgestellt hatte, dass Isa und er in dieser Frage nicht derselben Meinung waren, zwang er sich, in einen Kampf mit diesem besonders widerspenstigen Teil von sich selbst zu treten. Dabei ging es nicht nur darum, sich selbst dazu zu bringen, abends öfter auszugehen, sondern auch darum, Isa den Eindruck zu vermitteln, er mache das ganz von selbst und es koste ihn nicht die geringste Anstrengung. Noch heute passiert es ihm manchmal, dass er »so weitermacht«, obwohl man doch »manchmal gar keine Lust hat auszugehen und lieber faul zu Hause bleiben möchte. Aber da habe ich mir immer einen Ruck gegeben, weil ich wusste, dass sie diesen Lebensstil gut fand.« Selbst nach drei Jahren des Kampfes ließ sich also das alte Ich nicht vollständig auslöschen. Aber es ist in den Hintergrund getreten, befindet sich vielleicht in einem Winterschlaf, aus dem es in einem anderen Kontext wieder erweckt werden kann. Aber im Augenblick ist der wahre Tristan wirklich derjenige geworden, der häufig abends ausgeht und sich auch gar nicht mehr groß dazu zwingen muss. Was zu Anfang nur ein äußerer Schein war, um Isa zu gefallen, hat sich zu einer quasi-natürlichen Grundlage seines Handelns entwickelt.

Das Bild, das man am Morgen danach von sich vermittelt, dieser künstlich hergestellte Schein, kann also, trotz seiner scheinbaren Künstlichkeit, für zwei völlig gegensätzliche Dinge stehen. Entweder er ist eine vorgetäuschte Maske mit reiner Schutzfunktion oder ein Instrument der identitären Erneuerung, die es dem alten Ich ermöglicht, sich in das Beziehungsabenteuer zu stürzen. An einem solchen Morgen verschwimmen die gewohnten Orientierungspunkte. Am Beispiel von Tristan und Isa werden wir das in Bezug auf die Ungezwungenheit sehen. Die Ungezwungenheit ist an einem Liebesmorgen ein wesentlicher Erfolgsfaktor. Ausgehend von einer Kluft zwischen sich und dem Kontext entwickeln sich Scham und Unbehagen (Kaufmann, 1996). Es gilt also, alles zu tun, um seinen Gesten eine gewisse Leichtigkeit und Geschmeidigkeit zu verleihen, will man einen Morgen mit bösem Erwachen vermeiden. Das erklärt übrigens auch das häufige Lachen und die kindischen Spiele: Da sich nun mal nicht alle möglichen Quellen von Verkrampfung und Angst aus dem Weg räumen lassen, ist es gut, sich hin und wieder zu entspannen. In diesem Bereich startet nun jeder, je nach seiner Familiengeschichte, mit unterschiedlichen Handicaps und Trümpfen. Schon vor der entscheidenden Nacht hatte Tristan bemerkt oder zu bemerken geglaubt, dass er sich bei Isa seiner Sache keineswegs sicher sein konnte. »Ich kannte sie schon vorher und sah in ihr eher eine schüchterne Person, bei der man sich viel Mühe geben muss, damit sie sich wohl fühlt.« Er selbst fühlte sich besonders ängstlich und verspannter als normalerweise. Tag und Nacht in einen Topf werfend berichtet er uns von seinem Stress: »Also der Morgen nach dem ersten Mal ist ganz schön stressig. Als ich mit Isa zusammen war, war ich teilweise ziemlich blockiert. In sexueller Hinsicht hat es überhaupt nicht funktioniert, weil ich so schrecklich gestresst war. Der Druck war wirklich ungeheuer groß und ich habe nicht gerade eine Spitzenleistung vollbracht. Das versuchst du dann am nächsten Morgen mit kleinen, zuvorkommenden Gesten, mit Aufmerksamkeiten und mit Worten wieder wettzumachen.« Schon einige Tage zuvor hatte er sich auf das Schlimmste gefasst gemacht und sich, um es abzuwenden, vorgenommen, sich beim Reden und Lachen richtig viel Mühe zu geben. Im Nachhinein erscheinen ihm seine Vorsichtsmaßnahmen heute übertrieben. Er hatte sich, was seine erste Einschätzung betrifft, in Isa getäuscht. »Ich hatte mich getäuscht: Am Morgen danach entdeckt man eine ganz andere Person, als man sich vorgestellt hat. Sie erwies sich als ganz anders als gedacht, völlig anders. Sie zeigte sich von einer ganz ungezwungenen, unternehmungslustigen Seite.«

Es dürfte uns nicht weiter erstaunen, dass Isa auch in diesem Punkt eine ganz andere Geschichte erzählt: Tristan hatte sich nicht getäuscht. Sie wäre allein bei dem Gedanken daran, dass er sie küssen könnte, vor Scham und Angst fast gestorben (nicht weil es hier um die Frage einer Beziehung ging – diese Frage stellte sich für sie nicht –, sondern weil sie ihn schon so lange als Freund kannte). Doch Tristan ließ ihr gar nicht erst die Zeit, um diese innere Verwirrung zum Ausdruck zu bringen. Er war omnipräsent, war die ganze Zeit am Reden und Herumalbern (in diesem Punkt stimmen die beiden Erzählungen überein) und brachte auf diese Weise eine natürliche Ungezwungenheit hervor (wie wir gesehen haben, war sie in Wahrheit eine Inszenierung), die so überschäumend war, dass sie ansteckend wirkte. Um mithalten zu können, setzte sich also auch Isa ihrerseits in größter Ungezwungenheit in Szene und zwang sich zu Gesten, die für sie völlig neu waren. Dabei war sie sich jedoch nicht sicher, ob sie wirklich überzeugend wirkte, sondern hatte vielmehr Angst, in flagranti beim Simulieren erwischt zu werden. Doch auch sie irrte sich. Tristan hatte ihrer kleinen Vorstellung Glauben geschenkt, ebenso wie sie an seine glaubte. Der Morgen danach bringt eine andere Person ans Licht, wie Tristan sagt. Aber das geschieht nicht auf die Weise, wie er meint. Der Morgen offenbart keine tiefere Wahrheit, die endlich von ihren Masken befreit wird. Sondern diese »andere Person« wird erst an diesem Morgen, mit dem verfügbaren Instrumentarium, hergestellt, und zwar mithilfe einer intensiven, subtilen Arbeit beider Protagonisten und dank der Erfindung von Szenarien, die, sofern sie gut gespielt sind, den provisorischen Schein in eine neue Realität verwandeln können. Die künftige neue Persönlichkeit, die sich unter Umständen innerhalb der Beziehung entfalten wird, ist nicht von vornherein schon definiert; die Zukunft ist noch nicht geschrieben, und die Identität ist unter solchen Umständen ganz besonders formbar. Die Inszenierungen des Morgens danach sind entscheidend – auch dann, wenn sie mehr oder weniger erlogen sind.

Die richtige Distanz

Wenn die beiden Partner wüssten, was sich an diesem Morgen alles entscheidet und wie sehr sie bereits ihre Zukunft belasten! Obwohl sie nicht das Gefühl haben, sehr viel nachzudenken, treffen sie enorm viele Entscheidungen auf der Grundlage vielfältiger Parameter: die Art und Weise, sich zu verhalten, die Frage, ob man sich auf die Beziehung einlässt oder nicht, und tausend andere Dinge. Als letztes wollen wir uns einen Punkt ansehen, der einer ständigen Neujustierung bedarf: die Regulierung der richtigen Distanz. Oberflächlich stellt sich diese Frage schon in der Refugium-Bett-Phase: Wie lange kann man mit den Küssen und Umarmungen noch fortfahren? Derjenige oder diejenige, die besonders viel und gerne küsst und umarmt, stellt sich diese Frage eigentlich gar nicht, auch wenn da manchmal dieses vage Gefühl ist, es könnte dem anderen vielleicht zu viel werden. »Ich musste ihn einfach streicheln und umarmen, musste ihn einfach berühren. Vielleicht war ich sogar ein bisschen aufdringlich« (Erika). Das Problem stellt sich eher beim Gegenüber, wenn der Umarmte plötzlich das Gefühl hat, sich nicht mehr wohl zu fühlen und zu ersticken. »Ich fühlte mich wie in der Falle, wie in einen Schraubstock gezwängt. Und da sagst du dir dann: Aber was soll denn das? Habe ich all das gemacht, um an diesem Punkt anzukommen? Das Schlimmste ist, dass du nicht sagen kannst, dass es dir nicht gefällt, du wagst es nicht, dich loszumachen« (Walter). Also ist der/die Unverstandene gezwungen, einen Vorwand zu erfinden; ein dringendes Bedürfnis, das den Gang zum Badezimmer notwendig macht, oder, besser noch – wenn der zu sehr Umschlungene männlich ist – Brötchen holen gehen, um seiner Liebsten eine Freude zu machen. Manchmal genügen einige kleine Gesten, um den Wunsch nach etwas mehr Distanz deutlich zu machen. In ihrer Ausführung sind diese Gesten aber extrem schwierig. Denn auch wenn sie noch so zart und vorsichtig sind, können sie auf sehr negative Weise überinterpretiert werden: als

Zurückweisung der Zärtlichkeiten, als Zeichen der Ablehnung oder als Hinweis darauf, dass man auf keinen zweiten Morgen zu hoffen braucht. Wir leben in der Illusion, dass sich Verliebte in diesen Dingen verstehen. Dem ist nicht so. »Du weißt nicht so recht, ob du sie an dich drücken sollst, ob ihr das gefällt oder nicht. Und du weißt nicht, was sie zu investieren bereit ist, schließlich ist es der erste gemeinsame Morgen« (Boris). Zu einem Einverständnis über die richtige Distanz kommt es nur in bestimmten Augenblicken, mithilfe tastender Versuche und ein wenig durch Zufall. Meistens jedoch müssen die beiden Partner in diesem Punkt mit einer mehr oder weniger großen Dissonanz zwischen ihnen zurecht kommen, die sich noch dazu ständig ändert.

Die ideale Distanz ist von einem Individuum zum anderen sehr unterschiedlich; die Begegnung zwischen einer/m Anhänglichen und einer/m Unabhängigen führt in der Regel zu einem stillschweigenden, aber unerbittlichen Stellungskrieg. Aber was zunächst noch als wichtiger Punkt hervorgehoben werden sollte, ist die Tatsache, dass es auch bei jedem einzelnen zu extremen Schwankungen im Hinblick auf die für ihn ideale Distanz kommt – sie kann sich je nach Kontext ständig ändern. »Das ist wirklich eine komische Sache. Denn normalerweise ist es doch genau das, weshalb du da bist: Du willst am liebsten mit der Tussi verschmelzen. Und plötzlich ist dir das alles zu eng« (Walter). Colombine war von Anfang an sehr eingenommen von Franck. Als sie ihn am Morgen mit ihren Küssen bestürmte, litt sie sehr unter seiner kühlen Zurückhaltung. Und dabei hatte sie doch (zu einem anderen Zeitpunkt) auch in sich selbst einen ganz anderen Impuls gespürt. »Du neigst dazu, dich zu entfernen, weil man dich so nah berührt hat.« Und sie fügt hinzu: »weil man in dich eingedrungen ist«. Diesen Satz gilt es richtig zu verstehen. Sie spricht nicht von der sexuellen Beziehung, sondern von ihrer Persönlichkeit als Ganzer, von ihrem Leben, das gerade dabei ist, auf den Kopf gestellt zu werden. Der Wunsch nach Distanz ist eine legitime Reaktion auf die Neukonstituierung der Identität. Dieser Rückzug auf sich selbst hatte bei Colombine jedoch sofort Fragen und Zweifel aufgeworfen. »Da hast du bekommen, was du wolltest, und plötzlich möchtest du es nicht mehr. Das ist schon schwierig, du bekommst Zweifel.« War das nicht ein Zeichen für die Brüchigkeit ihrer Liebe zu Franck? Die Variationen im

Hinblick auf die richtige Distanz, die schon für das neue Paar nicht leicht zu bewältigen sind, machen auch auf der strikt individuellen Ebene Probleme. Solange man noch im Bett ist, muss man vorsichtig spielen, sehr diplomatisch sein. Manchmal auf Tuchfühlung bleiben, auch wenn man sich nach Luft sehnt, oder im Gegenteil sich lösen, auch wenn in einem der Wunsch brennt, den anderen zu streicheln. Ist man erst einmal aufgestanden, bieten die Räumlichkeiten der Wohnung eine größere Flexibilität, besonders das Badezimmer. Wege, die scheinbar nur aus funktionalen Gründen zurückgelegt werden, ermöglichen eine Regulierung der variierenden Bedürfnisse nach Distanz und Nähe. »Das war übrigens der Grund, warum ich unter die Dusche ging. Schauen wir mal! Ich allein mit mir selbst! Eine positive Bilanz, sehr positiv! Und ich hatte große Lust, ganz schnell wieder aus dem Badezimmer ins Schlafzimmer zurück zu gehen, um mit ihm zusammen zu sein.« Ein Hin und Her in Agathes Kopf. Der Drang, allein zu sein, war ihr plötzlich ununterdrückbar erschienen. Und dann hatte (einige Minuten später im Badezimmer) eine winzige Dosis Alleinsein genügt, um ganz im Gegenteil nur noch ein intensives Zusammensein mit John zu ersehnen. Man sollte vielleicht hinzufügen, dass das kleinere der beiden Zimmer nicht gerade zum Bleiben einlud (ärmliche Einrichtung, zu kurzer Duschschlauch, kaltes Wasser, schmutziges Handtuch). Aber der wesentliche Punkt ist zweifellos woanders zu suchen: Der vorübergehende Abstand hatte es ihr erlaubt, ihren Wunsch nach Annäherung besser einschätzen zu können. Im besten Fall erlauben die Rückzüge des einen zugleich auch dem anderen ein persönliches Durchatmen. »Wenn er dann duschen geht, lässt mir das Zeit, um eine wenig aufzuräumen und in aller Ruhe eine Zigarette zu rauchen. Ich brauche diesen Moment, ich brauche diesen Augenblick der Ruhe« (Gildas). Die Inhalte, die in die Distanz hineingelegt werden, sind jedoch vielfältig – erneut Komplexität.

Gildas benötigt die Ruhe, um auf seine Weise ein wenig aufzuräumen, jenseits des Blickes des anderen, und um sich vom Druck der gegenseitigen Überwachung zu befreien – eine Art physische und mentale Entspannung nach der Anstrengung. Doch er nutzt die Zeit auch, um über diese Erfahrung, die er gerade macht, und über eine hypothetische Zukunft der frisch gebackenen Beziehung nachzudenken. Auf diesem Wege geschah es auch, dass er nach einem kurzen Selbstgespräch im Badezimmer, in dem es um Juliens grauenhafte Unterhose ging, den sofortigen Bruch beschloss. Er verspürte mehr als gewöhnlich das Bedürfnis, allein zu sein. Solche ganz konkreten und physischen Empfindungen hängen eng mit dem Grad der Verbindlichkeit zusammen, mit der man sich auf die Beziehung einlassen möchte. Eine Zurückweisung von Berührung und der Wunsch nach Distanz schon im Refugium Bett weisen häufig auf eine gewisse Zurückhaltung hin. Aber da besteht kein mechanischer Zusammenhang. Und die Zurückhaltung ist manchmal nur punktueller, konkreter, vorübergehender Art. Schon eine kleine Distanz von kurzer Dauer kann das nötige Durchatmen bringen, das es danach erlaubt, sich umso mehr auf die Geschichte einzulassen. Nähe zu erzwingen, kann hingegen das Gegenteil dessen nach sich ziehen, was bezweckt wird: Das individuelle Durchatmen wird sich später, auf der Basis einer unterdrückten Unzufriedenheit, stärker und oft auf weniger kontrollierte Weise manifestieren.

»Ich hing wie eine Klette an ihm«

Die genaue Bedeutung der Distanz am Morgen danach zu entschlüsseln, gehört somit zu den schwierigsten Angelegenheiten, auch wenn immer ein enger Zusammenhang zwischen dieser Distanz und dem mehr oder weniger großen Wunsch besteht, sich auf die Beziehung einzulassen. Die richtige Einschätzung des Wunsches nach Distanzierung ist besonders deshalb schwierig, weil er sich immer in Verbindung mit einem Element von ganz anderer Natur manifestiert: der Persönlichkeitsstruktur. Manche sind eher anhänglich, offen, wie Schwämme, nicht nur im Bereich von Liebesbeziehungen. Sie erleben und leben nur dann auf für sie positive Weise, wenn sie in einer engen und ständigen Interaktion mit ihrem Umfeld und ihrer Umgebung stehen. Dies gilt ganz besonders für eine so intime Erfahrung wie einen Morgen danach. Andere hingegen sind unabhängig, verschlossen, selektiv, stürzen sich nur vorsichtig in das Abenteuer des Austausches mit anderen und nur dann, wenn ihre strikt persönliche Basis nicht in Gefahr ist. Für die einen und die anderen hat Distanz absolut nicht die gleiche Bedeutung. Im einen Fall ist sie sofort ein Zeichen von

Kälte und Scheitern, im anderen führt sie zum Rückzug, wenn sie nicht gelebt werden kann. Der Chor der Anhänglichen: »Es gab nur noch das! Allein sein? Nein! Sobald ich bei ihm war, ging es mir gut. Das war sogar fast schon zu viel: Wir gingen keinen Augenblick auseinander« (Gabrielle); »Ich hatte keine Lust, allein zu sein, ich wollte bei Éric bleiben, wollte, dass er mir die Hand hält« (Anna); »Ich hing wie eine Klette an ihm, wollte ihm nicht von der Seite weichen« (Erika). Die Antwort der Unabhängigen: »Es ist wichtig, sich eine gewisse Unabhängigkeit zu bewahren. Ich möchte nicht in etwas hineingeraten, was einen erstickt« (Pierre); »Man muss dem anderen wenigstens ein Minimum an Freiraum lassen, das ist wichtig. Ich mag das nicht, wenn man zu sehr aneinander klebt. Diese Holländerin war in diesem Punkt toll: Wir hatten genau die richtige Distanz, die beim Erwachen am Morgen nötig war. Schon eine gewisse Nähe, aber nicht zu viel« (Charles-Antoine). Er blieb dann übrigens auch länger mit ihr zusammen als mit anderen Partnerinnen, weil sie ihm diese individuelle Luft zum Atmen ließ. Distanz bedeutet also nicht immer die Weigerung, sich auf eine Beziehung einzulassen.

Natürlich ist es unmöglich, im (zarten) Feuer der Aktion Ordnung in dieses Durcheinander zu bringen. Also interpretiert jeder die Fakten so, wie es ihm richtig erscheint, und nutzt die Komplexität der Dinge dafür, diejenigen Argumente auszuwählen, die ihm am besten in den Kram passen, wobei es manchmal zu einem ebenso plötzlichen wie erstaunlichen Umschwung kommen kann. Pierre war total erstaunt darüber, dass er sich so wundervoll fühlte, obwohl Mariette und er im Refugium Bett wie Kletten aneinander hingen. Doch urplötzlich stellte er eine Verbindung zu einer möglichen Zukunft als Paar her. »Ich hatte zwei Dinge im Kopf. Den augenblicklichen Moment – da ging es uns gut und so. Aber zugleich habe ich mich gefragt, ob sie nicht zu sehr an mir hing.« Denn er wollte keine erstickende Beziehung, in der es unmöglich ist, auch nur einen Schritt zu tun, ohne dass einem der andere an den Fersen klebt. Und sofort wurde die anhängliche Nähe weniger angenehm. Es kann geschehen, dass sich lange und langsame biografische Flugbahnen an einem bestimmten Punkt mit Mikro-Ereignissen kreuzen, die im Stande sind, einen aus der Bahn zu werfen. Der Morgen danach ist Teil einer Verbindung, in der große, strukturelle Tendenzen und Staubkörnchen des Lebens, zufällige Begegnungen, plötzlich dieselbe Bedeutung für das bekommen, was geschehen wird. Ein einziges Staubkorn genügt manchmal, um ein ganzes Leben auf den Kopf zu stellen.

Die weiteren Ereignisse

»Dann lagen sie nackt und erschöpft nebeneinander auf dem Bett. Es war schon dunkel. Er fragte sie, wo sie wohnte und bot ihr an, sie mit dem Wagen hinzufahren. Sie antwortete verlegen, sie müsse erst noch ein Hotel suchen und habe den Koffer in der Gepäckaufbewahrung am Bahnhof abgegeben.
Noch am Abend vorher hatte er befürchtet, sie könnte ihm ihr ganzes Leben anbieten, wenn er sie zu sich nach Prag holte. Als sie ihm nun sagte, ihr Koffer sei in der Gepäckaufbewahrung, hatte er die Idee, daß ihr ganzes Leben in diesem Koffer steckte und sie es nur vorübergehend am Bahnhof abgegeben hätte, um es ihm dann anzubieten.
Er stieg mit ihr ins Auto, das er vor dem Haus geparkt hatte, fuhr zum Bahnhof, holte den Koffer ab (er war riesig und unendlich schwer) und brachte ihn und Teresa in seine Wohnung zurück.
Wie war es möglich, daß er sich so plötzlich entscheiden konnte, nachdem er fast vierzehn Tage lang gezögert hatte und unfähig war, ihr auch nur einen Kartengruß zu schicken?
Er war selbst überrascht. Er handelte gegen seine Prinzipien.«

Milan Kundera, *Die unerträgliche Leichtigkeit des Seins*[1]

»Es markierte eine neue Etappe«

Wie beginnt eine Liebesgeschichte? Wie entsteht ein Paar? Wir haben zu dieser Frage alle so unsere Vorstellung (die mehr oder weniger dieselbe ist), eine Art Referenzmodell, das uns ein Lektüreraster für die gewöhnlichen Erfahrungen und einen Wahrnehmungsfilter für unsere mögliche Zukunft vorgibt. Nun besteht zwischen diesem Modell und den Tatsachen aber eine Diskrepanz, und diese Diskrepanz wird historisch tendenziell immer größer. Deshalb ist es Zeit, den Schleier zu zerreißen, auch auf die Gefahr hin, auf einige althergebrachte Verzauberungen künftig verzichten zu müssen. Denn Leiden, das der Blindheit geschuldet ist, ist unendlich viel grausamer als der Verzicht auf das, was zum Teil nur eine Schimäre war. Das Leben lehrt uns tagtäglich, in welchem

1 Carl Hanser Verlag, München 1984.

Maße unsere Beziehungen zu anderen aleatorisch und chaotisch sind; wir wissen niemals wirklich, wer der andere ist, selbst wenn wir mit ihm unser größtes Glück erleben. Hinzu kommt, dass wir uns im Stillen bewusst sind, dass wir unsere kleinen Arrangements mit dem Idealmodell des Sich-Verliebens und des perfekten Ablaufs einer im besten Fall darauf folgenden Beziehung treffen. Und doch: Trotz dieser tagtäglichen Erfahrung bleibt das alte Modell weiter bestehen und hat sich im Innersten unseres Denkens festgesetzt. Wir erzählen uns immer noch Märchen über die Liebe.

Ausgehend von dieser Feststellung kann meine Rolle eigentlich nur eine äußerst undankbare sein: nämlich klar und deutlich zu sagen, dass die Liebe oft sehr weit von den allzu schönen Geschichten entfernt ist, die wir uns erzählen. Dennoch werden wir am Ende dieses Buches sehen, dass diese Schlussfolgerung alles andere als Verzweiflung nach sich ziehen muss: Eine neue Form der Liebe kommt zum Vorschein. Dass die alten Gefühle dabei sind zu sterben, heißt nicht, dass die Liebe stirbt; eine neue Art, seine Lebensgeschichte zu schreiben und von Gefühlen bewegt zu sein, bricht sich Bahn.

Das alte Liebesmodell, das so lange die Literatur dominiert hat und es teilweise geschafft hat, sich in die Tatsachen einzuschreiben, wurde mit sehr viel Präzision (und Passion) von Francesco Alberoni auf den Punkt gebracht (1981, 1994). Wir werden im letzten Kapitel darauf zurückkommen. Sagen wir für den Moment einfach, dass dieses Liebesmodell auf einem Gründungsmoment aufbaut, auf einer anfänglichen Evidenz, die die Gefühle hervorbringt, welche dann zu der Entscheidung führen, eine Bindung einzugehen. Alle folgenden Ereignisse werden auf den Rang von Etappen einer Flugbahn verwiesen, welche gefühlsbedingt unausweichlich wird, einer Flugbahn, die von ihrem Ausgangspunkt, dem Sichverlieben, zu einem halb glücklichen, halb entzauberten Ende führt: der etablierten Beziehung. Vieles in Francesco Alberonis Analyse ist sehr richtig, vor allem, was den Institutionalisierungsprozess von Beziehungen angeht. Was hingegen über die Anfänge einer Beziehung gesagt wird, entspricht eher einem (an Bedeutung verlierenden) Modell als der Wirklichkeit. Dieses Modell ist nur noch in bestimmten Altersgruppen wirksam (Jugend) und bei Personen, die es zu einem zentralen Bestandteil ihrer Lebensethik gemacht haben. Anna und Pierre gehören zu diesen Leuten. Wie viele andere ziehen sie es vor, eher schwammig und diskret zu bleiben, wenn es um ihr ursprüngliches »Verlieben« geht. »Zwischen uns ist etwas passiert«, sagt Anna, und damit wissen wir eigentlich nicht viel mehr als vorher. Doch selbst für diese Anhänger des alten, romantischen Modells ist der konsequente und fahrplanmäßige Ablauf der Flugbahn in seiner unausweichlichen Schicksalhaftigkeit wichtiger als die Leidenschaft. Innerhalb dieser vorgezeichneten Entwicklung ist die Liebesnacht nur eine Etappe. »Ich hatte das Gefühl, dass wir die Schwelle zu einer neuen Etappe überschritten hatten, die für mein Leben wichtig sein würde. Etwas ganz Konkretes. Ich hatte das Gefühl, dass das etwas Festes werden würde.« Fest, ernsthaft und von Dauer – diese Worte kehren in den Interviews ständig wieder: Der Morgen danach ist nicht nur Spaß. Obwohl er zu den Unabhängigen gehört, die sich darum sorgen, dass sie in der künftigen Beziehung nicht ersticken, versteht Pierre in diesen Dingen keinen Spaß. »Die Beziehungen, die ich zu Frauen hatte, waren immer ernsthafte Beziehungen. Das waren keine One-night-Stands. Wenn wir zusammen aufgewacht sind, hieß das immer, dass es schon eine gemeinsame Vergangenheit, einen gemeinsamen Weg gab, der hinter uns lag. Es markierte eine neue Etappe.«

Colombine ist weniger ernsthaft und achtet äußerst aufmerksam auf jedes noch so kleine Detail, das Einfluss auf ihr Urteil haben könnte; sie weigert sich, sich blind auf eine Flugbahn einzulassen, die ihr ganzes Leben umwerfen könnte. Und dabei ist auch sie sehr nah am alten Modell, vielleicht aufgrund ihrer langen emotionalen Einsamkeit. Bevor sie Franck traf, hatte sie erst sehr wenige Erfahrungen in Sachen Liebe gemacht und war dazu verurteilt, die Liebe lediglich in ihrer Vorstellung zu leben, den Kopf vernebelt von schönen Träumen. Als er ihren Weg und ihren Blick kreuzte, war das natürlich ein starker, magischer Moment – es konnte gar nicht anders sein. »Dass ich jemandem gefiel und er mir gefiel, das fand ich einfach wunderbar! Denn das war mir erst so selten passiert.« Was war das genau, diese Magie des Augenblicks? Die reine Liebe? Die Konkretisierung des so sehr erträumten Modells, und das um jeden Preis? Das plötzliche Gegenmittel gegen das allzu lange ängstliche Warten? Die Antwort auf den Druck der Freundinnen, die schon eine Beziehung hatten? Egal – das Gefühl war jedenfalls real und intensiv. Colombine zögerte nicht lange: »Ich wollte diese Liebe unbedingt.« Dieser letzte Satz ist jedoch aufschlussreich: Trotz der übermächtigen Gefühle handelte es sich um eine bewusste Entscheidung, ein Lebensprojekt, das auf den ersten Blick besiegelt wurde. Sie war hingerissen von der verwirrenden Leichtigkeit, mit der sich ihr Franck genähert hatte; schon nach wenigen Sekunden erschien es ihr, als könnte nichts mehr auf der Welt sie trennen, sie waren Teil desselben Universums. »Ich habe mich verliebt. Und ich habe das sofort als nah, vertraut und total angenehm empfunden.«

»Das ist Liebe«

Einen Monat lang entwickelte sich diese schöne Geschichte mit überraschender Leichtigkeit, aber schließlich war die Liebe vielleicht *zu* einfach. Doch Colombine spürte die Gefahr des Scheiterns – und es war noch nicht zu spät. An jenem Abend waren ihre Gefühle auf einem Höhepunkt – stärker noch als bei ihrer ersten Begegnung. Sie erlebte eine wahre innere Explosion, und es gelang ihr nicht mehr, ihre Worte und Gesten zu beherrschen. Vielleicht war es die Liebe, ganz sicher aber die Angst, die sich hier ein Stelldichein gab. »Als wir an dem Abend ausgingen, kam er zu mir her, und da war Angst, Schüchternheit, etwas Unglaubliches! Als er sich mir näherte, sagte ich in einem total aggressiven Ton zu ihm: ›Was willst du eigentlich?‹ Zum Glück hat er mich nicht gehört, denn sonst hätte er sich davon gemacht, das ist sicher. Aber es ging mir nicht gut, und ich musste irgendwas Blödes sagen. Eine abweisende Reaktion, obwohl du eigentlich gar nicht dazu im Stande bist. Das ist ziemlich merkwürdig.« Der Abend zog sich in die Länge, sie tranken viel, sein Widerstand schwand und mit ihm seine Erinnerung. »Ich erinnere mich nicht genau an diese Nacht, nicht zu hundert Prozent. Denn wir haben ziemlich einen draufgemacht.« Am nächsten Morgen wachte sie alleine auf, in diesem Szenario voller asiatischen Zaubers, das wir bereits kennen. Dann kamen die (schnell wieder verjagten) Zweifel angesichts der Figuren, die Ängste aufgrund der Schönheitsprodukte, die Wanderung durch die Wohnung, die mit einer extrem positiven Bilanz endete, umhüllt von dem wunderbaren Gefühl, ihrem Lebensziel ein Stückchen näher gerückt zu sein. »Du sagst dir: Das hier ist mein kleines Liebesnest.« Dann sah Colombine die

Schlüssel. Und ihr Herz machte erneut einen Sprung. »Es waren drei Schlüssel. Diesen Schlüsselbund, den ich schon so oft auf einer Bar oder sonst wo hatte liegen sehen, nun für mich zu haben – das war schon was! Ich hab mich total gefreut. Es war toll, bei ihm aus- und eingehen zu können, wie ich wollte, sogar allein. Und du sagst dir: Ich bin wieder einen Schritt weiter. Das ist Liebe. Ich bin der Liebe wieder einen Schritt näher gekommen.«

Ihr Leben hätte auch einfach weiterlaufen können wie bisher, planmäßig und glatt, wie eh und je. Aber es kippte ganz plötzlich in die Modernität der Liebe, die ganz im Gegensatz dazu aus Handlungen mit einschneidenden Folgen, aus dem Kopfstehen der eigenen Vorstellungen und Gefühle, aus Beobachtungen und Analysen, aus Entscheidungsmomenten besteht. Als sich Colombine dann, mit dem Kopf noch in ihrer Wolke, in aller Ruhe zu Francks Arbeitsstelle aufmachte, um ihm seine Schlüssel zurückzugeben, hätte sie sicherlich nicht gedacht, dass sie dort eine solche Szene erwarten würde. Schon von Weitem hörte sie ein lautes Geräusch, das sie aufhorchen ließ. Ein Lachen. Oder eher ein Hohngelächter, dessen Herkunft sie sofort zu orten wusste. Natürlich kam es von »Big Max«, dem Kollegen und »Freund« von Franck. Sie hasste ihn, hatte ihn schon immer gehasst. Sie nahm an, dass seine Fettleibigkeit für seine Boshaftigkeit und Dummheit verantwortlich war; vermutlich litt er innerlich. Was aber keineswegs sein hinterhältiges Verhalten gegenüber Franck rechtfertigen konnte: Immer nahm er ihn zur Seite und lachte sich ins Fäustchen, wenn er ihm mal wieder irgendeine blöde Version der Tatsachen auftischen konnte. Sofort war sie von ihrer Wolke herunter und Big Max' Lachen durchlief sie heiß und kalt; sie erstarrte, während zugleich die Wut in ihr zu kochen begann. Wie würde Franck reagieren? Seine Reaktion war alles, was zählte, das war es, was wichtig war. Vielleicht – nein, sicher – hing ihr Leben davon ab. Diese wenigen Sekunden würden alles entscheiden. Auf wessen Seite würde er sich schlagen? Auf die seines so genannten »Freundes« oder auf ihre, die Seite der Liebe? Noch bevor sie angekommen war, hörte Colombine (leise, aber sie hörte es) Francks Lachen, das auf das Lachen von Big Max antwortete. »Sie sahen mich kommen und fingen an zu lachen und zu feixen – total blöd, wie man das so kennt. Ich habe ihm die Schlüssel auf ziemlich grobe Weise hingeknallt. Ich habe ihn mit sehr viel Zuneigung angesehen, aber ich war grob, denn das alles war mir peinlich. Und ihm ging es genauso. Ich gab ihm die Schlüssel auf eine Weise, so als wollte ich ihn nie wieder sehen, während mir ein entsetzliches Flakkern in den Augen stand. Ich fragte mich, ob das mit uns wohl weitergehen würde, ob es nach all dem wohl noch eine Zukunft geben könnte. Und die Art und Weise, wie ich ihm die Schlüssel gegeben habe, ohne Kuss, ohne alles, hat ihn ziemlich dumm dastehen lassen. Ich habe sie fallen lassen wie eine heiße Kartoffel, und da stand er dann mit seinen Schlüsseln wie ein Idiot, und ich bin weggegangen wie eine Idiotin. Später habe ich mir dann die Haare gerauft und mir gesagt: Jetzt hast du wieder einmal alles vermasselt, wie immer.« Es war zu Ende und sie hatte selbst Schuld, weil sie sich zu schnell abgewandt hatte. Wut und Verzweiflung. Dann machte sich plötzlich eine Ruhe in ihr breit. »Plötzlich war da so etwas wie Gleichgültigkeit. Ich kannte ihn doch gar nicht, das war das Problem.« Sie verstand, dass ihre Träume nichts als Märchengeschichten waren. Die Landung war hart, aber zweifellos heilsam. Und genauso plötzlich, wie die Ruhe gekommen war, setzte sich auch ein Bild in ihrem Kopf fest: Francks Blick. Sie ließ die Szene noch einmal vor ihrem inneren Auge Revue passieren und versuchte, sie objektiv zu analysieren. Es war merkwürdig festzustellen, wie widersprüchlich sie war. Francks Verhalten war gemein gewesen, aber auch sie selbst hatte auf ungeschickte und verletzende Weise reagiert. Und hatten ihre Augen im Geheimen, vor den Ohren von Big Max geschützt, nicht etwas ganz anderes gesagt? Sie hatte ihm ein »entsetzliches Flackern« zeigen wollen – hatte Franck dieses Flakkern gesehen? Ja! Nachdem sie die Szene wieder und wieder vor ihrem inneren Auge hatte ablaufen lassen, war sie schließlich überzeugt: Er hatte es gesehen und er hatte darauf geantwortet. »Da war ein Blick, der für mich sehr wichtig war. Daran erinnere ich mich noch.« Und es sollten weitere Morgen folgen.

Die Kraft des Ereignisses

Colombine war in einen Strudel hineingeraten. So ist das Leben. Große oder kleine Ereignisse packen uns ganz plötzlich und reißen uns mit. Das Ereignis ist ein Phänomen, das mit den normalen

Gewohnheiten bricht. Gerade weil es mit dem Gewöhnlichen bricht, erfasst es uns und reißt uns mit. Es gibt verschiedene Arten von Ereignissen: Freudige Ereignisse, aber öfter noch dramatische Ereignisse, die durch sämtliche Medien gehen und den gesamten Planeten bewegen; aber auch ganz kleine, sich im Verborgenen abspielende Revolutionen. Der Morgen danach gehört allem Anschein nach zum letzteren Typus, spielt sich diskret und im Privaten ab. Dennoch ist er für denjenigen, der ihn erlebt, kein Ereignis wie jedes andere und ist in seinen langfristigen Folgen zweifellos bedeutender als viele andere.

Das Grundprinzip des Ereignisses besteht darin, dass es einen mitreißt, weil es die Persönlichkeit spaltet. Während das alte Ich stillschweigend, als Rückversicherung, in seinen Gewohnheiten verwurzelt bleibt, versetzen einen die Wirkung einer Information, eine Erschütterung des Kontextes oder eine überraschende Interaktion ganz plötzlich anderswo hin. In der Regel, besonders im Fall von Medienereignissen oder solchen, an denen man nur als Zuschauer partizipiert, dauert dieser Prozess nur einen kurzen Moment, er ist wie ein Einschub, bevor dann das alte Ich genauso schnell wieder die Oberhand gewinnt, wie es in den Hintergrund getreten war. Werden die Dekontextualisierung und die Gespaltenheit der Identität hingegen von innen heraus erlebt, haben sie die Kraft, dauerhafte Veränderungen auszulösen. Dafür bedarf es keiner Skandale und keines Geschreis, es muss auch kein Blut fließen – es genügt, dass ein Koffer oder eine Zahnbürste woanders hingestellt wird, und schon verschwimmen die gewohnten Orientierungspunkte. Dennoch kommt es nur selten vor, dass eine Zahnbürste allein schon ein Ereignis auslöst. Trotz der Zartheit und Ausgeglichenheit des Morgens danach bedarf es einiger hervorstechender Elemente, die einen Bruch markieren und anzeigen, dass man sich hier in einem ganz speziellen Lebensabschnitt befindet und dass dieses Leben hier nicht das gewöhnliche Leben ist.

Nehmen wir das Beispiel von Agathe. Ganz offensichtlich wurde sie an ihrem Morgen danach mit John in ein Universum hineingeworfen, das ganz und gar nicht ihrem gewohnten entsprach. Eine kalte Dusche, die man nur im Hocken nehmen konnte, ein Wurstsandwich – sie fühlte sich, als wäre sie in einer verrückten Welt gelandet und würde dadurch selbst zu einer völlig anderen Person.

Und dann waren da noch tausend andere Kleinigkeiten, die den Effekt des Bruches noch verstärkten. Etwa die Präsenz eines Mitbewohners, der das Rollenspiel zusätzlich durcheinander brachte. »Gleichzeitig war es schon auch lustig, aber man kann nicht auf die gleiche Weise man selbst sein, lachen und so.« Dann diese harte Musik. »Und dann legt er nicht ein bisschen sanfte Musik auf, nein, er legt Techno auf!!! Huhuhuhu!!! Das geht ab! O.K., einverstanden.« An einem solchen Morgen ist es einfacher, sich auf eine noch so verwirrende Weise neu zu erfinden. Denn wie auf einer Party wird das Ich vom Schwung mitgerissen und zerreißt seine Ketten. Aber im Unterschied zu einer gewöhnlichen Party besteht die Gefahr, dass es später kein Zurück mehr gibt.

Manchmal ist das Ereignis sogar noch unscheinbarer oder aleatorischer. Ein lächerliches Sandkorn, das Revolutionen auslöst. Oder die dichte Aneinanderreihung von Situationen und Gefühlen, durch die sich schließlich ein neues Verhalten anbahnt. Weil ihre beste Freundin nach Amerika gefahren war, hatte Isa schließlich dem Druck Tristans nachgegeben, und es war der Gedanke an die gute Geschichte, die sie ihr würde erzählen können, der Ausschlag gebend dafür gewesen war, die Sache fortzusetzen. Doch in Wahrheit war sie sehr gespalten. Nicht nur, dass sich all ihre Sachen verzweifelt an ihr elterliches Zuhause klammerten – auch ihr altes Ich war in den Widerstand getreten. Mit der Tatsache, dass sie sich auf die Beziehung eingelassen hatte, fühlte sie sich mehr als ambivalent. Tristan hingegen machte vor lauter Aufregung und Ungeduld Luftsprünge. Dies führte dazu, dass er zu viel tat und einen Fehler beging, der für ihn fatal hätte enden können. Er fragte Isa wieder und wieder, ernsthaft und insistierend, ob sie ihn liebte. Sie antwortete ihm trocken und ebenso ernsthaft mit Nein. »Er stellte mir die ganze Zeit Fragen. Und als er mich fragte, ob ich in ihn verliebt sei, sagte ich nein. Ich fühlte mich ihm gegenüber ein wenig unaufrichtig, weil er in mich verliebt war, aber ich nicht unbedingt in ihn. Wahrscheinlich hat er die Tatsache, dass ich mit ihm ins Bett gegangen bin, so interpretiert, dass ich in ihn verliebt war, aber das war ich nicht. Vielleicht habe ich mich dafür geschämt.« Aber er war so nett, so sanft, so zärtlich an diesem Morgen danach, so rührend in seiner Hartnäckigkeit, und noch dazu so ungezwungen, dass sie ihrerseits auch spürte, wie sich in ihrem eigenen Verhalten der Knoten löste.

Angesichts seiner Freundlichkeit stiegen Gewissensbisse in ihr auf, weil sie ihm mit solcher Bestimmtheit, Heftigkeit und sogar Boshaftigkeit geantwortet hatte. Auch Mitleid stieg in ihr auf und vielleicht, wer weiß das schon, sogar Zuneigung. Damit er ihr verzieh, blieb sie den ganzen Tag lang mit ihm unter der Decke. Und auch für Isa und Tristan sollten noch viele weitere gemeinsame Morgen folgen.

Ein Morgen nach dem anderen

Der Morgen danach ist niemals ein isoliertes Ereignis. Manchmal beginnt er sehr plötzlich, aber er ist immer Teil einer Folge von Ereignissen. Im übrigen ist es ein wenig reduktionistisch (was man jedoch sein muss, wenn man die Dinge auf einfache Weise erklären will), vom Morgen danach im Singular zu reden. Denn meistens entscheidet sich eine Beziehung im Laufe mehrerer aufeinander folgender Morgen, die alle, wenn auch in abgeschwächter Form, die Besonderheiten des allerersten Morgens bewahren. Natürlich halten der zweite und dritte Morgen etwas weniger Überraschungen bereit. Andererseits kommt es aber genauso häufig zu Unentschlossenheiten und Klarstellungen. Es kommt sogar vor, dass anlässlich einer Veränderung der räumlichen Umgebung (der Entdeckung des Zuhauses des anderen) eine Art verspäteter Morgen danach auch noch Wochen nach der allerersten Liebesnacht erneut Überraschungen bereit hält. Kaum jemand denkt wie Gildas, dass sich alles an einem einzigen Morgen während des Frühstücks klären kann.

Der allererste Morgen danach ist gekennzeichnet von einem plötzlichen Bruch mit dem eigenen System von Gewohnheiten. Er ist Teil eines kaum definierten Anderswo, das von dem Ereignis animiert wird (vor allem dann, wenn es vorher, um es in Pierres Worten zu sagen, »keine Geschichte« gegeben hat). Die folgenden Morgen sind eher eine Art Schattierungen dieses allerersten Morgens, im Rahmen derer versucht wird, das Ende dieses Ereignisses vorzubereiten, die Rückkehr zur Normalität, die immer nur trügerisch sein kann, denn dafür ist nur dann Raum, wenn es zu einem Rückzug auf sich selbst kommt, also zu einem Morgen mit bösem Erwachen.

Wenn die Beziehungserfahrung hingegen ihren Fortgang nimmt, vollzieht sich die Rückkehr zu den stabileren Orienterungspunkten des gewöhnlichen Lebens gleichzeitig mit einer grundlegenden Identitätsveränderung. Denn noch während das Ich seine Orientierungspunkte wieder aufsucht, entdeckt es, dass diese sich verändert haben.

Dabei ist es äußerst erstaunlich, dass diese plötzliche Identitätsrevolution nur einen so schwachen Widerstand hervorruft. Es ist die Kraft des Ereignisses, die Magie der Identitätsspaltung: Das Individuum fühlt sich »wie in einem Film«, es hat das Gefühl, auf einer Parallelbühne eine Rolle zu spielen, die nicht sein wirkliches Leben ist. Doch ist es von diesem Spiel erst einmal gefesselt, genügt es, dass sich eins ans andere reiht, und schon gibt es kein Entrinnen mehr. Zu einer Liebesbeziehung kommt es nicht, weil der eine oder der andere sich dazu entschließt oder weil Amor seinen Pfeil abschießt. In den allermeisten Fällen geht sie aus dem Zusammentreffen verschiedener Umstände hervor, die zu der Begegnung geführt haben, und dann aus der Umgehung einer negativen Entscheidung: Zu einer Liebesbeziehung kommt es, weil man sich nicht trennt. Die folgenden Morgen sind immer ein Wechselbad aus Hochs und Tiefs, aus Überschwang und Zweifeln. Und die Zukunft der Beziehung entscheidet sich vor allem an den Tiefpunkten.

»Ich habe zu ihr gesagt: ›Wir telefonieren‹. Plötzlich steckst du in so einer Geschichte, in der man zu einander sagt ›Wir telefonieren‹, was aber eigentlich heißt ›Wir telefonieren nicht‹.« Gérard wusste nicht so recht, was er über seinen Morgen danach mit Monique denken sollte. Doch sie hat ihn angerufen. Und er hat sie wiedergesehen. Nun leben sie schon seit drei Jahren zusammen. »Ich weiß nicht, aber ich glaube, ich hätte sie nicht angerufen. Wenn du wieder bei dir zu Hause bist, siehst du eher die Probleme und lässt die Sache fallen, weil du keine Lust mehr hast, dich dafür ins Zeug zu legen.« Wenn einen hingegen das Ereignis mitreißt, zieht eine Geste die andere nach sich, ohne viel Zeit zum Nachdenken zu lassen, und eine Folge von Gefühlen und unerwarteten Nebensächlichkeiten wird zum Selbstläufer: Das Leben wird zu einem Strom, der einen mit sich zieht. Der Rückzug ins Alleinsein hingegen öffnet der kritischen Reflexion Tür und Tor, die über die Kraft verfügt, den Strom jederzeit zu stoppen. Das Beispiel von Vincent ist hier besonders eindrücklich. Seit dem Aufwachen hatte er nur Ärger und Verdruss erlebt – erst diese verdammten Tiere, dann das griesgrämige Schweigen von Aglaé. Nicht der kleinste Strahl von Glück. Und dennoch schien das alles einfach über ihn hinweg zu ziehen und nicht die geringste Spur zu hinterlassen. Er spürte eine Ruhe in sich, die kein Wässerchen trüben konnte, wartete einfach die weitere Folge der Ereignisse und kleinen Dramen ab, wild entschlossen, die Prüfungen zu bestehen. Ihre Geschichte hätte so weitergehen können, in einer Art Kontinuität, die trotz aller Enttäuschungen unaufhaltsam ihre Logik entfaltete. Vincent schlug verschiedene Aktivitäten für den Tag vor, um den schwierigen Übergang von der Nacht zum Tag mit Tätigkeiten zu füllen. Aglaé lehnte ab. »Aber auf nette Art. Sie sagte: Ich ruf dich heute Abend an.« Unter dem Druck der konkreten Situation hätte sich Vincent wohl einfach vom Gang der Dinge mitreißen lassen. Als er dann jedoch wieder bei sich zu Hause war, kamen ihm Zweifel. All das Negative, das er zunächst gar nicht richtig wahrgenommen hatte, tauchte in ungeordneter Reihenfolge wieder in seinen Gedanken auf: der Van Gogh und die Kuhmilch, die mürrische Schweigsamkeit und die Spinnen. Und würde sie überhaupt anrufen? Er würde auf jeden Fall *nicht* anrufen! Aber sie rief an. Er entschuldigte sich: Er würde diesen Abend lieber zu Hause bleiben. Er musste sich über die Dinge Klarheit verschaffen. Aber, um ehrlich zu sein, gelang ihm das nicht. Und des geistigen Kleinkriegs überdrüssig, sah er Aglaé am übernächsten Tag dann doch wieder und verbrachte erneut eine Nacht und einen Morgen mit ihr, die beide unter besten Bedingungen abliefen. Seit drei Jahren leben sie zusammen, und dabei hätte Vincent doch beinahe den Bruch heraufbeschworen.

Die Gefühle tragen offensichtlich sehr dazu bei, die Sache nicht bei der ersten Schwierigkeit fallen zu lassen, vor allem, wenn sie grundsätzlicher, abstrakter und von einer konkreten Erfahrung losgelöster Natur sind. Etwas davon lag sicherlich in seiner eigensinnigen Hartnäckigkeit, aber gegenüber der kritischen Reflexion sind die Gefühle schutzlos, wenn ihr nicht durch den Fluss der Dinge der Stachel genommen wird – aktive Wiederbelebungen, die die Tiefpunkte und Momente des Zweifelns vergessen machen. Drei aufeinander folgende Morgen lang war Colombine zwischen (sehr hohen) Hochs und (sehr tiefen) Tiefs hin- und hergerissen. Der Stress am

Abend, dann der asiatische Zauber des einsamen Morgens, dann die plötzliche Angst aufgrund der Schönheitsprodukte, die durch den Anblick des Schlüsselbundes schnell wieder vertrieben wurde, und schließlich die dramatische Szene mit Big Max, das Wiedersehen am Abend, der freudige Taumel der Nacht (mit dem Nacktspaziergang in der Stadt). Ein Beobachter (den es nicht gab) hätte denken können, dass es nach all diesen starken, gegensätzlichen Gefühlen, nach der Euphorie und dem Lachen der vorhergehenden Nacht, am zweiten Morgen zu einem gelasseneren Aufwachen und einer Stabilisierung des neuen partnerschaftlichen Bezugssystems kommen würde. Das hatte wohl auch Colombine gedacht. Nun erschien ihr aber Franck auf unangenehme Weise kühl, distanziert und unnahbar. Das lag zweifellos daran, dass er spürte, dass sich der Prozess der Paarbildung in Gang gesetzt hatte, und dass er nachdenken wollte. »Er zeigte mir gegenüber überhaupt keine Gefühle. Ich sagte mir: Es war also doch nur für eine Nacht. Er hat Zweifel.« Weil sie ihre Überraschung und ihre Ungeduld nicht verbergen konnte, löste Colombine die heftige Krise aus, von der wir bereits berichtet haben, und sprang, immer noch nackt, »wie ein Floh« von einer Ecke in die andere. Sie stürzte die Treppe hinunter, öffnete die Küchentür und fand sich im Angesicht der verblüfften Familie wieder. An diesem neuen Tiefpunkt hatte Colombine das Gefühl, ganz, ganz tief gefallen zu sein. In diesem Augenblick wäre sie am liebsten aus diesem Haus und auch aus Francks Leben verschwunden, hätte am liebsten alles hinter sich gelassen. Aber das wagte sie nicht. Statt dessen musste sie mit seinen Eltern frühstücken, die sich bemühten, so zu tun, als hätten sie nichts gesehen. Der Tag »ging schlecht weiter«. Aber er ging weiter und zog sich, mehr schlecht als recht, bis zur folgenden Nacht hin. Die so sehr ersehnte Ruhe und das glückliche Ende kamen dann mit dem dritten Morgen, in der Gewöhnlichkeit ihrer Kommunikation, in der sich still und leise grundlegende Evidenzen breit machten: »Ist das Schoko-Croissant gut?« »Ja, es ist lecker.«

Wie Vincent, so kam auch Colombine der rote Faden der Geschichte zu Hilfe, die sie unbedingt erzählen wollte. Einmal abgesehen von den Momenten, in denen sie die schlimmsten Tiefpunkte durchlebte, hatte sie diesen Faden, um sich daran festzuhalten. Aber so funktioniert das nicht immer. Denn die narrative Fortsetzung einer Lebensgeschichte wird heute zunehmend der tatsächlichen Erfahrung untergeordnet. Warum sollte man an einer Geschichte weiterspinnen, die einen doch in schmerzhafte Fallen führen könnte? Bevor man seiner Phantasie freien Lauf lässt und sich alle möglichen Geschichten ausmalt, sollte man lieber vorher schon wissen, auf welches Terrain man sich begibt – so lautet einer der Grundsätze der Moderne. Doch am Morgen danach werden die Orientierungspunkte damit nur noch unsicherer. Und die weiteren Ereignisse werden noch entscheidender. So hatte beispielsweise Virginie keine Geschichte, die sie sich in Bezug auf Léopold, genannt »Mister Brummbär«, hätte erzählen können – er hatte sich geweigert, nach der Liebe den Schlafsack mit ihr zu teilen. Sie hatte diese Sache mit ihm für die restlichen Ferientage nur aus dem einen Grund fortgeführt, dass alle ihre Freundinnen einen Freund hatten, nur sie nicht. Es ging vor allem darum, gut dazustehen. Und Léopold hatte anscheinend auch keine Fortschritte gemacht (die Szene mit dem Schlafsack wiederholte sich in der zweiten Nacht). Und doch sollten einige kleine Details festgehalten werden: Am Ende der Ferien war er ein klein bisschen weniger brummbärig als zu Beginn und sie hatte ihn ein klein wenig besser kennen gelernt. Als sie wieder zurück in einer völlig anderen Welt waren, bot sich die Gelegenheit, ihn wiederzusehen. Nachdem sie zunächst gezögert hatte, vertrieben diese kleinen positiven Veränderungen (und noch immer die Angst, allein zu bleiben) ihre Zweifel. Die weiteren Ereignisse waren vollkommen konfus, und irgendetwas völlig Unbedeutendes hatte gereicht, um die Geschichte wieder in Gang zu setzen. Diesmal machten sie eine Erfahrung, die weit von den sommerlichen Szenen entfernt war – ihren ersten wirklichen Morgen danach (sie bezeichnet ihn übrigens in ihrer Erzählung immer wieder so). Wenn ihr ganz am Anfang, im Sommer, jemand gesagt hätte, dass sie ein langes Stück ihres Lebenswegs mit dieser erbärmlichen Person zurücklegen würde, dann hätte sie das niemals geglaubt. Sie ließ einfach mit einer endlosen Geduld einen Morgen auf den nächsten folgen, und so geriet sie ganz von selbst auf die partnerschaftliche Flugbahn.

Die Spaltung der Identität am Morgen danach findet auf mehreren Ebenen statt. Da ist zunächst die einfache Gespaltenheit zwischen dem alten Ich und der möglichen neuen Identität, die sich gerade in der Erprobung befindet. Doch auch letztere spaltet sich nochmals in zwei verschiedenen Komponenten auf: die Sozialisationskraft des Ereignisses, das einen mitreißt, und das eher subjektive Umschreiben der eigenen Lebensgeschichte. Oder, um es mit anderen Worten zu sagen, die Äußerlichkeit der Tatsachen, die einen überraschen und sich einem in ihrer mitreißenden Dynamik aufdrängen, und die eher innere, ständige Reflexionsarbeit über das, was das Leben ist und wohin es führt. Diese beiden Elemente laufen parallel ab – mal ist das eine intensiver, mal das andere (mal ist die identitäre Umwälzung nur ein einfacher Effekt des Kontextes, mal resultiert sie aus der Geschichte, die man sich erzählt), jedoch kommt es oft zu Wechselwirkungen zwischen beiden. Wir haben gesehen, wie die Eigendynamik der Ereignisse aussehen kann. Um das richtige Gleichgewicht zu bewahren, sollen nun noch einige Worte zu der Reflexions- und Narrationsarbeit der Selbstkonstruktion gesagt werden.

Die Geschichte des eigenen Liebeslebens ist eine Erzählung, die im Nachhinein rekonstruiert wird (und in der man sich oft sehr viel Freiheit im Umgang mit den Fakten nimmt). Mitten im aktuellen Handeln jedoch benötigen die Akteure unbedingt narrative Anhaltspunkte. Deshalb sind sie pausenlos dabei, Möglichkeiten zu entwerfen, wie die Geschichte enden könnte, und dieses Ende dann wieder umzuschreiben, so dass es danach schnell wieder in Vergessenheit gerät. Der rote Faden wird nicht nur nach dem Aufwachen wieder aufgenommen, sondern nach jedem kleinen Mikro-Ereignis oder auch nach einem überraschenden Gedanken, einem Zweifel. »Den roten Faden wieder aufnehmen« ist übrigens eine Formulierung, die zu viel Klarheit vorgibt und damit irreführend sein könnte. Denn die Erzählung hat eher die Form eines Zopfes, in dem eine unendliche Zahl von Fäden (oder auch nur Fadenstücken) zusammengeflochten werden, von denen jeder seine Besonderheit hat und auf einen ganz speziellen biografischen Aspekt verweist. Innerhalb der Gesamtgeschichte werden manche Geschichten als

Sequenzen erzählt, zwischen denen lange kognitive Schlafphasen liegen können, andere bestehen nur aus einer einzigen Episode.

Nehmen wir noch einmal das Beispiel von Vincent an seinem ersten Morgen danach mit Aglaé. Seine Sorge galt vor allem dem Versuch, innerhalb dieses plötzlichen Kontextwechsels vom Städtischen zum Ländlichen wieder an irgendetwas anknüpfen zu können; er musste das Muhen der Kühe und den Geschmack der Milch erst verarbeiten und sich einen neuen sinnhaften Weg durch diese fremde Welt bahnen. Doch zugleich beschäftigten noch tausend andere Dinge seinen Geist, wenn auch manchmal nur für einen kurzen Moment. So war er zunächst ins Badezimmer gegangen, ohne sich groß Gedanken zu machen, so wie er es auch zu Hause tat, und hatte sich darauf beschränkt, sich eine Unterhose überzustreifen. Dadurch, dass er seine gewohnten Gesten reproduzierte, hatte er sich ganz von selbst mit den Örtlichkeiten vertraut gemacht und die Geschichte lief bis dahin völlig reibungslos ab. Dann sah er das Fenster. Und vor seinem inneren Auge spielte sich ein Horrorszenario ab, dass ihn dazu zwang, eine Kehrtwendung zu machen und seinen Gang ins Badezimmer ein zweites Mal auf andere Weise zu starten. »In diesem Moment fielen mir die Eltern ein, ob sie wohl da waren oder nicht. Also habe ich, um ins Badezimmer zu gehen, meine Jeans und ein T-Shirt angezogen, denn ich dachte mir: Wenn ich ihnen über den Weg laufe, würde ich mich in Unterhosen unwohl fühlen. Sogar angezogen würde ich mich unwohl fühlen, aber in Unterhosen – ich würde es nicht wagen, ihnen noch einmal unter die Augen zu treten!« Neue Personen waren auf die Bühne getreten, die er beim Entwurf der weiteren Erzählfolge berücksichtigen musste. Wäre das Fenster nicht gewesen, wären diese Personen bei einer anderen Gelegenheit auf den Plan getreten, denn sie waren nicht zu umgehen. Andere hingegen tauchen aus einem völlig überraschenden Zufall heraus auf und können zu Phantastereien führen, die von den augenblicklichen Problemen sehr weit entfernt sind. Dann fransen die Fäden der Geschichte aus. Da war zum Beispiel seine Pflegemutter – warum ging sie ihm an diesem Morgen danach einfach nicht aus dem Sinn? Zu diesem unaufhaltsamen Sprung in seine Kindheit war es gekommen, als er die Spinnen an den Balken gesehen hatte. »An der Decke ihres Schlafzimmers waren kleine Balken. Ich habe schreckliche Angst vor Spinnen, also schaute ich zu ihnen hoch. Als ich ein kleiner Junge war, war ich immer bei einer Pflegemutter auf dem Land, und dort hatte es auch Spinnen an den Balken. Also schaute ich zu allererst zu den Balken hoch. Sie hat das nicht bemerkt.« Er hatte geglaubt, er hätte diese Kindheit vergessen, diese Angst, diese Spinnen, diese andere ländliche Gegend mit denselben Kühen. Seltsamerweise vermittelte ihm dieser Flash-Back das Gefühl, nach langer Zeit wieder an einen logischen Faden seines Familienlebens anzuknüpfen. Balken für Balken bekam seine Geschichte einen Sinn. Er verweilte übertrieben lange bei diesem Traum. Eigentlich waren das ländliche Szenario und die Spinnen die einzige Verbindung zu damals. Diese Szene aus seiner Kindheit gab ihm nicht das geringste sinnvolle Instrument an die Hand, mit Hilfe dessen er an diesem Morgen danach, mit oder ohne Aglaé, seinen narrativen Faden hätte weiterspinnen können. Es wollte ihm einfach nicht gelingen, richtig nachzudenken, seine Gedanken verloren sich in seinen Träumen. Als er am Abend wieder zu Hause war, zog er es vor, sich nicht mehr mit Aglaé zu treffen, um sich zunächst über ein paar Dinge klar zu werden. »Ich habe darüber nachgedacht, ob es gut war oder schlecht, was wir gemacht hatten. Ob es die richtige Entscheidung war oder nicht.« Aber die losen Enden seiner Geschichten und seiner Reflexion führten ihn völlig hoffnungslos in alle möglichen Richtungen. Kaum hatte er das Gefühl, nun einen Erzählstrang gefunden zu haben, löste sich das, was in Wahrheit nur eine vage Spur war, schon wieder in Luft auf.

Plötzlich beginnende Beziehungsflugbahnen

So, wie Beziehungen früher waren, hatten sie etwas mental Erholsames; war es erst einmal zur Initialzündung gekommen, musste man sich nur noch vom logischen Lauf der Liebesdinge treiben lassen. Der Morgen nach dem ersten Mal markierte nur eine neue Etappe. Heute tut sich ein wahrer Abgrund an Fragen auf. Hierin besteht die hauptsächliche Veränderung. Hinzu kommt eine zweite, die mit der ersten zusammenhängt: Oft beginnen Flugbahnen des Beziehungslebens ganz plötzlich und unerwartet, ohne lange oder langsame Vorbereitung. Natürlich ist das nicht immer so. Manchmal kennen sich die beiden Partner auch schon vorher. Aber wenn die

Geschichte im Nachhinein neu geschrieben wird, wird oft vergessen, darauf hinzuweisen, dass sie sich ihre gegenseitige Liebe noch nicht gestanden hatten. Im Gegensatz zu früher ist es heute eher selten, dass bereits vorher eine formelle Bindung eingegangen worden ist. Die erste gemeinsame Nacht und der Morgen danach haben dann den Charakter von Tests, die die eingegangene Bindung bekräftigen und den unbestreitbaren Beginn der Beziehung bestätigen. Also selbst innerhalb dieser Modalitäten ist der Morgen danach von entscheidender Bedeutung.

Innerhalb der Vielfalt von Möglichkeiten, wie es zu einem ersten Morgen danach kommen kann, schält sich eine Art Reinform plötzlich beginnender Beziehungsflugbahnen heraus, die zwar nicht für alle gültig ist und sich auch nicht als Allgemeinmodell für alle Beziehungskandidaten eignet, die aber für eine radikal neue Form des Beziehungsbeginns steht. Agathe ist schon eine Art alter Hase: »Es war niemals vorher geplant – der Akt als solcher nicht, also auch nicht der Morgen danach.« Der Ausgangspunkt war eine zufällige Begegnung und ein sexuelles Verlangen, und das führte dann entweder zu einem Morgen mit bösem Erwachen oder zu einem Morgen voller Zauber, zum sofortigen Ende der Geschichte oder zu unzähligen weiteren Morgen. Heißt das, dass Sex heute alles bestimmend ist und Gefühle erst an zweiter Stelle kommen? Teilweise ja, denn Sex spielt zweifellos heute oft die Rolle des Auslösers einer Erfahrung. Aber alleine ist er nur wenig wirksam, er entfaltet nur dann seine ganze Kraft, wenn er Teil eines Ereignisses, eines Bruches mit dem Gewöhnlichen ist. Das Begehren ist so etwas wie eine Energie, die nur in Kontexten wirksam werden kann, die ihrer Umsetzung förderlich sind. Sex ist also ein Auslöser von Beziehungserfahrungen, benötigt aber seinerseits selbst auch einen Auslöser. Einige der von uns befragten Personen haben von einem »Aufbrechen« am Abend zuvor gesprochen. Ein Aufbrechen von Gefühlen? Ein Aufbrechen von sexuellem Verlangen? Nicht ganz. Eher ein Bruch mit den Gewohnheiten und eine ereignishafte Dynamik, die einen mitreißt. Mit der begrenzten Stichprobe im Rahmen einer qualitativen Methode lassen sich keine statistischen Berechnungen anstellen. Aber es lässt sich auch nicht übersehen, dass eine deutliche Mehrheit der von uns Befragten (ungefähr drei Viertel) von einer »Party« am vorausgehenden Abend berichtet hat – entweder von einer richtigen

Party unter Freunden oder es wurde auf intimere Art und Weise, belebt von Alkohol und anderen Stimuli, »Party gemacht«. Die Spaltung der Identität beginnt genau hier, schon am Vorabend, im Gleichklang mit dem Verlauf der Party. Hier sind wir nun also ziemlich weit entfernt von dem romantischen Bild vom Beginn einer Liebe.

Die Party ist nicht das Ergebnis einer Verschiebung, ein Substitut für eine Begegnung, die auf keinem anderen legitimen Wege zustande kommen könnte, sondern sie ist zu einem wesentlichen konstitutiven Element des Beziehungsbeginns geworden: Durch die Gespaltenheit, die sie auslöst, kommt es am nächsten Morgen unausweichlich zur Offenbarung neuer Wahrheiten. »Da wir am Vorabend Party gemacht hatten, hätte es sich am nächsten Morgen auch völlig falsch anfühlen können. Aber es war das genaue Gegenteil. Das war für mich sehr viel sagend« (Vincent). Manchmal genügen etwas laute Musik und ein paar Gläser, um sich von der Partystimmung davontragen zu lassen. Andere Dekontextualisierungen können übrigens zu noch stärkeren Brüchen beitragen. Zum Beispiel sommerliche Stimmung und Urlaubsleichtsinn. »Es war in den Ferien, und es war auch irgendwie logisch, dass es passierte, denn Ferien heißt Party machen« (Isa – es handelt sich hier aber nicht um Tristan). Auch Camping, das den großen Vorteil bietet, einen neutralen örtlichen Rahmen zu bieten, wurde mehrmals angesprochen. Sophie zum Beispiel, die ansonsten einen Morgen mit bösem Erwachen nach dem anderen erlebt hat, behält das Aufwachen mit Sébastian in dem spielerischen Umfeld (abendliches Hammelspießbraten mit Zelten) jenseits der üblichen Räumlichkeiten in bester Erinnerung. »Das war lustig und hat uns abgelenkt.« Alban hat daraus sogar einen Grundsatz gemacht. »Für mich findet das fast immer im Zelt statt – so ist das nun mal bei mir.« Und was Virginie betrifft, so wäre es ohne das Campen nie zu der Beziehung mit Léopold gekommen. »Da ist nichts Persönliches, man ist total sorglos und sagt sich nur: Der Sommer fängt ja gut an! Da denkt man noch nicht an Beziehung.« Gerade weil man weniger an eine (dauerhafte) Bindung denkt, kann man sich leichter auf eine Beziehung einlassen.

Urlaub, Party. Und Freunde. Sie sind für den Beginn einer Beziehung quasi unverzichtbar (zu zweit lässt sich nur schwer eine Party feiern); die Beziehung entsteht aus der Gruppe heraus. Also passiert es manchmal auch, dass die Freunde am Morgen immer noch da sind. Das ist, im Gegensatz zur Präsenz der Familie, nicht immer unbedingt problematisch. Denn die aufgekratzte Fröhlichkeit eines Freundeskreises kann die Schwierigkeiten der Zweisamkeit und der Neudefinition des Selbst auflösen. »Das Frühstück war ein einziger Spaß.« Alban erinnert sich an seinen Morgen danach mit Yasmine: Das Eintauchen in den Freundeskreis hatte sie von Spannungen und Unbehagen befreit. »Nach dem Aufwachen sind wir gleich wieder zu unseren Freunden gegangen. Man nimmt dich auf den Arm, aber aus Spaß, es ist nett gemeint.« Die Probleme, die es zwischen ihnen beiden zu lösen gab, wurden erst mal zurückgestellt. »Das war kein Frühstück zu zweit. Es gibt Dinge, die gehören in die Beziehung, und Dinge, die gehören in die Gruppe. Und in diesem Fall wollten wir uns wieder unseren Freunden anschließen. Das war eine Situation, in der der Sache zwischen uns die Schwere genommen wurde.« Schaut man jedoch genauer hin, dann verstärkt die Gruppe den ereignishaften Bruch nur noch mehr. »An einem solchen Wochenende mit Freunden vergisst du deine alten Gewohnheiten. Das ist nicht die übliche Routine. Es soll ja gerade etwas anderes sein. Du suchst nicht nach der Sicherheit deiner Gewohnheiten. Allein schon die Tatsache, dass du am Morgen mit deinen Freunden zusammen bist, ist etwas völlig Anderes als das Gewohnte« (Alban). Die Gruppe intensiviert das Ereignis und verschiebt die Neuformulierung eines neuen, stabilisierten Ichs auf später. Ziemlich oft verstärkt die Gruppe auch die Attraktivität des anderen, indem sie Beziehung zur Norm macht (Le Gall, 1997): Ohne ihre Freundinnen hätte Virginie Léopold niemals kennen gelernt. Am Morgen danach war ihr sogar der Blick eines Freundes wichtiger als der ihres nächtlichen Partners. »Ich wollte nicht, dass er zu Léopold sagte, er gehe mit einer albernen Gans.« Die Gruppe ist also eine Art Katalysator der Begegnung. Diese verstärkende Rolle spielt sie jedoch nur ganz zu Beginn. Später wird sie zu einem komplexitätssteigernden Faktor der Neudefinition des Ichs. Tatsächlich muss man mit den alten Beziehungen brechen oder sie neu definieren, wenn man die Flugbahn einer Beziehung einschlägt (Berger, Kellner, 1988). Wenn sich der Morgen danach vor Publikum abspielt, tritt dieses Problem sehr viel schneller auf, aber wenn es dem jungen Paar gelingt, damit fertigzuwerden, spielt die Gruppe, indem sie die Verbindung offiziell anerkennt, weiterhin eine die Beziehung bestätigende Rolle. »Was sollten wir den anderen sagen? Darüber haben wir beim Frühstück gesprochen. Wir hatten keine andere Wahl: Wir waren von Leuten weggegangen, die wir am nächsten Tag wieder treffen würden« (Boris). Aber die Neudefinition der Identitäten und der Beziehungen zwischen dem Paar und der Gruppe geht nur selten so glatt und so schnell vonstatten. In der Regel versuchen beide Partner, ihre alten Freundschaftsbeziehungen zu halten, Teil derer ihr altes Ich ist und Widerstand leistet. Was die Begegnung der beiden Partner zunächst begünstigte, bremst die beiden nun eher, wenn es darum geht, eine richtige Beziehung einzugehen. »Ich habe mich gefragt, wie ich das Leben in einer Beziehung mit meinen Kumpels und dem allem würde vereinbaren können. Ich würde nicht mehr alleine auftreten, sondern ständig im Zweierpack. Das war das erste Hindernis, die Situation mit meinen Freunden, wie es in den Augen der anderen wäre. Schließlich verlierst du einen Teil deiner Individualität, wenn du dich mit jemandem zusammentust, das ist klar, du verlierst an Persönlichkeit. Du hast nicht mehr die gleiche Kraft, die gleiche Wirkung.« Tristan brauchte die Gruppendynamik nicht, um die ersten Schritte in Richtung Beziehung zu machen, er war seinen Weg alleine gegangen. Seine Freunde gingen ihm erst später (und in negativer Weise) nicht mehr aus dem Kopf. »Wie würde ich es anstellen, dass meine Freunde nicht finden würden, ich hätte mich verändert? Das war meine größte Angst.«

Die kleinen »Frisierarbeiten« an der Liebe

Die Reinform der plötzlich beginnenden Beziehungsflugbahn, die ohne Vorgeschichte bei einer Party und unter Alkoholeinfluss beginnt, macht nicht viel her – sie entspricht wohl kaum den romantischen Vorstellungen, die man sich von der Liebe macht. In den später umgeschriebenen Beziehungsgeschichten wird sie deshalb taktvoll in eine Geschichte gehüllt, die eher der herrschenden Norm entspricht; der Abend ist nur eine Episode von vielen.

In der Regel ist der Morgen nach dem ersten Mal der Beginn einer Folge von weiteren Morgen, im Rahmen derer die Beziehung und die Gefühle Schritt für Schritt Gestalt annehmen. Eine gängige Methode des nachträglichen Umschreibens der Biografie besteht darin, spätere Begebenheiten aufzuwerten. Das auslösende Ereignis (Party – Nacht – Morgen) gerät zwar nicht vollständig in Vergessenheit, aber es löst sich auf in einem Gesamtzusammenhang, der ihm *nachträglich* seine Bedeutung zuweist, was so weit gehen kann, dass es schließlich nur noch den Status einer marginalen Anekdote hat. Virginie zum Beispiel, die sich nicht zweimal bitten lässt, wenn es darum geht, (lachend) von der Camping-Geschichte zu erzählen, neigt dennoch dazu, ihre Geschichte so zu erzählen, dass der wahre Beginn ihrer Beziehung zu Léopold eher auf den Herbst verlegt wird. Des öfteren betitelt sie sogar jenen Morgen als »Morgen nach dem ersten Mal«, an dem sie im Badezimmer diesen Zauber erlebt hat, Wochen nach ihrem eher bösen ersten gemeinsamen Erwachen. Auf genau dieselbe Weise teilt auch Charles-Antoine sein Abenteuer mit »der Holländerin« in zwei Teile. Der Sommer wird ganz bewusst der Seite des Spielerischen und Unbedeutenden zugeschlagen. »Das war etwas sehr Oberflächliches. Wir haben dieses Abenteuer am Anfang eher als Spaß verstanden.« Was dazu geführt hat, dass er, mehr noch als Virginie, all das aus seinem Gedächtnis verbannt hat. Jedes Mal, wenn er von »dem Morgen nach dem ersten Mal« redet, spricht er eigentlich von einem Morgen, der sich Monate später mit der Holländerin abgespielt hat und der in Wahrheit ungefähr der zehnte oder zwölfte Morgen war. Mehr noch: Es gelingt ihm sogar, seine Geschichte so zu erzählen, als ob alles erst im Herbst über ihre Liebesbriefe begonnen hätte und sie sich nicht schon im Sommer begegnet wären. »Wir waren beide ein wenig überrascht. Indem wir uns geschrieben und indem wir telefoniert haben, haben wir entdeckt, dass wir Interesse aneinander hatten und Lust hatten, uns wiederzusehen.« Sicherlich wurde die gegenseitige Anziehungskraft durch das Spiel mit der Distanz wiederbelebt, und über ihre Briefe ist etwas zwischen ihnen geschehen. Aber ohne die Party, das Campen, den Sommer, die so schnell in Vergessenheit geraten sind, wäre gar nichts passiert.

Die entscheidende Rolle des Ereignisses lässt sich noch leichter vertuschen, wenn die Geschichte schon vorher begonnen hat und es somit möglich ist, die Erzählung auf die eine oder andere Weise an einem weiter zurückliegenden Zeitpunkt beginnen zu lassen. Das ist übrigens auch der häufigste Fall – plötzlich beginnende Beziehungsflugbahnen, die völlig unerwartet zwischen zwei vollkommen Unbekannten beginnen, sind nach wie vor eher die Ausnahme. Es wird dann deutlich einfacher, für den Interviewer eine Liebesgeschichte zusammenzubasteln, die nahe an die herrschende Norm herankommt. Dafür gilt es, lediglich zwei hauptsächliche Manipulationen vorzunehmen. Zunächst wird die Beziehung, wie sie vor dem Ereignis war, uminterpretiert. Oft war sie rein freundschaftlicher Natur oder gar nur eine Bekanntschaft, im Höchstfall hatte einer von beiden ein sexuelles Interesse oder spielte heimlich mit dem Gedanken an eine Liebesbeziehung. Im Rückblick werden dann aus Möglichkeiten ganz schnell Sicherheiten, aus Bekanntschaft wird Komplizenschaft. Und ohne in Bezug auf die Vergangenheit wirklich zu schummeln, ist es möglich, geschickt mit den Uneindeutigkeiten und Ambiguitäten der Verallgemeinerung umzugehen. »Wir kannten uns schon sehr lange« (Alban). Zweite Manipulation: Das auslösende Ereignis wird auf den Rang einer Randerscheinung zurückgestuft, auf den Rang einer einfachen Episode innerhalb eines quasi unausweichlichen Verlaufs. Dem ist nun aber nicht so. Bekanntschaft oder Freundschaft sind begünstigende Faktoren, aber sie schaffen nicht automatisch die Bedingungen für eine Liebesbeziehung. Damit Sex zu einer reinen Etappe wird, bedarf es eines wirklichen, expliziten und beidseitigen Sich-Einlassens auf die Liebesbeziehung. Dieses Modell der Paarbildung ist nun aber eher die Ausnahme geworden – auf jeden Fall ist es sogar noch seltener als die plötzlich beginnende Beziehungsflugbahn, die Nacht aus heiterem Himmel.

Boris war ganz eindeutig verliebt. Dennoch beginnt er seine Erzählung mit einer offensichtlichen Scheinheiligkeit. »Wir haben uns schon vorher oft getroffen; jener Morgen war nur eine Bestätigung.« Sicher, seit drei Monaten sahen sie sich regelmäßig, aber der Morgen konnte für Prudence keine »Bestätigung« sein, denn sie war nicht verliebt. Sie hatte niemals irgendetwas in diese Richtung gesagt, hatte nicht die geringste viel sagende Geste gemacht, sie hatten sich nie geküsst. Und da Boris auch niemals irgendetwas gesagt hatte, wusste nur er, dass er verliebt war. Er war für Prudence zum Vertrauten und zur psychologischen Stütze geworden, nachdem sie das Ende einer Beziehung erlebt hatte und sich nicht damit abfinden konnte. »Im Grunde hoffte ich, dass das dieser anderen Geschichte ein Ende setzen würde.« Boris ist sehr lakonisch, wenn er auf die Party zu sprechen kommt. »Und nach dem Fest haben wir dann schließlich die Nacht zusammen bei ihr verbracht.« Es lässt tief blicken, dass er nur dann so diskret über die Party spricht, wenn er seine Liebesgeschichte erzählt (denn an anderen Punkten des Interviews erzählt er sehr detailliert, wie feucht-fröhlich die Party war). Doch nichts beweist, dass sich ihre Geschichte, um es mit seinen Worten zu sagen, »konkretisiert« hätte, wenn da nicht diese Gelegenheit gekommen wäre. »Ich hatte schon dieses Stückchen einer gemeinsamen Geschichte und da konkretisierte es sich dann.« Doch er ist zumindest so ehrlich, von einem »Stückchen« und im Singular zu sprechen. Denn er erlebte das ganz allein, und es war nur ein ganz kleines Stückchen, das niemals aus dem Stadium eines Traumes herausgewachsen war.

Die Erzählung variiert je nach der Erzählperspektive; Boris macht kein Geheimnis aus dem Alkoholgenuss, wenn er ganz konkret von seinem Morgen danach berichtet, aber er vergisst ihn, wenn er von seiner Liebesgeschichte erzählt. Auch Vincent ist in diesem Punkt nicht ehrlich. Er, der mit einer solchen Präzision von jenem Morgen berichtet und mit bemerkenswerter Beobachtungsgenauigkeit noch von den kleinsten Details erzählt, wird ziemlich vage, um nicht zu sagen manipulatorisch, wenn er in einer langfristigen Perspektive von seiner Liebesgeschichte spricht. »Langfristig« ist hier sehr relativ und bezieht sich nur auf die kurze Dauer eines Morgens: Sie kennen sich seit zwei Wochen. Dabei ist »sich kennen« ein großes Wort, dem eine gewisse Ambiguität innewohnt. Und Vincent gibt das im übrigen auch zu: »Wir kannten uns seit zwei Wochen, aber wir kannten uns nicht sehr gut.« Deutlich weniger ehrlich ist er, wenn er daraus schließt: »In einem gewissem Sinne ist man da ja schon eine Bindung eingegangen.« Aber da war keine Verbindlichkeit, keine eindeutige Erklärung. Nur eine Annäherung und die von beiden empfundene Möglichkeit einer Intensivierung der Beziehung (die möglicherweise auch auf die sexuelle Ebenen hätte beschränkt bleiben können). Am Vorabend war er zu ihr gekommen und sie waren zunächst in ihren strikt freundschaftlichen Rollen verharrt. Auch in ihrem Fall hatte es einer Party bedurft, um die Sache in Gang zu bringen, und auch in ihrem Fall einer so feucht-fröhlichen Party, dass Aglaé am nächsten Morgen einen schrecklichen Kater hatte. Genau wie Boris hatte auch Vincent nur sein »Stückchen gemeinsamer Geschichte« in der Hand. Und wie er neigt er dazu, diesem Stückchen im Nachhinein mehr Bedeutung und mehr Eindeutigkeit zu verleihen, als es im Augenblick des Geschehens hatte.

Das letzte Beispiel für solche kleinen »Frisierarbeiten« an seiner Liebesgeschichte ist Alban. An seinem Beispiel lässt sich noch besser verstehen, wie die Verzerrung oder besser Verpackung der Fakten wirkt. Denn das Interview mit ihm teilt sich ganz deutlich in zwei sehr heterogene Argumentationslinien auf, ohne dass man ihn in flagranti beim Lügen ertappen würde. Diese Glanzleistung gelingt ihm, indem er verschiedene Analyseebenen miteinander vermischt. Das ist übrigens oft die Art und Weise, wie es beim Erzählen von Liebesgeschichten gelingt, eine Illusion zu erzeugen, ohne wirklich die Realität zu verraten. Da ist erstens seine allgemeine Theorie: Kein Sex ohne Liebe. Er ist gegen One-night-Stands (das ist ihm zwar schon passiert, aber es war ein Fehler, »unter dem Einfluss von Alkohol«). Die Liebe hingegen muss Liebe bleiben, man muss die Gefühle erst sich entwickeln lassen und mit der sexuellen Erfahrung warten, bis man wirklich entschlossen ist, sich auf die Beziehung einzulassen. Seine Ausführungen zu diesem Thema finden kein Ende. Sie sind zu weitschweifig, als dass man tatsächlich den Eindruck gewinnen könnte, sein Leben sei wirklich so und er vertrete ein in der Gesellschaft sehr verbreitetes Verhalten. Dann ist da zweitens Lisa: Er anerkennt, dass da eine gewisse Kluft zu seiner Theorie besteht, die er aber zugleich herunterzuspielen versucht. Dabei bedient er sich vor allem der Ambiguität. »Wir kennen uns schon sehr lange, seit zehn Jahren.« Als er danach gefragt wird, präzisiert er jedoch, dass es sich lediglich um eine freundschaftliche Beziehung handelte, die schrittweise immer enger wurde, bis vier Monate vor dem ersten Morgen danach ein Flirt zwischen ihnen begann. Und in aller Ehrlichkeit fügt er hinzu: »Ich hing an ihr, ohne wirklich an ihr zu hängen – und das war dann der Punkt, an dem die Dinge klarer wurden.« Und drittens sind da seine anderen Morgen danach: Das war immer im Sommer, spielerisch und ungeplant, ohne dass man vorher schon verliebt gewesen wäre. Ein kluger Gesprächspartner könnte ihm hier natürlich zu bedenken geben, dass er sich in diesem Punkt wohl kaum seiner allgemeinen Theorie entsprechend verhielt. Aber es bedarf eben erst einer längeren Analysearbeit am Interview, damit es dem für diese Aufgabe ausgebildeten Forscher gelingt, solche Widersprüche herauszuarbeiten. Im normalen Gesprächsfluss bleiben sie oft unbemerkt. Und wenn sie ausnahmsweise doch einmal sofort bemerkt werden, ist es für den Sprecher ziemlich einfach, sich herauszureden. Alban zum Beispiel könnte die Karte großer Ehrlichkeit ausspielen: Ja, es stimmt schon, sein Leben bleibt hinter seinen moralischen Ansprüchen zurück, aber diese bleiben dennoch für ihn die einzig gültigen. Oder: Ja, das stimmt schon, aber diese Geschichten gingen eben einfach daneben – die einzige wahre Liebesgeschichte war die mit Lisa. Auf die eine oder andere Weise würde es ihm so gelingen, gleichzeitig einige Wahrheitsbrocken zu Tage zu fördern und doch eine Liebesgeschichte so zu erzählen, wie sie die öffentliche Meinung gerne hören möchte. Und solche Geschichten hinterlassen dann Spuren im Gedächtnis anderer und bringen sie dazu, in derselben Weise von der Liebe zu erzählen. Es bedarf also keiner großen Lügen. Kleine Verpackungen der Fakten reichen, um solche scheinbaren Evidenzen unendlich weiterwirken zu lassen.

Anziehungskräfte und Zukunftsentwürfe

Um eine Erzählung um einen klaren narrativen roten Faden herum aufzubauen, lässt man zunächst die verschiedenen »Stückchen von gemeinsamer Geschichte« noch einmal Revue passieren. Dabei entsteht der Eindruck eines unaufhaltsamen Fortschritts, im Rahmen dessen die Party und ihre Folgen allenfalls beschleunigende Wirkung hatten, aber nichts an der Richtung der Entwicklung geändert haben. Nun ist es aber in den meisten Fällen durch die Kraft des Ereignisses so, dass die Gegenwart über die Vergangenheit bestimmt. Meistens hat eine Person nicht nur ein einziges Stückchen Geschichte im Gepäck, sondern jeder besitzt viele davon, mit unterschiedlicher Bedeutung und in unterschiedlichen Farben und Formen. Die Party und ihre Folgen holt jenes »Stückchen« aus der Anonymität, das vielleicht seinen Platz in einer großen Geschichte finden wird. Es gibt winzig kleine, unscheinbare Histörchen, die plötzlich zu Beziehungsruhm gelangen, weil sich das Ereignis im rechten Augenblick ereignet hat; und es gibt andererseits lange und ernsthafte Geschichten mit großen Gefühlen (die mal mehr, mal weniger geäußert werden), die schließlich sterben, weil es nie zu dem Ereignis kam.

Die Gesellschaft ist eine sich ständig wandelnde Realität, die von ihren Widersprüchen lebt. Allzu statische Analysen ordnen ihre Erklärungen fein säuberlich in Kästchen ein und sind deshalb irreführend. Nehmen wir das Beispiel der Selbstreflexivität, der Tatsache also, sich selbst unter die Lupe zu nehmen, sich tausend Fragen über die unterschiedlichsten Details des eigenen Lebens zu stellen. Sie stellt einen zentralen Faktor des sozialen Wandels dar; weder die Paarbeziehung noch die Liebe entgehen ihr. Wir werden im Übrigen später noch sehen, wie man in Liebesdingen nachdenkt und entscheidet. Aber daraus sollte man nicht die Schlussfolgerung ziehen, dass alles nur noch im Kopf erdacht und organisiert wird. Im Gegenteil, der Beginn einer Liebesbeziehung beruht heute merkwürdigerweise weniger auf Vernunftsaspekten und ist weniger geplant als noch vor ein oder zwei Generationen. Damals begann der Prozess nämlich, mehr oder weniger in Gefühle gebettet, ziemlich unmittelbar mit dem Schließen eines moralischen und gesellschaftlichen Langzeitvertrags: Besuche, Verlobung, Heirat, Ehebündnis bis zum Tod. Die große Bedeutung der Angelegenheit zog es nach sich, dass man zweimal nachdachte, bevor man die Verpflichtung einging. Heute sind die ersten Anfänge in Liebesdingen (scheinbar) zu einem Spiel ohne Einsatz geworden. Das Denken kommt nur in Bezug auf Kurzfristiges ins Spiel. Außerdem wird es von den Gefühlen verdrängt: Anziehungskraft statt Zukunftsentwurf. Die (sexuelle oder emotionale – was macht das schon für einen Unterschied?) Anziehungskraft zieht eine Erfahrung nach sich, die ihrerseits Schritt für Schritt Zuneigung hervorbringt. Die Person hat dann das Gefühl, auf eine Flugbahn gezogen zu werden, die ihren Lebensweg vorzeichnet, ohne dass sie selbst sich wirklich darum bemüht hätte, auf diesen Weg einzuschwenken. In diesem

Sinne ist es also durchaus richtig, dass ein einziges kleines Stückchen Geschichte manchmal genügen kann, um den Weg in eine als unausweichlich empfundene Zukunft zu öffnen. »Ich spürte eine Entwicklung und das fand ich gut, ich fand das beruhigend« (Fanny). Das Ereignis ist dann wirklich nur eine Etappe, die kennzeichnend und vorübergehend ist. Es gibt sie also doch, die Liebe auf den ersten Blick, die alles entscheidet und heimlich, still und leise die beiden Partner auf eine fortschreitende Flugbahn bringt. Aber es ist außerordentlich selten geworden, dass schon zu Beginn eine Langzeitperspektive zur Sprache kommt – auch nicht in den Extremfällen, in denen einen die Gefühle schon auf den ersten Blick mit aller Heftigkeit mitreißen. Die Liebesspiele sind heute zunächst von Beziehungsfragen losgelöst, die am Morgen nach dem ersten Mal in der Regel nur unterschwellig und in Gestalt kleiner Nebensächlichkeiten auftauchen.

Erst das spätere Umschreiben der Geschichte möchte einen glauben machen, es habe bereits eine explizite Verbindlichkeit in Sachen Liebesbeziehung gegeben. Es ist einfach, im Nachhinein eine eigentlich gar nicht willentlich eingeschlagene Flugbahn in ein bewusstes Projekt zu verwandeln. Viele werden zu ihrer Verteidigung sagen: »Aber ich liebte ihn/sie doch!« Die Liebe ist in ihrer Formbarkeit und Vielgestaltigkeit ein bequemes Argument. Nehmen wir das Beispiel von Tristan: Er liebte Isa und konnte zweifellos schon vorher ein Stückchen gemeinsamer Geschichte vorweisen. Aber Isa liebte ihn nicht, und das sagte sie ihm auch ganz offen. Es bedurfte des Zusammentreffens mehrerer Umstände, um das Ereignis auszulösen. Was seine Liebe betrifft, muss man genauer hinsehen. Auch wenn diese Operation unsympathisch erscheinen mag, ist es durchaus von Nutzen, seine Gefühle auseinander zu nehmen. Entfernen wir zunächst die Verpackung aus ganz normalen Illusionen, wie sie in seinen ganz allgemeinen Sätzen zum Ausdruck kommen. »Ich war verliebt, das ist alles, da braucht man nach nichts anderem mehr zu suchen.« Und Isa scheint (dieses eine Mal!) sein Echo zu sein. »Mit ihm war das etwas anderes. Er war verliebt in mich, richtig verliebt.« Noch bevor es im Interview zu präziseren Fragen kommen kann, findet Tristan zu seiner Offenheit und analytischen Genauigkeit zurück. Zunächst hatte er keine klare Zukunftsvision und wollte auch nicht darüber nachdenken. Alles, was zählte, war die Authentizität und Intensität des Augenblicks, verknüpft mit einer noch unbestimmten Hoffnung, dass es weitergehen möge. »Du hast keinen bestimmten Zukunftsentwurf, aber du wünschst dir, dass es weitergeht.« Dann war seine Liebe erst einmal vor allem körperlicher Natur, er wollte mit Isa schlafen. »Natürlich bist du sentimental und so, um ihr zu gefallen. Doch du selbst, das muss man schon zugeben, bist von etwas anderem getrieben, das beeinflusst dich auf elementarere Weise. Wenn du ein Mädchen begehrst, denkst du nicht daran, was aus deinem Leben werden wird.« Erst am Morgen danach, im Refugium Bett, spürte er ein umfassenderes Bedürfnis nach Nähe, ganz einfach die Liebe, voll dieser leeren Fülle. Jedoch ohne dass von einer gemeinsamen Zukunft die Rede gewesen wäre. »Zukunftspläne sind dazu da, die Beziehung zu festigen. Aber am Anfang, an den ersten Morgen danach, brauchst du all diese Zukunftspläne nicht, du gibst dich mit diesen kleinen Augenblicken zufrieden, mögen sie auch noch so unscheinbar sein. Du lernst, diese Augenblicke auszukosten. Am Morgen nach dem ersten Mal habe ich nie darüber nachgedacht, was wohl aus meinem Leben werden würde, wenn wir zusammen blieben. Das sind Momente, in denen nur der Augenblick zählt, ohne an all die Zukunftsprojekte zu denken.«

Am Anfang gibt es kaum ein klares Projekt. Und man sollte Sex nicht mit Liebe verwechseln. Vor allem für Männer ist der Sex in den ersten Phasen entscheidend. Was nicht unbedingt etwas Negatives ist, denn was wäre die Liebe ohne körperliches Begehren? Doch im Nachhinein wird der Sex gerne mit noblen Gefühlen ausgeschmückt; die Geschichten haben selten so begonnen, wie man sie später erzählt. Die simple Aneinanderreihung von Fakten wird in Gefühle gekleidet, der Sex diskret zum Verblassen gebracht, der feucht-fröhliche Abend schamhaft vergessen. Die Liebe, dieses magische Wort, verbindet dieses disparate Konglomerat und hält für den, der sich nach Ihrer Geschichte erkundigt, eine fabelhafte Antwort bereit. Die Liebe ist keine Illusion: Sie ist durchaus da, mit all ihren vielfältigen Inhalten. Aber sehr häufig hat sie sich erst später eingenistet, Schritt für Schritt, und sich mit der Beziehung weiterentwickelt. Wenn es dem Paar dann gelingt, Krisen zu vermeiden, dann entdeckt es die Ruhe und Komplizenschaft, die in gegenseitiger Zärtlichkeit innerhalb eines sicheren Rahmens liegt. Im Gegenzug dazu kommen ihm die Überraschungen und starken Gefühle des Anfangs abhanden (Alberoni, 1981). Eine solche Entwicklung führt nur allzu oft dazu, dass gedacht wird, die Intensität der Liebe nehme mit der Zeit ab, aber es handelt sich nicht um die gleiche Liebe. Die Anfänge sind zugleich gekennzeichnet von starken emotionalen Turbulenzen und von überraschenden Inhalten. Man steht unter Strom und da ist ein Zittern und Beben, aber nicht immer aufgrund dessen, was man meint. Ich habe eben schon einige Worte zum Sex verloren, und weiter oben habe ich bereits darauf hingewiesen, dass Angst für das verliebte Erzittern eine beträchtliche Bedeutung hat. Es gibt noch eine Reihe weiterer exogener Elemente, die bei den anfänglichen Ereignissen eine Rolle spielen. Zum Beispiel der Druck der Gruppe und die gesellschaftlichen Normen (es ist ratsam, sich eher als verliebt denn als gefühlskalt zu bezeichnen). Oder purer Wettbewerbsgeist, der mittlerweile die gesamte Gesellschaft überschwemmt hat. Erinnern Sie sich an Agathe, an ihre kalte Dusche und das anschließende Wurstsandwich? Wie war sie da hingekommen? War sie dem Charme von John erlegen? Romantisches Herzklopfen oder pures Verlangen? In Wahrheit nichts von all dem. »Das war eine Art Challenge.« Sie hatte gerade erst ein enttäuschendes Abenteuer hinter sich. »Die Geschichte, die ich gerade hinter mir hatte, war mit einer Person, die gar nicht mein Typ war, ganz zierlich, mager und sehr jung.« Sie benötigte etwas mit ganz anderen Dimensionen, musste sich an etwas Solidem reiben, an einem Felsen, zweifellos, um sich etwas zu beweisen. »Er war eine ziemlich starke Person, hatte viel Persönlichkeit.« Am nächsten Morgen, nach dem ersten Durcheinander des Fremdseins, war ihr erstes Gefühl, die ersehnte Heldentat vollbracht zu haben. »Ich habe mir gesagt: Das war's, es ist geschafft! Ich war zufrieden, ihn gehabt zu haben, wenn ich das so sagen darf.« Tristan hatte beinahe dasselbe Gefühl mit Isa; das Wort »Sieg« entwischt seinen Lippen. »Es ist mir unangenehm, dieses Wort zu benutzen, aber ich finde kein anderes.«

Die Leidenschaft in ihren vielfältigen Formen passt schlecht zur Dauerhaftigkeit und noch viel weniger lässt sie sich planen. Sie taucht auf, wenn sie auftauchen soll, und kommt auf so unvorhergesehene wie vielfältige Weise zum Bersten – eine Energie, die mit den Gewohnheiten bricht und vom alten Ich befreit. Wenn am Morgen danach die Leidenschaft etwas nachgelassen hat, entsteht

Raum für eine offenere Reflexion. Im Übrigen wird das häufig durch den Druck der Situation erforderlich – man muss sich entscheiden, wie es weitergehen soll. Und so sagt sich der gerade erst Erwachte voller Enttäuschung: Die Liebe bedarf also dieser geistigen Übung? Und dabei fällt das Denken doch so schwer! »Ich war verliebt, aber ich habe mir nicht gesagt: Das ist der Mann meines Lebens. Man ist dabei, jemanden zu entdecken. Es ist schwierig, schon beim Aufwachen irgendwelche Pläne zu machen oder auch nur daran zu denken. Ich kann einer Sache nicht so vorgreifen« (Erika).

Wie werden in der Liebe Entscheidungen gefällt?

> »Der Anfang einer Beziehung war immer am einfachsten. Dann begannen die Schleier zu fallen, und es hörte nie mehr auf. Trotzdem, ich dachte an Heirat. Ich dachte an ein Haus, einen Hund und eine Katze, Einkäufe in Supermärkten. Henry Chinaski war drauf und dran, schwach zu werden. Und es macht ihm nichts aus. Endlich schlief ich ein.
> Als ich am Morgen wach wurde, saß Katherine auf dem Bettrand und bürstete sich dieses meterlange rotbraune Haar. Sie sah mich mit ihren großen dunklen Augen an, während ich langsam zu mir kam.
> ›Hallo, Katherine‹, sagte ich, ›willst du mich heiraten?‹
> ›Bitte sag sowas nicht‹, sagte sie. ›Ich mag das nicht.‹
> ›Ich meine es ernst.‹
> ›Oh *shit*, Hank!‹
> ›Was?‹
> ›Ich sagte ›*shit*‹. Und wenn du weiter so redest, nehme ich das nächste Flugzeug.‹
> ›Schon gut.‹
> ›Hank?‹
> ›Ja?‹
> Ich sah zu ihr hoch. Sie bürstete sich immer noch ihr langes Haar. Ihre großen Augen sahen auf mich herunter. Sie lächelte jetzt. ›Es ist doch bloß *Sex*, Hank‹, sagte sie, ›nichts als Sex!‹ Dann lachte sie. Kein sarkastisches Lachen, einfach ganz fröhlich. Sie bürstete ihr Haar, und ich faßte sie um die Taille und legte den Kopf an ihren Schenkel. Ich wußte überhaupt nichts mehr.«
>
> Charles Bukowski, *Das Liebesleben der Hyänen*[1]

»Volle Kraft voraus, koste es, was es wolle«

Es gibt alle möglichen Stückchen einer gemeinsamen Geschichte, die dem Morgen danach vorausgehen können. Manchmal ist es wirklich wie in einem Liebesroman: eine Liebe auf den ersten Blick, die einen versengt, ein sofortiger emotionaler Höhenflug. Oft aber

1 Deutsch von Carl Weissner. dtv, München 1989.

sind da die vielfältigsten Interessen und Gefühle, disparate und unentschlossene Schritte der Annäherung. Die beiden Partner finden sich Seite an Seite wieder, ohne allzu genau zu wissen, ob (und wie) es nun zwischen ihnen weitergehen soll. Das Ereignis scheint alles zu vereinfachen, indem es die Dinge ganz plötzlich beschleunigt. Wenn man sich schon vorher die Liebe erkärt hat oder der klare Wille besteht, sich auf eine Beziehung einzulassen, ist das auch tatsächlich so; die Nacht ist eine Bestätigung und eine weitere Etappe. Wenn hingegen dieses Stückchen gemeinsamer Geschichte eher unklar ist, macht die Nacht das Leben nur noch komplizierter. Denn man wird sich plötzlich bewusst, dass das, was einfach nur ein Spiel gewesen ist, dabei ist, sich in eine vielleicht sogar lebenslange Bindung zu verwandeln. Jeder fühlt das, vielleicht auf diffuse, aber unbestreitbare Weise, und zwar aufgrund der konkreten Beziehungsrealität, die sich heimlich, still und leise, aber auch sehr schnell breit macht, und aufgrund des neuen Ichs, das das alte auszulöschen droht. In diesen merkwürdigen Momenten, in denen scheinbar fast nichts geschieht, steht in Wahrheit das ganze Leben auf der Kippe. Also gilt es, um jeden Preis nachzudenken, auch wenn es schwer fällt: Ist es das, was man will?

Anna und Éric mussten nicht lange nachdenken, denn sie gehören zu den wenigen, die sich einander schon vor der ersten Nacht fest verbunden fühlten. »Wir hatten uns ein Versprechen gegeben. Er hatte eine komplizierte und schmerzhafte Geschichte hinter sich, und mir ging es ebenso. Diese Erfahrungen zermürbten mich. Also habe ich zu Éric gesagt: Wenn ich mit dir gehe, dann ist das für mich etwas Ernstes. Und ihm ging es ebenso. Wir haben zueinander gesagt: Wenn wir jetzt ein Paar werden, dann ist das nicht nur für ein Jahr. Wir haben einen Pakt geschlossen: Wenn wir ein Paar werden, dann muss das wirklich richtig lange halten.« Sie mussten also nicht lange nachdenken, aber ihre Geschichte ist dennoch ein wenig komplizierter, als uns Annas wohl gewählte Sätze glauben machen wollen. Die beiden sind es schon seit längerer Zeit gewohnt, lange allgemeine Diskussionen über das Leben zu führen, über das, was gut ist und was schlecht. Der »Pakt« war blanko unterschrieben worden, für alle Fälle. Das Ereignis hatte sie dann in die Situation gebracht, ihn anzuwenden, aber in dem Moment haben sie nicht mehr darüber geredet. Übrigens hatten sie vorher, als sie noch reine

Freunde waren, eine andere Theorie aufgestellt: Es ist Quatsch, allzu schnell zu heiraten und gleich Zukunftspläne für ein Familienleben zu machen. Als der Augenblick dann kam, wandten sie – ebenfalls unausgesprochen – auch diese andere Theorie an. Ihr Verhalten am Morgen danach orientierte sich also genauestens an dieser doppelten Bezugsnorm: eine ernsthafte und dauerhafte Bindung, die aber nicht in eine Zukunftsplanung mündete, über die man hätte nachdenken und diskutieren müssen. Es gab also nichts nachzudenken, sondern nur zu spüren, dass hier die Ernsthaftigkeit ihrer Bindung bestätigt wurde. »Es war nicht der Sturm der Gefühle, keine Liebe auf den ersten Blick oder so ... Es war etwas sehr Ernstes. Ich habe das gespürt und mir gesagt: Das wird halten.« Das ist der Idealfall des Kontinuitätsmodells: möglichst wenig nachdenken und sich von der Evidenz der Ereignisse treiben lassen. An jenem Morgen hatte Anna nur wenige Gedanken im Kopf. Da war die Angst, für Éric und vor allem für seine Familie eine Enttäuschung zu sein. Und das diffuse Gefühl, an einem biografischen Wendepunkt zu stehen. »Ich habe mir gesagt: ›Das ist es, das ist der Richtige, diese Geschichte wird halten.‹«

Nur selten nähert sich ein Morgen danach in diesem Maße dem Nullpunkt der Reflexion. Dafür bedarf es entweder, wie früher, einer formellen Verpflichtung (was es nur noch sehr selten gibt) oder die Sozialisation durch eine perfekt kontrollierte Kontinuität (was nur schwer umzusetzen ist) oder schließlich einer so intensiven Liebe, dass sie alle Zweifel auslöscht. Colombine fühlte eine solche Liebe – sehr, sehr stark. Aber mit beeindruckender analytischer Präzision unterscheidet sie diese Liebe von der Frage der beziehungsmäßigen Bindung. »Ich bin keine Bindung eingegangen, es war einfach nur etwas, was ich unbedingt wollte, denn ich war verliebt.« Erst am Morgen danach wurde ihr klar, dass diese beiden Phänomene zusammenhängen. Obwohl sie keinerlei Zweifel über ihre Zuneigung hegte, musste sich doch nachdenken und an mentalen Kategorien basteln, die ihr Leben verändern würden, musste ihre reine Liebe in das Projekt einer beziehungsmäßigen Bindung umwandeln. »Was soll ich tun? Ich habe mir gesagt: Ich bin verliebt. Ich bin verliebt, also volle Kraft voraus, koste es, was es wolle. Dann wird man schon sehen.« Wir wissen, wie es weiterging: die Figuren, die Schönheitsprodukte, die Szene mit den Schlüsseln – Verwirrung der

Gedanken. Wichtig ist hier aber, die Tatsache festzuhalten, dass auch die reine Liebe am Morgen danach schon vor diesen kleinen Katastrophen eine kognitive Aktivität nötig machte. Und dies gilt umso mehr, wenn die Liebe weniger eindeutig ist, die Stückchen einer gemeinsamen Geschichte eher vage sind und der Morgen einen bitteren Geschmack hat.

Die Fragen, die man sich dann stellt, sind unterschiedlicher Natur: Das können sehr allgemeine, existenzielle Überlegungen sein oder auch nur ein Genervtsein aufgrund der ganz speziellen Art und Weise, wie der andere dieses oder jenes tut. Alles fließt ineinander, ohne dass sich eine klare Hierarchie herausbilden könnte, und irgendein Detail kann sich schneller auf die anstehenden Entscheidungen auswirken als eine allgemeine Perspektive; die »schmutzige Unterhose« hatte Gildas genügt, um sich ein Urteil zu bilden. Es wäre nutzlos, kritische Überlegungen quantitativ fassen zu wollen. Das macht nur in Relation zur Kraft der Fakten Sinn, die einen auf eine bestimmte Flugbahn ziehen. Agathe zum Beispiel hat sich, wie wir noch sehen werden, am Morgen danach einige Fragen gestellt. Aber gleichzeitig hat sie alles daran gesetzt, einen Automatismus der Ereignisse in Gang zu setzen, der nicht mehr aufzuhalten war. Erinnern wir uns an den Ausgangspunkt: Die Nacht mit John war für sie nur ein »Challenge«. Und sie rechnete mit einem dieser Morgen danach, wie sie sie schon oft erlebt hatte: kühle Distanz, ein Morgen mit bösem Erwachen. Ich habe bereits von einigen technischen Problemen berichtet, mit denen sie zu kämpfen hatte (eiskalte Dusche, schmutziges Handtuch) und von einigen irritierenden Gegenständen (Foto einer möglichen Rivalin). Aber Agathe drängte das alles sofort in den Hintergrund, weil sie so überrascht und erfreut von Johns Verhalten beim Aufwachen war. »Als ich aufwachte, lag er ganz nah bei mir. Er wollte wissen, was ich erwartete: Wollte ich was essen? Die Zeitung? Wollte ich duschen?« Was machte da schon der Widerstand des Konkreten (kalte Dusche, Wurstsandwich) – wesentlich war diese verführerische Aufmerksamkeit. »Mir war sofort klar, dass das weitergehen würde, dass das nicht nur was für eine Nacht war.« Blitzartig entschied Agathe, noch bevor sie Zeit zum Nachdenken hatte: Dies war vielleicht ein Wendepunkt in ihrem Leben, sie durfte das jetzt auf keinen Fall vermasseln. »Das war etwas ganz anderes als bisher in meinem Leben. Ich musste mich anders verhalten, durfte nicht so kühl sein. Es würde nötig sein, dass ich mich öffne! Vielleicht war das ja mein Märchenprinz! Wird das lange halten? Zeige dich von deiner guten Seite, so dass das lange hält!« Sie verdrängte ihre Zweifel, ihre Ängste, ihre kritischen Beobachtungen und verschmolz mit dem Augenblick. Wie Colombine wollte sie volle Kraft voraus fahren, koste es, was es wolle, und später weitersehen. In diesem Vorhaben wurde sie von verschiedenen Artefakten unterstützt, die das Gefühl eines ereignishaften Bruches noch verstärkten. »Es war alles andere als ruhig an diesem Morgen, es war eher, als würden wir immer noch Party machen. Da war ... Musik ... ein Joint ... so ein bisschen ein ausschweifendes Leben. Das half uns, ein wenig zu entspannen, denn da war etwas, das zwischen uns passierte.«

Die Kraft des Ereignisses oder sogar einfach nur die simple Fähigkeit der Kontinuität, einen mitzuziehen, verjagt die Zweifel und verdrängt die Fragen in ein fernes Gedächtnis: Es genügt, sich einfach nur vom Gang der Dinge mitreißen zu lassen. Manuel hatte eigentlich geglaubt, Déborah zu lieben, aber dann überkamen ihn zu seiner Überraschung beim Aufwachen negative Gedanken. Glücklicherweise lösten sie sich genauso schnell wieder in Luft auf, wie sie gekommen waren. »Doch dann war es wieder vorüber, und ich habe mich einfach von den Ereignissen treiben lassen.« Die Kraft des Konkreten, einen einfach mitzureißen, und die kognitive Aktivität gehören zu zwei verschiedenen Registern. Manchmal treten sie zueinander in Konflikt, ein andermal funktionieren sie relativ unabhängig voneinander. Vincent war es trotz der Flut von Unannehmlichkeiten, die über ihn hereingebrochen waren, zunächst gelungen, sich keine großen Fragen zu stellen. Doch dann spürte er, wie ihm Schritt für Schritt und unwiderruflich einige negative Beobachtungen durch den Kopf gingen. Da er auf diese Weise zum Nachdenken gezwungen war, versuchte er sich auf die weitere Entwicklung zu konzentrieren: Wie könnte er es anstellen, dass es immer so weiterginge mit ihnen beiden? »Ich dachte: Es wäre schön, wenn das weitergehen würde.« Aber unglücklicherweise ließen sich die Fragen irgendwann nicht mehr verjagen. »Auf der anderen Seite sagte ich mir: Ich weiß nicht, ob die Chance besteht, dass das weitergeht.« Am Morgen danach befindet sich jeder in einem zweigleisigen Prozess. Er kann die Geschichte beenden oder sie fortführen. Aber das geschieht nicht, wie oft geglaubt wird, allein über den Intellekt. Auch das Eintauchen in den Lauf der Dinge entfaltet seine Wirkung. Wenn sich der Protagonist auf ein Ereignis oder auf die Kontinuität einlässt, schiebt er das kritische Denken beiseite und richtet sich, ohne groß darüber nachzudenken, in der im Aufbau begriffenen Beziehung ein. Wenn er hingegen der Analyse und dem Nachdenken Raum lässt, blockiert er den Prozess der Sozialisierung durch das Konkrete. Das ist der Grund, warum es eigentlich nur wirkliche Entscheidungen der negativen Art gibt. Wie bereits gesagt: Zu einer Beziehung kommt es, weil man nicht Schluss macht. Die wenigen Fälle, in denen es zu positiven Entscheidungen gekommen ist, wie wir das bei Colombine und Agathe gesehen haben, sind eher Begleiterscheinungen von Flugbahnen, Bestätigungen eines Ganges der Dinge, der mitreißende Wirkung hat. Colombine war erst dann gezwungen, sich tausend Fragen zu stellen, als sie mit einer etwas schwierigen Realität konfrontiert war, und Agathe dachte nur einen winzigen Augenblick lang nach, auch wenn dieser Augenblick entscheidend dafür sein sollte, ihr Leben mit dem von John zu verweben.

Man wird sehen

Wie soll man das anstellen, einen kühlen Kopf zu bewahren, um über das nachzudenken, was da gerade geschieht, ohne dabei die Dynamik zu zerstören, aus der das Leben zu zweit entsteht? Eine sehr verbreitete Methode besteht darin, allzu langfristige Projektionen zu vermeiden, die die Gefahr der Komplexität bergen würden und eine abschreckende Wirkung haben könnten. »Man lebt eher so in den Tag hinein« (Charles-Antoine). Und dies mit der inneren, teilweise auch begründeten Überzeugung, dass eine positive Bewertung der Gegenwart ein Pfand für die Zukunft ist: Wenn es heute gut läuft, stehen die Chancen gut, dass es auch morgen noch gut läuft. Und dann ist da noch diese zweite, diesmal völlig falsche innere Sicherheit, dass immer noch genügend Zeit ist, um das später zu entscheiden. »Ich habe mir keine großen Fragen gestellt. Ich sagte mir: Das werd' ich dann schon sehen.« (Juliette). Denn jeder Tag, der nach dem Morgen danach vergeht, verankert den Lauf der

Beziehungsdinge ein wenig fester, und Schritt für Schritt vollzieht sich die Entscheidung allein durch das Gewicht des Alltags. Und je schwerer dieses Gewicht wiegt, umso mehr verlieren die Gedanken an operativer Kraft. Nur ganz am Anfang können sie die Welt noch nach ihrer Fasson ändern. Daher ist für das Nachdenken eine gewisse Eile geboten, schon vom ersten Morgen an. »Du musst dir in einer Situation, in der alles ganz schnell geht, darüber klar werden, was du willst« (Manuel). Nun liegt aber genau hier die Schwierigkeit: sofort Klarheit über das Problem zu erlangen.

Im Allgemeinen besteht die Tendenz eher darin, die schwierigen Fragen auf später zu verschieben; es ist immer noch Zeit – man wird sehen. Aber die Unentschlossenheit des Morgens danach kann das Nachdenken nicht systematisch vermeiden. »Ja, ich dachte ganz schön viel nach, was eine feste Bindung angeht und so, und darüber, was er wohl von mir dachte« (Fanny). Aber dieses Nachdenken geschieht auf eine ganz charakteristische Weise: Zwar werden Sequenzen des Nachdenkens eingeleitet, aber sie führen am Ende nicht zu einer Entscheidung. Fanny, die von sich sagt, sie habe sehr viel nachgedacht, ist dafür ein frappierendes Beispiel: In Wahrheit hat sie sich voll und ganz vom Lauf der Dinge mitreißen lassen. Genau dieser Aspekt der Entscheidung ist es, der auf später verschoben wird. Dem freien Gedankenfluss gelingt es leichter, sich parallel zum Handeln zu entfalten. Nehmen wir zum Beispiel Rodolphe. Kaum war er erwacht, rechnete er schon mit all dem ab, was ihm unter die Augen kam und verurteilenswert erschien: mit der Katze, dem Fernsehen, der Unordnung, mit Charlottes angeschwollenen Augen. Dann versuchte er, dies gegen die intensive Befriedigung aufzurechnen, die ihm die Nähe der Nacht verschafft hatte. »Ich sah die negativen und die positiven Seiten.« Schließlich versuchte er, Bilanz zu ziehen – vergeblich. »Ich hatte gewisse Befürchtungen, was die Zukunft angeht, das ist klar. Ich fragte mich, ob ich nicht dabei war, eine Dummheit zu machen.« Da war jedoch eine Kluft zwischen den simplen Befürchtungen und dem möglichen Beenden seines Abenteuers mit Charlotte. So viele Befürchtungen er auch (heimlich) in der Hinterhand hatte – die Entscheidung für ein übereiltes Schlussmachen könnte unter Umständen nicht wieder gut zu machen sein. Also verschob er diese allzu schwierige Entscheidung auf später. Elf Monate später scheint das Problem immer noch nicht wirklich gelöst zu sein. Im Moment sind sie ein Paar, aber jeder lebt in seiner eigenen Wohnung, und sie wissen nicht genau, was die Zukunft bringen wird. Die Tatsache, dass es zu keinem gemeinsamen Alltagsleben gekommen ist, hat es ihnen erlaubt, die Entscheidung offen zu lassen – was sie aber keineswegs einfacher machte.

Der morgendliche Zweifler fühlt sich in der Falle der verfliegenden Zeit; alles scheint so schnell zu gehen, während er das vage Gefühl hat, dass seine intellektuellen Fähigkeiten gemindert sind. Man müsste schnell, logisch und effizient nachdenken, aber stattdessen bliebt man in wirren und konfusen Gedanken stecken. Der Zweifler spürt intuitiv, dass ihn der Lauf der Dinge daran hindert, sich besser zu konzentrieren; man müsste die Bedingungen für ein distanzierteres und rationaleres Vorgehen schaffen, sich dem Ereignis entziehen, alleine sein, um nachdenken zu können. Er testet kleine Spielräume aus – der Gang allein ins Badezimmer, der Sprung in die Bäckerei zum Brötchenholen. Doch sein Gehirn ist immer noch hoffnungslos unproduktiv; er kann sich noch so sehr bemühen, genau nachzudenken – seine Gedanken zerstreuen sich in alle Winde. Nachdem seine kleinen Strategien (das Badezimmer und die Brötchen) versagt haben, bleibt ihm nur noch die Radikallösung, die Rückkehr nach Hause (oder der Rauswurf der anderen Person), um sich endlich über ein paar Dinge klar zu werden. Nur ein vorübergehendes Auf-Distanz-Gehen? Das hat er zumindest zu seinem Partner gesagt, um ihn nicht zu sehr zu schockieren. In Wahrheit hängt alles davon ab, welche Entscheidung dann getroffen wird. Für den weiteren Verlauf des Tages hatten Charlotte und Rodolphe nichts geplant. Beim Frühstück erfand er dann eine schlechte Ausrede und kündigte an, er könne für den Rest des Tages nicht da sein. Seine Stimme klang alles andere als überzeugend und es schien ihm, dass sich Charlotte nicht zum Narren halten ließ, und außerdem stand ihr die Enttäuschung ins Gesicht geschrieben. Er sagte ihr auf Wiedersehen und spielte weiter sein Theater, obwohl er nicht wusste, ob er am Abend wiederkommen würde. »Denn ich wusste, wenn ich am Abend wiederkommen würde, dann käme das einer Verbindlichkeit gleich.« Bei sich zu Hause angekommen, kam es dann bei ihm zu einer deutlichen gedanklichen Kehrtwendung. »Wenn du allein bist, kannst du nachdenken.« Nachdenken? Dieses Wort ist hier übertrieben. Denn eigentlich hatte die Rückkehr in seine Wohnung vor allem den Effekt, sein Verlangen wieder aufleben zu lassen und ihn von einer weiteren Nacht mit Charlotte träumen zu lassen. »Ich wollte nur noch eines: dass es so schnell wie möglich Abend würde.« Aber würde mit einer weiteren Nacht nicht eine größere Verbindlichkeit zwischen ihnen geschaffen? Er bastelte so lange gedanklich herum, bis es ihm gelang, diese störende Frage abzutrennen und auf später zu verschieben. »Ich dachte nur daran, es so einzurichten, dass es weiterhin für uns beide schön wäre, ich dachte an nichts anderes.« Und selbst die nagendsten Zweifel verblassten schließlich. »Wenn du siehst, dass das auf eine gute Weise weitergeht, dann ist das perfekt, aber du erzwingst es nicht.« Man braucht gar nicht so viel nachzudenken – entscheidend ist, was die Fakten unter Beweis stellen.

Die kognitive Effizienz des einsamen Rückzugs ist höchst prekär. Rodolphe hat nicht wirklich nachgedacht, mit der Distanzierung war einfach die Lust zurückkommen, Charlotte wiederzusehen. Das Ereignis kann auch trotz Entfernung seinen Einfluss weiter geltend machen und eine bessere Konzentration verhindern. Manchmal ist es einfach nicht möglich, sich den Folgen dieses Bruches, der einen in ein neues Leben katapultiert hat, zu entziehen. Auch bei sich zu Hause gelang es Rodolphe nicht wirklich, zu seinen persönlichen Orientierungspunkten zurückzufinden. Er blieb mit seinen Gedanken woanders, spürte noch die nächtlichen Nähe zu Charlotte und sah sich in seinen Träumen schon wieder an ihrer Seite. Sophie hingegen spürte, wie sich ihre Gedanken ordneten, nachdem sie sich zurückgezogen hatte. »Erst als ich ganz allein war, hatte ich das Gefühl, mich zu verstehen.« Bei Charles-Antoine ist die Sache nicht so klar, und er erläutert, wie der Rückzug mal in die eine, mal in die andere Richtung wirksam werden kann. Erster Fall (er verallgemeinert ausgehend von mehreren Erfahrungen): »Manchmal sagt man zueinander: ›Wir rufen uns an, wir telefonieren‹, aber wenn du dann zwei oder drei Tage später darüber nachdenkst, ist wenig zurückgeblieben und du knüpfst an die Sache nicht mehr an, was vor allem daran liegt, dass der Morgen danach eine Enttäuschung war.« Seiner Meinung nach meinte er es eigentlich meistens schon ernst, wenn er sagte »Wir telefonieren«. Erst später, wenn er allein war, löste er sich gefühlsmäßig. Zweiter Fall: »Zwischen dem Augenblick, an dem man auseinander gegangen ist, und dem Wiedersehen lagen ein paar

Tage. In dieser Zeit hat deine Phantasie in eine positive Richtung weitergewirkt und in dir die Lust geweckt, sie wiederzusehen.«

»Du spürst es«

Das Denken ist am Morgen danach nicht völlig abgeschaltet. Gerade die Angst davor, wie es wohl weitergehen wird, kann manchmal dazu führen, dass einen bestimmte Gedanken nicht mehr loslassen. Aber sie sind schlecht organisiert und ineffizient, sprunghaft und widersprüchlich, und sie vermischen sich zu einem chaotischen Gedankenfluss. Manchmal kommt es auch zu wirklichen analytischen Sequenzen, die einer ruhigeren Reflexion rationalen Typs den Weg ebnen. Aber paradoxerweise sind es nicht diese Sequenzen, die am meisten bewirken – sie geben einem zwar gewisse Werkzeuge an die Hand, aber sie führen keine Entscheidung herbei. Die von Charles-Antoine verwendeten Begriff sind hier viel sagend: »Phantasie«, »Lust«. Für die Entscheidungsfindung spielen das Intuitive und das Gefühlsmäßige eine wichtigere Rolle als das Rationale.

Abgesehen von dem Fall, in dem die (positive oder negative) Entscheidung auf der Hand liegt, laufen die Gedanken am Morgen danach leer, sind wirr und zerfasert. Aber die Gefühle täuschen einen nicht. Außerdem ermöglichen sie es, die Gedanken wieder zu ordnen und ihnen eine gewisse Wirkung zu verleihen. Wenn der Morgen ganz eindeutig ein Morgen mit bösem Erwachen ist, gibt es nicht viel nachzudenken; der Ärger lenkt das Denken und Handeln, und es wird keine weiteren Morgen geben. Auch wenn der Morgen wunderschön ist, muss man nicht lange nachdenken: Wer käme schon auf den unsinnigen Gedanken, auf einen solchen Zauber zu verzichten? In schwierigeren Situationen jedoch, wenn das Denken verrückt spielt und sich auf seine völlig unkontrollierten Aktivitäten beschränkt, versuchen beide Partner, in sich hineinzuhören, um zu entschlüsseln, was ihnen die Erfahrung sagen will, die sie da gerade durchlaufen. Wie fühlen sie sich? Ist da ein Wohlbehagen, das in seiner Einfachheit und Tiefe besticht? Oder flüstert ihnen ihr Ärger und ihr Unwohlsein zu, dass eine Rückkehr ins alte Ich besser wäre? Für diese innere, von emotionaler Intelligenz geleitete Übung haben die verschiedenen Szenen am Morgen danach alle ihre je besondere Bedeutung: natürlich das Refugium Bett mit seiner Lust auf Nähe oder Distanz, mit mehr oder weniger Küssen und Zärtlichkeiten, aber auch das Frühstück mit seiner so merkwürdigen und anderen Gestik, auf deren Entdeckung man sich entweder empathisch einlässt oder von der man aufgrund ihrer Fremdheit schockiert ist. »Du spürst es, ob du Lust hast, dass das weitergeht. Dann kannst du die Gesten des anderen leichter tolerieren oder sogar schätzen« (Charles-Antoine). Jedes noch so kleine Detail bietet die Gelegenheit, auf eine sehr viel einfachere Weise als mittels des logischen Denkens das Positive und das Negative gegeneinander aufzuwiegen. Denn die Gefühlsrechnung berechnet alles in einer einzigen Rechnungseinheit und trennt nur gut und nicht gut, schön und nicht schön, angenehm und nicht angenehm. Alles kann addiert und subtrahiert werden, die liebevolle Zärtlichkeit und die angeschwollenen Augen, der Kratzer eine Katze und die Schachtel mit Sahnekuchen. In jedem einzelnen Augenblick sind die unterschiedlichsten Elemente Teil einer einzigen globalen Wahrnehmung und korrigieren nur mit kleinen Pinselstrichen hier und da ihre Entwicklung. Es genügt, dass diese Wahrnehmung eher positiv ist, und schon vergisst der Zweifler seine Fragen und lässt sich vom Lauf der Dinge mitreißen. Wenn sie hingegen anlässlich einer aufkommenden Angst oder eines stärkeren Genervtseins eher ins Negative umschlägt, kann die Reflexion plötzlich auf eine viel bewusstere Weise ins Spiel kommen. Sie ist dann nicht wieder zu erkennen und imstande, innerhalb weniger Augenblicke Argumente vorzubringen und eine Entscheidung auszulösen: den Bruch.

Der Einfluss des Emotionalen auf das Rationale bringt ein binäres Denken hervor: In jedem einzelnen Augenblick setzt sich entweder eine positive oder eine negative Dominante durch – auf die Gefahr hin, dass sich, wenn der Betreffende noch zögert und zweifelt, ständig positive und negative Sequenzen abwechseln. In manchen Fällen können die Gefühle also zur selben Unentschlossenheit führen wie das Nachdenken. Die Person muss also auch ein gewisses Gefühlsmanagement erlernen: ausreichend offen bleiben für das, was einem die gerade gelebte Erfahrung sagt, gleichzeitig aber einer bestimmten Leseweise den Vorrang einräumen, sobald sich *eine* Richtung herauskristallisiert. Es ist schwierig, zwischen diesen beiden gegensätzlichen Logiken ein Gleichgewicht zu halten. Erika optiert für die Extremlösung. »Na ja, bei mir geht das schnell, ja ja! Entweder ist es richtig gut oder total schrecklich; es gibt nichts dazwischen. Bei mir ist das eben so! Bei mir gibt es keine zweite Chance.« Sie ist in diesem Punkt noch schneller als Gildas (Anhänger des Frühstückstests): Schon im Refugium Bett ist die Sache entschieden. Eine so zügige Entscheidung ist jedoch nur dann möglich, wenn man, wie in ihrem Fall, sehr stark auf den sexuellen Aspekt fixiert ist (Bozon, 2001). Ist sie erst einmal aus dem Bett, ist für Érica nichts anderes mehr wirklich von Bedeutung; die Bilanz, die sie zieht, bezieht sich einzig und allein auf ihre nächtliche Erfahrung. »Wenn es auf dieser Ebene schlecht gelaufen ist, ist es für mich vorbei, ich will dann nichts mehr damit zu tun haben. Ich bin nicht starrsinnig, aber so ist es nun mal: verpfuscht ist verpfuscht!« Sie räumt jedoch ein, dass sie eine zweite kleine Nachholsitzung beim Aufwachen, im Refugium Bett, zulässt. In der Nacht ist vor allem der andere auf dem Prüfstand; auf eine fast technische Weise wird seine Leistung getestet. Am Morgen hört Érica eher auf ihre Gefühle: Hat sie Lust auf den anderen oder stößt er sie eher ab? Wie empfindet sie seine Haut und die Berührung seiner Hände? »Wenn man keine Lust hat, den anderen zu spüren, oder einem zum Beispiel die Berührung seiner Hände nicht gefällt. Das ist eine Frage des Körperkontakts: Hände, die ich nicht mag, oder eine Berührung der Hände, die ich unangenehm finde.« Aber ihre morgendliche Wahrnehmung widerspricht nur selten dem, was die Nacht preisgegeben hat; das Wesentliche hat sich schon vorher entschieden.

Wenn sehr frühzeitig ein Bewertungsmuster erstellt wird, das die Wahrnehmungen leitet, erhält der erste Eindruck nach dem Erwachen eine besonders große Bedeutung. »Du spürst sofort, ob du dich wohl fühlst oder nicht« (Marlène). Natürlich können viele kleine Ereignisse noch einmal alles völlig verändern. Das Aufstehen, das Sich-Waschen und das Frühstück beinhalten eine Vielzahl neuer Dimensionen, Überraschungen und Fallen. Und dennoch kann es passieren, dass der allererste, oft sehr allgemeine Gefühlseindruck auf so intensive Weise den Ton angibt, dass spätere Missgeschicke wirklich einschneidend sein müssen, um das Ruder noch einmal herumzureißen. Wenn Colombine an ihre Morgen danach mit anderen Männern als Franck denkt, erinnert sie sich vor allem an diesen ersten Eindruck, der sie niemals über die weitere Folge getäuscht hat. »Ob du guter oder schlechter Laune bist, ob dein Partner guter oder schlechter Laune ist, ob du Lust hast, mit ihm zu frühstücken.« Was Franck betrifft, war dieser allererste Eindruck (in seiner Abwesenheit), einfach zauberhaft.

Das gespaltene Denken

Wenn die Gefühle von Anfang an positiv sind, kann sich das Denken entspannt zurücklehnen – es genügt, sich vom Lauf der Dinge treiben zu lassen. Was umso leichter ist, je fesselnder das Ereignis ist; etwas Gras und laute Musik hatten auch noch Agathes letzte Zweifel zum Einschlafen gebracht. Allerdings nur für eine gewisse Zeit. Denn plötzlich dachte sie an England. Wenn das alles wirklich etwas Ernstes war, würde das heißen: Beziehung. Doch vom Beginn einer Beziehung zu sprechen, hieße auch gleichzeitig, von einer ganzen Reihe von Problemen zu sprechen, für die sie sich keine Lösung vorstellen konnte. »Ich wusste nicht so recht. Denn schließlich sollte er zwei Tage später nach England fahren. Will ich ihn wirklich? Das ist die große Frage! Will ich wirklich, dass er mich lieb gewinnt und dann später zurückkommt? Denn was entstehen damit nicht alles für Probleme! Zurückkommen – ach, so viele offene Fragen!« Also entschied Agathe, ihre Verhaltenslinie zu ändern. Sich einfach im Fluss der Ereignisse treiben zu lassen, war schön leicht und angenehm, aber wohin würde sie das führen? Und dann war da noch diese andere Frage: War John überhaupt in sie verliebt? Zunächst musste diese mögliche Schwierigkeit geklärt werden. »Ich habe mich gefragt: Bin ich für ihn etwas Besonderes oder nur eines dieser Mädchen, die kommen und gehen? Es ging mir so gut, dass ich mir sagte: Jetzt nutze ich einfach die Gelegenheit und rede mit ihm. Ich rede und rede und rede, um möglichst viel herauszufinden.« Doch unglücklicherweise blieb John zumindest ziemlich unbestimmt, öffnete seinen Mund nur, um Witze zu machen, und flüchtete sich in Schweigen, sobald sie versuchte, das Gespräch auf eine ernstere Ebene zu bringen. Zweifellos war er genauso zögerlich wie sie selbst. Das alles war zu wichtig und zu kompliziert, als dass man innerhalb weniger Minuten eine einfache Antwort auf all die Fragen hätte geben können. Sie beobachteten sich gegenseitig und versuchten herauszufinden, was der Blick des anderen über ihre Beziehung, ihre Zukunft sagte, so als ließe sich das Geheimnis durch die reine Magie des Sich-gegenseitig-Betrachtens lüften. »Ihm ging es genauso. Er stellte sich Fragen und schaute mich die ganze Zeit an! Und das machte ich auch: Wir haben uns angesehen. Das ging so mehr oder weniger den ganzen Tag: Wir starrten uns an.«

Das Hin und Her der Gedanken zwischen dem Einschwenken auf die neue Flugbahn und dem Abbrechen der Erfahrung ist logischerweise bestimmend für zwei verschiedene Arten und Weisen des Handelns und der Selbstpräsentation. Die Stimme ändert ihre Tonlage, die Worte ändern das Register, die Gesten ihren Stil, und die Szenen, die zu spielen sind, bedienen sich eines anderen Repertoires. »Es gab Momente, da waren wir wirklich wie ein Pärchen, und ich versuchte auch nicht, dem entgegenzuwirken. Aber es gab auch Momente, da zerbrach ich mir den Kopf. Wir haben zusammen geduscht und na ja, da hab ich schon auf Paar gemacht, aber ... aber dann war ich es, die gesagt hat: danach gehen wir aber auseinander« (Virginie). Denn schließlich werden die kritischen Gedanken sehr schnell vom einmal ausgelösten Lauf der Beziehungsdinge aufgeweicht; im eigenen Verhalten eine gewisse Zurückhaltung zu üben, ist auch eine Art und Weise, sich die Möglichkeit des Nachdenkens zu bewahren. In dem Verhaltensschema, das am häufigsten vorkommt, beschränkt sich die Zurückhaltung allerdings auf Augenblicke des Rückzugs und der Distanzierung (Badezimmer, Brötchenholen, Rückkehr nach Hause). In den Szenen der Zweisamkeit hingegen spielt jeder das Beziehungsspiel mit oder versucht zumindest, den anderen dies glauben zu machen. Die ganze Kunst besteht also darin, die eigene Gedankenwelt auf eine solche Weise zu spalten, dass die Beziehungsgegenwart beinahe vorbehaltlos gelebt werden kann, während man zugleich nicht aus den Augen verliert, dass eine kritische Bewertung vorgenommen werden muss. »Ja sicher, das ist ein analytischer Blick, aber auch ein liebevoller Blick, der dem vorausgeht. Selbst wenn man sich sagt: oh je, das ist ja nicht gerade toll.« Pierre gibt zu, dass er eine Reihe von Details beobachtet hatte. »Obwohl ich nicht danach Ausschau gehalten habe.« Er entdeckte sie eher zufällig, als sein Blick an einigen unerfreulichen Kuriositäten hängen blieb. Aber er sagte nichts zu Marinette und änderte auch sein Verhalten in keiner Weise. Und außerdem verschwanden die kritischen Gedanken einer nach dem anderen wieder aus seinem Bewusstsein, um in einem fernen Gedächtnis abgespeichert zu werden, das er jedoch anlässlich des Interviews teilweise reaktivieren kann. Dazu muss gesagt werden, dass das Ereignis erst zwei Wochen zurückliegt. Anna hingegen spricht von einem Morgen, der vor neuneinhalb Jahren stattgefunden hat. Wie wir gesehen haben, weigerte sie sich, einen kritischen Blick auf das Geschehen zu werfen und ging statt dessen in einer besonders glatten Kontinuität auf. »Ich versuchte, nicht nachzudenken, ich war wirklich in einer Art Schwebezustand.« Und dabei hatte selbst sie einige Kleinigkeiten bemerkt, die sie noch Jahre danach wieder an die Oberfläche befördern kann. Zum Beispiel: »Er putzte sich nicht immer die Zähne.« Später wurde diese Unzulänglichkeit dann korrigiert. Wäre es dazu nicht gekommen, hätte sich dieser Kritikpunkt vehementer manifestieren und eventuell mit weiteren Kritikpunkten zusammenschließen können. Wenn ein kritisches Urteil zum anderen kommt, dann werden die Voraussetzungen für einen Meinungsumschwung geschaffen. Im Fall von Vincent ging dieser Prozess mit ziemlicher Geschwindigkeit vonstatten. Zunächst jedoch schien er sich von all den Enttäuschungen nicht beeindrucken zu lassen, so als könnte keine noch so große Katastrophe ihn von seinem Weg abbringen oder ihre Spuren hinterlassen. In Wahrheit jedoch waren seine kritischen Urteile lediglich in einer so weit entfernten Nische seiner Gedanken abgespeichert, dass es einer aktiveren und vorsichtig optimistischen mentalen Schicht gelang, sie jedes Mal wieder zurückzudrängen, wenn sie versuchten, an die Oberfläche zu gelangen. Doch an einem bestimmten Punkt bewirkten die Kuh, die Mäuse, die Spinnen, der Van Gogh und das verstockte Schweigen Aglaés dann schließlich doch eine schrittweise kognitive Umkehrung. Zunächst machte Vincent noch einen Unterschied zwischen einer beziehungsmäßigen Bindung, über die er zu diesem Zeitpunkt nicht nachdenken wollte, und den eher kurzfristigen Bedingungen für ein Einvernehmen mit Aglaé. »An dem Morgen dachte ich nicht über mich nach. Es ist ein Abenteuer und du denkst nicht an die Zukunft. Aber du beobachtest sie und fragst dich, ob das passen würde oder nicht.« Aber diese Unterscheidung zwischen kurzfristig und langfristig lässt sich nicht lange durchhalten. Wenn das mit

Aglaé wirklich nicht passte, was könnte dann eine Fortführung des Abenteuers für einen Sinn haben? »Ich fragte mich, ob ich die richtige Entscheidung getroffen hatte. Nicht wegen ihrer Reaktionen, sondern wegen mir selbst.« Hier ging es nicht mehr um ein paar anekdotenhafte Unannehmlichkeiten, sondern um ihn selbst, seine Zukunft. Er musste ernsthaft nachdenken, also ging er nach Hause. »An jenem Abend wollte ich allein sein. Denn ich verstand nicht so recht, warum sie sich am Morgen so verhalten hatte. Vielleicht wollte ich mich selbst in Frage stellen.«

»Ich war nur eine Zuschauerin«

Die Gespaltenheit ist ein zentrales Merkmal des Morgens danach. Jedoch manifestiert sie sich auf vielfältige Weise. Wir haben die Zerrissenheit des Individuums gesehen, zwischen einerseits dem Einfluss des Ereignisses und einer Flugbahn, die einen durch die simple Aneinanderreihung von Geschehenissen mitreißt, und andererseits seiner Fähigkeit zur Reflexion, die ihm sagt, dass es vielleicht gerade einen Fehler macht. Des Weiteren haben wir gesehen, dass sich die Reflexion selbst noch einmal aufspaltet in eine reine Begleiterscheinung des Handelns und gleichzeitig ein eher zurückhaltendes Urteil. Man könnte noch viele andere Arten der Gespaltenheit beschreiben. Zum Beispiel den normativen Druck, der einen dazu bringt, sich in eine gesellschaftlich konstruierte Identität einzuschreiben, während das konkrete Individuum Gefühle hat, die es eigentlich eher zur Zurückhaltung anhalten. Boris fühlte sich beim Aufwachen äußerst unwohl und es drängten sich ihm unzählige Fragen und Kritikpunkte auf. Als Prudence im Badezimmer war, explodierte sein Ärger: Er musste eine Ewigkeit warten – sie kam einfach nicht mehr heraus! Als er endlich an der Reihe war, musste er entdecken, dass es im Badezimmer aussah wie in einem türkischen Dampfbad. »Alles war beschlagen und musste trocken gewischt werden. Sauberkeit ist schon gut, aber man kann auch nicht sauberer sein als sauber. Es war ziemlich ätzend!« Im Badezimmer hatte Boris nur noch einen Gedanken: mit Prudence Schluss zu machen. Dann dachte er an ihre Freunde und dass sie in weniger als einer Stunde mit ihnen verabredet waren. Was sollten sie ihnen sagen, wenn sie nicht die erwartete Neuigkeit verkünden konnten? Und schon hatte Boris seinen Ärger vergessen. »Wir waren ganz von dem Gedanken besessen, was wir den anderen sagen würden. Das hat uns total beschäftigt.«

Doch auch wenn die Gespaltenheit vielerlei Formen annehmen kann, hat sie eine Wurzel, die diese unterschiedlichsten Formen nährt und erklärt: Das Individuum spaltet sich am Morgen danach, weil zwischen den beiden Ichs ein Krieg tobt. Und wie könnte es zu einer gedanklichen Einheit finden, wenn es doch nie genau weiß, welches seiner beiden Ichs gerade diesen Gedanken hat, das alte oder das noch in der Testphase befindliche neue? Das erklärt auch die plötzlichen Meinungsumschwünge und die unzähligen Widersprüche, auf die wir im Rahmen unserer Untersuchung in den Interviews gestoßen sind. Sophie spürte diese Gespaltenheit in sich mit besonderer Heftigkeit, und in ihrem Fall waren es gerade die Kraft und Merkwürdigkeit dieser Gespaltenheit, die es möglich machten, dass sie sich auf die Beziehung einließ. Zuvor hatte sie immer nur Morgen mit bösem Erwachen erlebt, unerträgliche Scham und eine überstürzte Flucht. Doch jene Nacht war anders, und zwar paradoxerweise weil sie sie nicht sehr ernst genommen hatte. »Ich kannte ihn, aber ich konnte ihn mir nicht an meiner Seite vorstellen. Ich habe mich am Anfang nicht für die Sache eingesetzt.« An jenem Morgen empfand sie weder Scham noch den Wunsch zu fliehen. Aber auch nicht das reine Glück. Die Situation war sehr seltsam: Sie hatte das Gefühl, nicht sie selbst zu sein und auch nicht in dieser ungewohnten Rolle zu existieren. Sie war eine fiktive Person, jenseits von Raum und Zeit und vor allem jenseits ihrer selbst. »Es war das Gefühl, nicht daran zu glauben, Skepsis. Ich konnte es nicht fassen, glaubte nicht daran. Die Überraschung hielt zwei oder drei Tage an; ich konnte es einfach nicht glauben. Ich war nur eine Zuschauerin.« Wir haben bereits gesehen, dass sich auch Colombine und andere »wie in einem Film« gefühlt haben. Das Besondere an Sophie ist, dass sie ein Extremfall ist, weil diese Art eines fiktionalen, von ihr selbst entfernten Lebens so lange anhielt. »Mehrere Monate lang war ich überzeugt, dass ich am nächsten Tag wieder zu mir zurückkehren würde.« Denn sie klammerte sich an ihr altes Ich und konnte diesen biografischen Übergang deshalb nicht voll und ganz vollziehen. Sie spielte eine Rolle, an die sie nicht glaubte, weil sie entschlossen die alte Sophie blieb. Für gewöhnlich lassen sich die Protagonisten – außer im Fall eines Morgens mit bösem Erwachen – leichter auf ihre neuen Rollen ein und lernen, mit den neuen Gesten zu verschmelzen und sich entlang von Choreografien weiterzuentwickeln, die ihnen schrittweise immer vertrauter werden. Aber niemals voll und ganz. Ein Teil von ihnen bleibt immer im alten Ich, ruft die alten Prinzipien in Erinnerung und äußert seine Kritik, besonders dann, wenn die Begeisterung über die im Entstehen begriffene Beziehung nachlässt. In der Illusion seiner eigenen Einheit und Kontinuität weiß das Individuum nie wirklich, welches seiner beiden Ichs ihm gerade seine Gedanken einflüstert.

Dies stellt einen wichtigen Erklärungsfaktor für die ziemlich mittelmäßige Effektivität der Reflexionsarbeit am Morgen danach dar. Da ein ganzes Arsenal raffinierter Methoden zum Einsatz kommt (diffuse oder eher analytische Beobachtungen, sich von seinen Gefühlen leiten lassen, Dissonanzen in das schlafende Gedächtnis verbannen), könnte man meinen, dass dieses Gefühlsexperiment, das länger dauert als nur einen einzigen Morgen, die beste Garantie dafür ist, Fehler bei der Partnerwahl zu vermeiden. Dabei würde man jedoch die enorme Zahl von Variablen vergessen, die potenziell berücksichtigt werden muss – das Bedürfnis nach mentaler Ruhe, das einen dazu bringt, sich einfach einer wenig reflexiven Logik der Kontinuität zu überlassen, und die Störungen, die durch die Gespaltenheit der Identität ausgelöst werden. »Also am Morgen danach hast du ehrlich gesagt nicht die Zeit, um alles zu sehen und zu beobachten« (Boris). Es ist unmöglich, zu einem perfekten Ergebnis zu kommen – man muss sich damit zufrieden geben, gravierende Fehlurteile zu vermeiden: zum Beispiel, auf eine Flugbahn zu geraten, auf der es von Anfang an klare Anzeichen gibt, dass man nicht glücklich werden wird. Oder einen Morgen zu vermasseln, der doch voller Versprechungen war. Juliette hatte mit Romano den Zauber aller Zauber erlebt; nichts könnte jemals wieder so schön sein. Sie hatte keinen Augenblick lang den geringsten Verdacht oder Zweifel gehegt; sie war so verliebt, wie man es sich nicht einmal in Liebesromanen zu erträumen wagt. Sie glaubte, ihre ganze Zukunft erfüllt von diesem Glück vor sich zu sehen. Sie waren noch jung und deshalb war es schwierig für sie, sich eine eigene Wohnung zu nehmen, also entschieden sie sich, eine Beziehung auf Distanz zu führen, jeder wohnte bei sich zu Hause. Einige Monate später musste Romano zum Militärdienst. Ihre jugendliche Sorglosigkeit konnte dieser Entfernung nichts entgegensetzen und die vorübergehende Attraktivität unbedeutender Begegnungen ließ sie (vorübergehend, wie sie dachten) die wunderbare Intensität vergessen, die sie zusammen erlebt hatten. Und heimlich, still und leise brachte der Lauf der Dinge jeden von ihnen auf seinen eigenen Weg. Aber an jenem Morgen war dieses zärtliche Gefühl füreinander so stark gewesen, dass sie sich nicht trennen konnten. Während sie so in ihren Erinnerungen schwelgt, scheint sich Juliette (inzwischen mit Guillaume verheiratet und eigentlich ganz zufrieden) von der gegenwärtigen Realität zu lösen. Sie ist ganz woanders und durchlebt diese damalige Szene mit Tränen in den Augen und einem viel sagenden Zittern in der Stimme noch einmal. Sie bedauert nicht nur ihre verlorene Jugend. »Wir waren sehr jung, als wir uns kennen lernten, deshalb konnte es nicht funktionieren. Ich denke, auch er bedauert das. Inzwischen ist er verheiratet und so. Es war ein Fehler, nicht zusammen zu leben.«

Auf dem Weg zu einem neuen Liebesmodell

> »Der Gengé, den sie sich geschaffen hatte, konnte nur solche Gedanken, solche Gefühle, solche Vorlieben haben. Ein wenig albern war er, aber liebenswert. Ach, so liebenswert – für sie! Sie liebte ihn so, wie er für sie war: ein wenig albern, aber liebenswert. [...] So sehr liebte sie ihn!
> Jetzt, da mir alles klar geworden war, wurde ich furchtbar eifersüchtig – nicht auf mich, glauben Sie es mir: nur keine schlechten Witze! – nein, nicht auf mich, meine Damen und Herren, sondern auf einen Mann, der nicht ich war, auf einen Dummkopf, der sich zwischen mich und meine Frau drängte: es war kein leerer Schatten, nein – glauben Sie mir bitte –, er verwandelte vielmehr mich in einen leeren Schatten, mich selber, indem er sich meinen Körper aneignete, um sich von meiner Frau lieben zu lassen. Überlegen Sie genau. Küßte meine Frau wenn sie meine Lippen berührte, etwa nicht einen Mann, der ich nicht war?«
>
> Luigi Priandello, *Einer Keiner Hunderttausend*[1]

»So war das Leben eben«

Gefühle lassen sich nicht in Modelle zwängen, und es ist sehr vereinfachend, in einigen Zeilen Aussagen darüber zu machen, worin das Beziehungsleben zu dieser und zu jener Zeit bestand. Glücklicherweise war jedes Individuum immer einzigartig und jede Liebesgeschichte eine Erfindung zweier Menschen. Aber dennoch ändern sich die Zeiten und mit ihnen ändert sich auch die Liebe. Auch auf die Gefahr hin, ein wenig schematisch zu sein, wollen wir versuchen, diesen Wandel in groben Zügen nachzuzeichnen.

In den ursprünglichen Gesellschaften wurden Frauen im Rahmen von strengen Heiratsregeln getauscht. Sofern die Liebe überhaupt schon existierte, war sie nicht allgemein anerkannt und wurde auch nicht dem Zufall überlassen. Die Ehe war keine Privatsache, sondern eine öffentliche Angelegenheit höchsten Ranges, eines der

1 Sachon Verlag, 1986

zentralen Fundamente der im Aufbau befindlichen sozialen Gemeinschaften. Über die Jahrhunderte hinweg und durch viele verschiedene Erscheinungsformen hindurch sollte die Ehe etwas von dieser institutionellen Prägung behalten. Über zwei Individuen hinaus, die sich zusammentun, wurde das Ereignis von der gesamte Gesellschaft, insbesondere über die Eltern, unter der Hand kontrolliert und organisiert.

Doch Schritt für Schritt brach sich im Namen der Liebe und mit den Waffen des Theaters und des Romans eine neue, gefühlsbetonte und individualistische Sicht der Dinge Bahn, die der geltenden moralischen Ordnung zuwiderlief. Doch während diese neue Konzeption in der ersten Hälfte des 20. Jahrhunderts in Büchern und in den ersten Kinofilmen bereits publik gemacht wurde, transformierte sie noch nicht wirklich die Verhaltensweisen der Masse der Bevölkerung. Die verliebten Träume hatte noch wenig Einfluss auf die Art und Weise, wie sich Paarbeziehungen tatsächlich bildeten.

Nichts könnte uns besser helfen, dies zu verstehen, als die schöne Geschichte von Georgette und Léon, die sich an einem strahlenden Tag direkt nach Kriegsende das Jawort gaben. »Als ich jung war, war ich wirklich ein hübsches Mädchen. Da waren viele, die um meine Hand angehalten haben. Manche kamen sogar von weit her.« Und schon bevor sie diesen beispiellosen Rekord aufstellte, ging die Runde durch das Dorf: acht Heiratsanträge innerhalb einer Woche! Die Anträge wurden in der Familie heftig diskutiert. »Ich hatte harte Auseinandersetzungen mit meinen Eltern, die wollten, dass ich diesen oder jenen nehme.« Aber Georgette, eine Rebellin und in diesem Punkt schon sehr modern, hatte heimlich begonnen, mit Léon zu »verkehren«. »Ich musste in dieser Sache wirklich hart mit meinen Eltern kämpfen. Na ja, als ich jemanden kennen gelernt hatte, war's das, das war für immer!« Georgette war damals fünfzehn Jahre alt. Schließlich gaben die Eltern nach und der Bewerber wurde unter der Bedingung akzeptiert, dass dieses »Miteinander-Verkehren« den allgemeinen Sitten entsprach. »Das war in allen Ehren. Mein Vater hatte immer gesagt: Na gut, du verkehrst mit ihm, aber dass du mir nicht schwanger nach Hause kommst. Du weißt, dann fliegst du hier raus! Oh ja, in diesem Punkt war das sehr streng. Das kam nicht in Frage! Aber im übrigen dachten wir auch nicht daran. Außer zusammen sein, sich küssen und solche Sachen war da nichts, und wir wollten auch nicht weiter gehen. So war das Leben eben damals.« Mit zwanzig Jahren, ein Jahr vor der Heirat, hatte sie immer noch jedes Mal, wenn sie mit Léon ausging, eine (eigentlich eher symbolische) Anstandsdame dabei. »Ja ja, meine Schwester ging immer mit. Ihr war das piepegal, sie ging an den Strand und so, aber es musste unbedingt ein Anstandswauwau dabei sein! Es war schrecklich.« Die mit langer Hand vorbereitete Hochzeit war ein sehr intensiver Moment, vor allem natürlich die Zeremonie. Aber auch die aufgeregte Erwartung der Nacht. »Wir waren wirklich zwei Gänschen, wir wussten von gar nichts. Wir wurden also wirklich ins kalte Wasser geworfen und hatten ein wenig Angst.« Auch der erste Eindruck beim Aufwachen war sehr stark. »Oh, was für eine Überraschung, einen Mann an meiner Seite vorzufinden, das war schon etwas Besonderes. Ich war glücklich. Damals war das wirklich noch die Liebe ohne Seitensprünge. Wenn man heiratete, war das für's ganze Leben.« Die Probleme der Nacht (vor allem aufgrund ihrer großen Schamhaftigkeit) waren schnell vergessen. »Der Schritt war gemacht. Dann habe ich mein Nachthemd angezogen, er auch, und wir haben gefrühstückt.« Wie ich bereits weiter oben berichtet habe, war dies der Augenblick, in dem sie sich wirklich ihres neuen Lebens bewusst wurde und das Glück der Unabhängigkeit verspürte. »Es war, als hätte sich eine Fessel gelöst. Ich fühlte mich frei. Unser Haus zu haben, für uns beide sein Heimchen am Herd spielen zu können – das habe ich alles als großes Glück empfunden. Es war eine Befreiung – das ist das richtige Wort dafür. Wir waren glücklich über unsere Freiheit.« Das Glück als Paar vermischte sich mit dem Glück der persönlichen Emanzipation. »Ich war in meinem eigenen Zuhause! Ganz allein! Und glücklich. Nun fing mein Leben erst richtig an.« Da gab es nichts nachzudenken und sie hatte auch nichts beobachtet, was kritikwürdig gewesen wäre. »An jenem Tag waren wir auf einem Höhenflug. Selbst wenn da etwas schief gelegen hätte, hätten wir es nicht bemerkt. Ich habe dem Leben einfach so seinen Lauf gelassen.« Dabei spürte sie jedoch die plötzliche grundlegende Veränderung. »Das war ein völlig anderes Leben, nicht vergleichbar.« Aber es gab gar keine andere Möglichkeit, als sich diesem neuen Lauf der Dinge anzupassen. »So war das Leben und so musste man auch weitermachen.«

Natürlich erhebt die Geschichte von Georgette nicht den Anspruch, eine ganze Epoche zu repräsentieren. Da sie sich auf dem Land abspielte, ist sie im übrigen in manchen Details eher typisch für den Anfang des Jahrhunderts als für die 1940er Jahre, während der sich die Ereignisse wirklich abspielten. Wichtig ist, was diese Geschichte illustriert, nämlich den Einfluss des Gesellschaftlichen und seiner Institutionen auf die Personen, aber auch die Anfänge des individualistischen Aufbegehrens gegen diese Institutionen im Namen der Liebe. Offen gesagt redet Georgette gar nicht viel von dieser Liebe, sie bedient sich keiner großen Worte, bleibt sehr diskret. Ihr Eheleben gleicht keineswegs in allen Punkten den Vorgaben eines Liebesromans. Aber es war ihr heimliches Verlangen, ihre Zuneigung zu Léon, die sie ihre innere Entscheidung treffen ließ.

Das gesamte 20. Jahrhundert ist geprägt von dem langsamen und schwierigen Ende des institutionellen Ehemodells. Eine andere Geschichte, nämlich die von Gabrielle, erlaubt es uns, ganz aus der Nähe zu sehen, wie sich dieser Übergang in einer entscheidenden Phase vollzog, nämlich Ende der 1960er Jahre. Man könnte von diesem Datum überrascht sein. Aber man sollte nie vergessen, dass zwischen der Welt der Phantasie und Fiktion, in der der romantische Umsturz sehr schnell Verbreitung fand, und den durchschnittlichen Alltagspraktiken, die noch lange an den althergebrachten Traditionen festhielten, eine große Kluft besteht.

Genau wie Georgette hatte auch Gabrielle begonnen, heimlich mit André zu »verkehren«. Dann teilte sie es ihren Eltern mit. Ihre Mutter zeigte sich ziemlich reserviert; ihr Vater schien verständnisvoller zu sein, jedoch ohne dies jemals offen zu sagen. »Das wurde nie mit Worten gesagt, man ging nicht ins Detail. Aber irgendwie war klar, dass mein Vater einverstanden war.« Unglücklicherweise ging die Sache auf Seiten von Andrés Familie schief, als sie erfuhr, dass Gabrielles Eltern nicht zur Messe gingen und dass Gabrielle, welch eine Katastrophe, aus – offiziell – beruflichen Gründen nach Paris gezogen war. In ihren Augen war dies nur ein weiteres Zeichen von Verderbtheit. Also setzten sie ihren Pfarrer auf sie an und Gabrielle musste eine Reihe von Fragen und gehörigen Druck über sich ergehen lassen. »Sie hatten Angst, ich könnte kein anständiges Mädchen sein. Der Priester bat uns sogar, uns eine Zeitlang nicht mehr zu sehen, um zu schauen, ob wir wirklich aneinander festhielten. Das habe ich ihnen ziemlich übel genommen.« Und dies umso mehr, als wir uns im Jahre 1968 befinden, in dem diverse Ereignisse eher dazu ermuntern, sich mehr persönliche Freiheiten herauszunehmen. Die Ansprachen des Pfarrers erscheinen plötzlich wie aus einer anderen Zeit. Gabrielle und André hielten »quasi heimlich« an ihrer Liaison fest. Der Zeitgeist hatte sich plötzlich gedreht. »Fünf Jahre vorher hätten wir das niemals tun können.«

War Gabrielle verliebt und wie war sie verliebt? Ihre Erzählung erweckt den merkwürdigen Eindruck von einem Gefühl, das zunächst im Kampf gegen die gesellschaftlichen Widrigkeiten konstruiert wurde, sich dann aber erst anlässlich der öffentlichen Bestätigung ihres Bundes wirklich entfaltete. »Am Anfang habe ich mich schon gefragt, ob er wirklich der ist, auf den ich gewartet habe.« Aber dann war da diese heimliche Komplizenschaft angesichts ihrer quasi heimlichen Beziehung, und da waren zwei Jahre lang die geheimen Frühstücke und auch schon einige Gewohnheiten wie bei einem alten Ehepaar. Und schließlich kam die Entscheidung zu heiraten, die dann auch von den Familien akzeptiert wurde, und mit der offiziellen Aussicht auf Verbindlichkeit kam ein Gefühlsausbruch. »Ich war verliebt, ich sollte heiraten, es gab nichts mehr, das ... Es gab nur noch das! Wenn ich heute zurückdenke – verrückt!« Zu genau diesem Zeitpunkt war sie über beide Ohren verliebt. Es ist frappierend festzustellen, wie sehr hier die Institution die Oberhand gewann: Die Heirat war es, die ihre Leidenschaft entfachte. Es ist übrigens viel sagend, dass sie das Beispiel der Hochzeitsnacht nahm, um über ihren »Morgen danach« zu reden. Und dabei hatten Gabrielle und André doch schon zwei Wochen vorher – heimlicher als je zuvor – ihre wirkliche erste Liebesnacht erlebt. Auf ihre Art Rebellen und vom Zeitgeist inspiriert, weigerten sie sich, sich allzu genauen Richtlinien zu beugen. Und zweifellos begehrten sie einander auch sehr. Von einer Liebesrevolte zu sprechen, wäre jedoch übertrieben. Übrigens erinnert sich Gabrielle kaum noch an diese erste Nacht und auch nicht an den folgenden Morgen. »Das hat bei mir kaum Spuren hinterlassen.« Die Hochzeit dagegen war etwas ganz anderes! Da waren die Gefühle auf dem Höhepunkt und sie erinnert sich noch ganz genau an alles.

Die Nacht war nicht sehr gut gelaufen. André hatte seinen Pyjama vergessen. Da er sehr schamhaft war, fühlte er sich Gabrielle gegenüber so nicht sehr wohl. Aber vor allem machte sich bei dem Gedanken an das für den nächsten Morgen geplante Ritual eine destruktive Angst in ihm breit. »Er wusste genau, dass am nächsten Morgen alle kommen würden, um uns zu wecken. Das hat ihm total schlechte Laune bereitet, weil er seinen Pyjama nicht dabei hatte.« Die ganze Nacht über war er wie besessen von dem Gedanken an den vergessenen Pyjama. Es konnte kaum schlafen und war ziemlich durcheinander aufgrund der Übung, die von ihm erwartet wurde. »Wir haben es beinahe vermasselt.« Am nächsten Morgen, als die fröhliche Mannschaft im Anmarsch war, brachte ihn seine Angst zu einem Wutausbruch: Er verbarrikadierte die Tür. Aber unglücklicherweise fanden die Angreifer eine Leiter. »Sie kamen zu fünfzehnt herein. Wir waren der Situation nicht mehr Herr.« André weigerte sich mürrisch, das Bett zu verlassen. Also setzte sich die ganze Truppe auf die freie Seite des Bettes, um ein Foto zu machen – und mit einem lauten Krach brach das Bett zusammen! Natürlich hinterlassen solche Missgeschicke eher Spuren als ein ganz normaler Morgen. Aber man sollte sich nicht täuschen lassen: Hinter den (außer für André) lustigen Anekdoten zeigt sich ganz offenkundig die Macht kollektiver Rituale. Nach der Rebellion in Gestalt der Opposition gegen die Familie und dem Regelverstoß in Gestalt der heimlichen Treffen, war Gabrielle zu einer weniger von der Tradition abweichenden Konformität zurückgekehrt. Nur in den ersten Phasen ihrer gemeinsamen Geschichte hatte sich der modernistische Wunsch nach größerer persönlicher Autonomie manifestiert. Bei ihrer Heirat jedoch hatte die althergebrachte Logik der gegenseitigen Verpflichtung wieder die Oberhand über die zwischenmenschliche Beziehung gewonnen. »Das war's, ich sollte heiraten. Als wir dann den Akt vollzogen, sagte ich mir: Er ist es! Es hätte auch ein anderer sein können, aber er war es. Am Morgen danach waren wir schon mitten in unserer Zukunft, wir waren schon in Fahrt.« Nun musste man nur noch allem seinen Lauf lassen.

Gabrielle spürte das Brodeln und Beben der damaligen Zeit um sie herum. »Wenn du mit einem Typen geschlafen hast, dann war es der, den du auch heiraten würdest. Ich kannte Mädchen meines Alters, die schliefen mit Jungs und es war einfach nur ein Abenteuer für sie. Das fing damals an.« Indem die Revolution der Sitten in den 1970er Jahren das Sexuelle autonomisierte, verwirklichte sie innerhalb kurzer Zeit und auf massive Weise das, was zwei Jahrhunderten romantischer Liebe mithilfe der Tugend des Gefühls nicht gelungen war: das alte Beziehungsregime niederzuschlagen.

Das romantische Modell

Die romantische Liebe ist dem Roman entsprungen (Raffin, 1987). Verschiedene Kommentatoren haben diese These zurückgewiesen und ihr das Argument entgegengehalten, die Liebe sei keine Illusion, sondern existiere wirklich, bis hinein in ganz konkrete Körperregungen. Doch zwischen diesen beiden Positionen besteht kein Widerspruch. Alle kulturellen Phänomene, die uns umgeben, sind gesellschaftliche Erfindungen. Die Familie hat durch die Geschichte hindurch tausend verschiedene Formen durchlaufen; der Strand ist als Ort der Entspannung eine Entdeckung neueren Datums; die Art und Weise, wie wir uns heute waschen, wurde im 19. Jahrhundert als Norm fixiert. Jedes dieser Elemente wurde auf eine spezifische Weise konstruiert. Die einzige Besonderheit der Liebe besteht darin, dass bei ihr auf ganz massive Weise die Phantasie und die Fiktion ins Spiel kamen, woraus sich die häufig festgestellte Kluft zwischen der idealisierten Repräsentation der Liebe und ihrer konkreten Realität erklärt. Es wäre jedoch ein Fehler, sich einfach auf diese Kluft zu berufen, um die Liebe zum Trugbild zu erklären. Es gibt sie wirklich, auch wenn sie nicht immer mit unseren Träumen mithalten kann.

Die romantische Liebe blickt auf eine lange und komplexe Geschichte mit interessanten und originellen Momenten zurück, wie z.B. die höfische Liebe im Mittelalter; Momente, die jedoch im Vergleich zur zentralen Bedeutung der gesellschaftlichen Institution Ehe relativ marginal blieben. Die Macht der idealistischen Romantik besteht darin, letztere umgangen zu haben und in der Literatur (und ausgehend davon ganz allgemein in den Vorstellungen der Menschen) das durchgesetzt zu haben, was regelrecht zu einem

»herrschenden Modell« der Liebe werden sollte (Chaumier, 1999, S. 29). Serge Chaumier definiert sie in groben Zügen. Die romantische Liebe ist zunächst ein persönlicher Kampf gegen Hindernisse und sie ist »umso heftiger, als ihr entgegengewirkt wird« (S. 39). Sie zeichnet sich durch eine Gefühlssteigerung aus, die es erlaubt, die Schwierigkeiten zu besiegen, indem das Liebesobjekt verherrlicht wird. Die Idealisierung des Partners »ist zu Beginn wichtiger als seine wirkliche Persönlichkeit« (S. 108). Und in meinen eigenen Worten würde ich hinzufügen: Dies ist so, weil diese Idealisierung für die Konstruktion des Gefühlsüberschwangs nötig ist, der es allein möglich macht, dass man sich von seinem alten Ich zu lösen vermag, das (deutlich mehr, als das heute der Fall ist) in den gesellschaftlichen Rollen der etablierten Institution gefangen ist. Stendhal verwendet den Begriff der »Kristallisierung«: Die Gefühle sind die Kraft, die es ermöglicht, die Identitätsrevolution zu vollziehen. Sie sind die Begründer der neuen Beziehung und sind deshalb ganz am Anfang des Prozesses zu finden – oft sogar schon anlässlich des ersten Treffens oder des ersten Blickwechsels.

Uns erscheint die romantische Liebe wie der universelle Hintergrund unserer ganz normalen Einstellungen, eine Art Ideal, das leider oft sehr weit von den gewöhnlichen Engstirnigkeiten des Alltags entfernt ist, und stattdessen immer gleich bleibt, evident und unhinterfragbar ist und über allem steht. Nun haben gesellschaftliche Imperative jedoch die Weiterentwicklung der Liebe erforderlich gemacht und erklären sie nun zu einer vorübergehenden Realität, die in einer ganz bestimmten Phase unserer Geschichte konstruiert wurde.

Ein Übergangsmodell

Ich denke, die wenigen Beispiel haben genügt, um die Macht der traditionellen Institution zu zeigen. Die Geschichten von Georgette und Gabrielle haben sich mehr als ein Jahrhundert nach dem Aufstieg des Gefühlsidealismus abgespielt, aber es ist den damals jungen Verliebten immer noch nicht gelungen, sich wirklich von der Macht des Gesellschaftlichen zu befreien. Denn das ist es, was die romantische Liebe vor allem ist: ein Angriff gegen die Institution, mit dem Ziel, neue, autonomere Individuen hervorzubringen, die ihre persönlichen und partnerschaftlichen Entscheidungen selbst kontrollieren. Wie Georg Simmel (1988) betont hat, hat die Leidenschaft die Macht, die Verliebten zu individualisieren, indem sie sie von ihrem Umfeld trennt. Ulrich Beck (1990, S. 225) ist in diesem Punkt noch präziser: »Enttraditionalisierte Liebe ist alles in Ichform.« Die versteckte Seite des Liebesgefühls im romantischen Modell mit seiner Größe und Macht lässt sich folgendermaßen zusammenfassen: Ohne dieses Gefühl wäre es nicht möglich gewesen, die neue Realität des modernen Individuums in den privaten Beziehungen hervorzubringen, wäre die »Entdeckung des Selbst durch sich selbst« unmöglich gewesen, die »der Auslöser ist für neue Beziehungen zu anderen« (Perrot, 1987, S. 417). Das ist der Grund, warum eine wirkliche Diskrepanz zu vorher und eine gewisse Gewaltsamkeit im Ausdruck dieses Gefühls nötig war. Es musste wirklich mit dem Einfluss der Tradition gebrochen werden und die Individuen mussten aus ihr herausgelöst werden, um sie auf den Weg ihres eigenen Schicksals zu bringen. Nur ein idealisierter, plötzlicher Gefühlsüberschwang, der vor Emotionen nur so bebt, konnte diesen historischen Wandel einleiten.

Jenseits der Bücher fand dies übrigens nur auf sehr unvollständige Weise statt; der Gefühlsüberschwang aus den Geschichten und Träumen hatte lange Zeit Mühe, sich zu konkretisieren. Mitte des 19. Jahrhunderts war die Romantik noch eine vergeistigte Vision, die die Institution nur in der Literatur und im Geheimen der Herzen erschüttern konnte. Doch dann kam es zu einer unsichtbaren Revolution in der unterschwelligen Ökonomie der körperlichen Empfindungen, zu dem langsamen Aufstieg eines konkreteren und fleischlichen Begehrens mitten in der puritanischen Epoche, einer Lust, die es mit den Küssen und Zärtlichkeiten eiliger hatte (Corbin, 1987). Das war eine triebhafte Energie, an der es dem reinen romantischen Modell ein wenig gefehlt hatte. Im theoretischen und abstrakten Referenzmodell, in dem Agape und Eros einander gegenüber gestellt werden, unterdrückt oder sublimiert die wahre Liebe die Sexualität, die egoistisch ist und falsch. Die Entwicklung der romantischen Liebe im 19. Jahrhundert und in der ersten Hälfte des 20. Jahrhunderts ist ein langsamer Übergang von der Unterdrükkung zur Sublimation. Das wachsende Begehren verleiht den

Erwartungen noch mehr Prickeln. Und zwischen der Nachkriegszeit und den 1970er Jahren verlor die Institution dann schrittweise die Partie.

Doch auch das romantische Modell konnte sich nicht massiv als neue Realität durchsetzen. Denn es verlor in dem Maße an Reinheit, in dem es sich immer mehr verbreitete und in den Alltagspraktiken konkretisierte. Das seit zwei Jahrhunderten in den Vorstellungen der Menschen dominante Modell konnte sich in der greifbaren Realität tatsächlich niemals vollkommen durchsetzen. Von den 1970er Jahren an, als die Individuen endlich die Kraft fanden, sich definitiv vom alten Beziehungsregime zu befreien und die Liebe zu einer »trivialisierten Massenbewegung wurde« (Beck, 1990, S. 224), änderte die Autonomisierung der Sexualität plötzlich die Situation. Was dem romantischen Modell zunächst ermöglicht hatte, noch einmal Luft zu holen, wurde nun zum Feind von innen, der seinen Abstieg beschleunigte. Die symbolische Ordnung, die Gefühle und Sexualität miteinander verknüpfte, wurde umgestürzt, und die Gefühle konnten nicht mehr jener einzigartige Überschwang sein, der Ausgangspunkt für eine ganze biografische Flugbahn war. Die Autonomisierung des Sexuellen hatte dazu geführt, dass die Schwelle zu einer neuen Epoche überschritten wurde, die von nun an auf der Suche nach einem neuen Referenzmodell war. Und so wurde die gesellschaftliche Rolle der verliebten Romantik deutlich, nämlich einen historischen Wandel zu befördern. Sie hatte sich niemals in einer anthropologischen Alltagsrealität durchgesetzt, wie das früher für die matrimoniale Tradition der Fall war oder vielleicht auch für das neue, im Entstehen begriffenen Modell wieder der Fall sein wird. Sie war mit all ihren Unsicherheiten und ihrem Überschwang, in all ihrer Verbissenheit und Schönheit, nur das provisorische Werkzeug eines Übergangs.

Das Ende des romantischen Modells?

Sollte die Romantik tot oder dem völligen Untergang geweiht sein? Verstehen wir uns richtig: Ich rede hier nur von einem Modell – demjenigen nämlich, das ein ganzes Leben ausgehend von einem auslösenden Moment festschreibt, für welchen ein Gefühl entscheidend ist. Dieses Modell liegt tatsächlich im Sterben. Das moderne Individuum ist nicht mehr bereit, sich blind von der Dynamik seiner eigenen Repräsentation mittreiben zu lassen. Es möchte jeden Tag neue Chancen entwickeln, dem Glück ganz konkret ein Stückchen näher zu kommen. Es ist keineswegs weniger sentimental oder, wenn man so will, weniger romantisch. Im Gegenteil. Es kultiviert die Emotionen wie nie zuvor. Aber es möchte nicht, dass alles in einem einzigen ursprünglichen Gefühl gefangen ist, oder nur, wenn es dessen Aufrichtigkeit immer wieder neu überprüfen kann. Die Flugbahnen des Privatlebens sind immer weniger gradlinig, sie sind gewunden und bestehen aus einer Folge von unterschiedlichen Sequenzen mit einer gewissen Tendenz dazu, dass im Laufe eines Lebens mehrere verschiedene Erfahrungen mit verschiedenen Partnern gemacht werden. Das geschieht selten allein aus dem Wunsch auf Veränderung heraus: Jeder sucht seinen Weg und träumt davon, sich nicht zu irren.

Und schließlich: Im Sterben zu liegen, bedeutet nicht, tot zu sein. Das romantische Modell ist lediglich auf dem Rückzug, aber vielleicht wird es niemals vollkommen verschwinden. In einem erheblichen Teil der Literatur und des Films bleibt es dominant und wird nur allmählich von einer realistischeren Sichtweise angekratzt (Chalvon-Demersay, 1996), und es bleibt auch in den heimlichen Träumen vom Märchenprinzen und vor allem in der Art und Weise präsent, in der wir von der Liebe sprechen: so als gäbe es die ideale Liebe, die als Referenz dient, und abgeschwächte Formen, die leider meistens das einzige sind, was die große Mehrheit der Paare erlebt. Zu dem »leider« muss aber unbedingt gesagt sein, dass diese Formen an sich in keiner Weise schlechter sind, sondern nur im Vergleich zum maßgeblichen Ideal so erscheinen. Manchmal jedoch lahmt die Liebe wirklich (und da sage ich dann wirklich »leider!«). Und manchmal (hier möchte ich keine genaueren quantitativen Angaben machen, sondern lieber optimistisch bleiben) ist es auch das alte Modell, das die innovativen Modalitäten der Liebe in den Schatten stellt.

Auch in der Jugend, wenn die erste Liebe erlebt wird, ist das Modell der romantischen Liebe, vor allem bei Mädchen, nach wie vor sehr präsent (Alberoni, 1994). Denn erst die Erfahrung lehrt einen nach und nach, dass zwischen dem Modell und der heutigen

Realität eine Diskrepanz besteht. Spätere Lieben sind reflektierter (Le Gall, 1992). Manchen gelingt es jedoch, lange jung zu bleiben, auch wenn dafür die Fakten mühsam dementiert werden oder Liebesleiden durchlebt werden muss; es gelingt ihnen, von großen, einzigartigen Gefühlen zu träumen und sich in viel versprechende, berauschende Geschichten zu stürzen. Doch meistens sind das nur kurze Geschichten, die sich somit nicht auf das romantische Modell berufen (das ja die Eindeutigkeit und Dauerhaftigkeit der Liebe voraussetzt), sondern auf eine moderne Kultur der narrativen Selbsterfindung und des Gefühls.

Aber wir müssen noch genauer hinsehen. Das Modell der romantischen Liebe brach auf sehr gewaltsame Weise mit den etablierten Codes. Zu einem so radikalen Umsturz hätte es nicht kommen können, wenn dieses neue Modell nicht auch einige Formen von der Tradition übernommen hätte. Im übrigen kann die Romantik, die ja aus der Perspektive der privaten Beziehungen und der Gefühle revolutionär war, aus politischer Perspektive auch als konservativ und der demokratischen Moderne gegenüber feindlich interpretiert werden (Mesure, Renaut, 1999). Die Revolution der Gefühle konzentrierte sich auf die individuelle Autonomie – ein Konzept, das in einer Gesellschaft, in der die Individuen es gewohnt waren, durch eine bestimmte Ordnung der Welt definiert zu werden, nur schwer akzeptiert werden konnte; der Gedanke ist unerträglich, von heute auf morgen die so bequeme Vorstellung von einem festgeschriebenen Schicksal hinter sich zu lassen. Nun beruht das idealisierende Gefühlsmodell merkwürdigerweise (aber wenn man den Übergangscharakter der Romantik versteht, ist das eigentlich gar nicht mehr merkwürdig) vor allem auf dem Begriff der Eindeutigkeit und des Liebesschicksals. Während das Individuum sein gesellschaftliches Schicksal hinter sich lässt, findet es also auf diese Weise Zuflucht in einer anderen Vorbestimmtheit seiner Zukunft. So war es dann auch möglich, dass die Liebe nicht wie ein blinder Wahnsinn erschien, sondern hinter den Begegnungen eine geheime Vorsehung zu walten schien. »Es gibt ein einziges Wesen auf der Welt, das für mich bestimmt ist, und wenn ich ihm eines Tages begegne, dann werde ich es sofort wissen. So ist das vorherbestimmt.« Es gab eine Reihe von Bildern, mit denen diese Vorherbestimmung in Liebesdingen erfolgreich beschrieben wurde, was den Übergang zur Romantik erleichterte. Nun reicht dieses Konzept in der Geschichte sehr weit zurück und wird regelmäßig von den Fakten widerlegt, aber es ist trotzdem heute eines von denen, die sich am längsten gehalten haben. Auch in diesem Punkt verstehe man mich richtig. Ich will damit nicht sagen, dass es nicht möglich ist, den idealen Partner zu finden, mit dem sich ein Leben lang, voller Zärtlichkeit und Einvernehmen und sogar andauernder Leidenschaft, Tag für Tag aufs Neue bestätigt, dass man füreinander gemacht ist. Das sagt aber nicht, dass man nicht mit einer anderen Person ein ebenso von Glück erfülltes Leben hätte führen können. Das ist das Problem mit der Liebe, wenn man die (zugegebenermaßen mittelalterliche) Vorstellung von der Vorherbestimmung aufgibt: Dann gibt es nämlich eine Partnerwahl, und je nach Partnerwahl ist das Leben ein vollkommen anderes. Das ist auch der Grund, warum jeder so viel Angst davor hat, mit dem Beginn einer Liebesgeschichte konfrontiert zu sein. Im Rahmen der vorbereitenden Untersuchungen für mein Buch »Die Singlefrau und der Märchenprinz« war ich erstaunt festzustellen, in welchem Maße die Vorstellung von einem Schicksal in Liebesdingen immer noch im Denken der Menschen präsent ist. Schaut man jedoch genauer hin, kann man eine subtile Verschiebung feststellen. Ganz oben in der Hierarchie der Schicksalsgläubigkeit steht das eherne »Das ist auf jeden Fall vorherbestimmt!«. Dann, kurz dahinter, »An diesem Tag werde ich sofort wissen: ER ist es!«. Die Großbuchstaben sind hier wichtig (es handelte sich um geschriebene Aussagen), denn derselbe Satz würde mit einem klein geschriebenen »er« natürlich eine viel schwächere Überzeugung zum Ausdruck bringen. Aus dem »ER« des von den Gestirnen vorgezeichneten Schicksals und der großen Liebe ist ein simples, viel unsichereres und eventuell revidierbares »er« geworden, und dann war auch das Fragezeichen nicht mehr weit: »Ist er es?« An diesem Punkt angekommen, löst sich die Vorherbestimmung im reflexiven Nachdenken der Moderne auf.

Improvisation im unklaren Zwischenzustand

Die heutige Situation ist gekennzeichnet vom Rückzug des romantischen Modells, während das neue Modell noch vage und implizit bleibt. Es gelingt ihm noch nicht, sich durchzusetzen oder auch nur richtig sichtbar zu werden. Die Liebeskandidaten sind somit dazu verurteilt, ohne große Orientierungspunkte in diesem unklaren Zwischenzustand zu navigieren, dabei die Klippen der Extreme zu umschiffen und Beziehungen zu improvisieren, die irgendwo zwischen den verschiedenen Logiken angesiedelt sind. Das Ideal eines starken emotionalen Moments beim ersten Treffen ist noch immer sehr lebendig. Dadurch behält das idealistische Modell eine gewisse Wirksamkeit in Gestalt des Gefühlsüberschwangs zu Beginn vieler Liebesgeschichten. Bemerkenswert ist aber, dass viele dieser Geschichten ohne ein Morgen bleiben, Strohfeuer der Liebe ohne Folgen, ohne jede langfristige Konsequenz, was sie dann eher in die Nähe der zeitgenössischen Kultur des Emotionalen rückt, weg vom ursprünglichen Modell. Umgekehrt treten viele Paare, ohne sich dessen so recht bewusst zu werden, durch die kleine Tür der Liebe in Beziehungsformen ein, die bereits Wegbereiter ihres späteren gemeinsamen Lebens sind. Erst im Nachhinein erkennen sie, dass ihre Geschichte an diesem Punkt begonnen hat. Ein solcher unbemerkter Einstieg in die Liebeskarriere bedeutet jedoch nicht, dass die Gefühle nicht später noch erblühen und sich entfalten können. Es kann auch auf diesem Wege zu einem Gefühlsüberschwang kommen, der der Norm der Liebe auf den ersten Blick in nichts nachsteht. Die Paare müssen jedoch ihre biografische Erzählung umschreiben, um sie demjenigen, der danach fragt, besser präsentieren zu können. Es ist noch heute eine heikle Angelegenheit, nicht zumindest einigermaßen mit dem romantischen Modell konform zu gehen.

Wir haben zum Beispiel gesehen, wie Alban versuchte, uns ein X für ein U vorzumachen, indem er einen allgemeinen, stark vom romantischen Modell inspirierten Diskurs mit präzisen Fakten vermischte, die in einer ständigen Diskrepanz dazu standen. Er kannte Lisa schon seit sehr langer Zeit, sagt er uns, und fügt dann noch hinzu, es sei eine rein freundschaftliche Beziehung gewesen. Die erste gemeinsame Nacht sei kein Zufall gewesen. »Wir spürten schon seit einigen Wochen den Wunsch, uns darauf einzulassen.« Einige Minuten später entsteht aus einer detaillierteren Schilderung der Szene ein ganz anderes Bild. »Es war an einem Wochenende und wir waren mit ungefähr zehn anderen Freunden unterwegs. Ich wollte vor allem herumalbern und meinen Freunden eine Freude machen. Wir waren da, um zusammen Spaß zu haben.« Er merkt, dass er etwas zu weit gegangen ist, und korrigiert sofort. »Nicht, dass da ein äußerer Druck im Spiel gewesen wäre, Alkohol oder unsere Freunde. Nein, ich wollte es wirklich tun.« Was genau tun? Für eine Nacht lang Sex haben oder eine Bindung eingehen? Das Mindeste, was man sagen kann, ist, dass es mehrere verschiedene Zugänge zu seiner Geschichte gibt. Dass das, was er uns erzählt, so durcheinander ist, hat nichts mit seiner speziellen Persönlichkeit oder der Art und Weise zu tun, wie sein Denken funktioniert. Mit anderen Worten: Alban ist kein Lügner. Vielmehr kann man an seinem – paradoxerweise mit sehr viel Aufrichtigkeit vorgetragenen – Beispiel sehen, wie viel Mühe es einen heute kostet, einer Sache den Eindruck von Kohärenz zu verleihen, die keine mehr besitzt, und fleißig an den Referenzpunkten in diesem unklaren Zwischenraum zu basteln. Mit einer letzten geistigen Anstrengung versucht Alban, den ärgerlichen Effekt abzuschwächen, den seine Widersprüche produziert haben, indem er sich einer Wahrheit anzunähern versucht, die irgendwo dazwischen liegt. »Am nächsten Tag wurde daraus etwas Ernstes, weil ich ihr gezeigt hatte, dass hinter meinem Verhalten echte Gefühle standen.« Er lässt also die Vorstellung von einer vorher schon vorhandenen Liebe fallen (eigentlich hatte er über deren Existenz von Anfang an gewisse Zweifel offen gelassen und war nicht allzu genau darauf eingegangen), um ihre Liebesgeschichte offiziell am Morgen danach beginnen zu lassen. Nun ist aber seine Ausdrucksweise dummerweise schon wieder ein bisschen unglücklich, denn er lässt die Gefühle aus der sexuellen Erfahrung hervorgehen, was seinen anderswo proklamierten (und mit dem Modell der romantischen Liebe konformen) Prinzipien widerspricht. Schließlich endet er mit einem riesigen Geständnis. Nachdem er erklärt hat, er lebe »seit vier Jahren mit Lisa«, nachdem das zwischen ihnen in jener Nacht »ernst geworden sei«, fügt er noch hinzu: »Na ja, wirklich zusammengelebt haben wir eigentlich noch nie. Ein, zwei Wochen lang haben wir das schon mal gemacht und das geht auch gut. Aber ein ganzes Jahr lang oder auch nur einen Monat lang – das ist schon was anderes. Wenn ich also sage ›Das ist etwas Ernstes‹, dann heißt das nicht ›Das ist für das ganze Leben‹. Das könnte eher heißen: ›Es wäre schön, wenn es für das ganze Leben wäre‹.« Die Liebe nach dem romantischen Modell ist für Alban eine Art unmöglicher Traum. Ohne diesen Traum jemals ganz aus seinem Kopf zu streichen, schreitet er konkret in eine andere Richtung voran.

»Ich habe mir gesagt: So ist es nun mal!« In diesem wieder und wieder gehörte Satz schwingen für die Ohren des Forschers einige merkwürdige Töne mit: In seiner scheinbaren Banalität hat er ihm etwas zu sagen. Und er hört ihn wieder und wieder an, jedoch ohne ihn zu verstehen – bis zu dem Tag, an dem endlich die Wahrheit in ihrer ganzen Arglosigkeit ans Tageslicht kommt. Und dabei hätte ihn eigentlich das »ER ist es« bereits auf die richtige Spur führen müssen: Schon da war hinter der Evidenz die Vorstellung von einer Vorherbestimmung in Sachen Liebe gestanden. Nun verbirgt sich hinter diesem »So ist es nun mal« dieselbe Schicksalsgläubigkeit – dieselbe und doch nicht dieselbe, denn ihr Bezugspunkt ist nicht das Modell der romantischen Liebe. Die Kontinuitätslogik kann in ihren extremsten Manifestationen als ein Versuch gelesen werden, das alte Beziehungsregime an die Moderne anzupassen. Normalerweise leistet das heutige Individuum pausenlos eine Konstruktionsarbeit an seiner Flugbahn, von der es umgekehrt auch selbst mitgerissen und konstruiert wird; es erfindet sich selbst und ist zugleich determiniert. Indem es sich bewusst auf die Seite des Unbedeutenden und der Kontinuität stellt, versucht es hingegen, einen der beiden entgegengesetzten Pole dieser modernen Dialektik auszulöschen: Das Individuum wird einzig und allein durch seine Flugbahn konstruiert, die es als unabwendbares Schicksal erlebt. Der Unterschied zum alten Beziehungsregime besteht genau in dieser Flugbahn, die eine Entwicklung vollzieht (während die Tradition fix und repetitiv ist), und darin, dass die soziale Kontrolle weniger explizit ist (die Familien wagen es heute kaum mehr, ihre Meinung über die Beziehungsanwärter abzugeben). Aber was das Verhältnis der Individuen zu den Ereignissen betrifft, die sie zu dem machen, was sie sind, ist die Positionierung dieselbe: Sie lassen sich von der Macht der Dinge definieren. Die geistigen Verrenkungen, die Alban anstellen muss (um seine Geschichte zu präsentieren, denn normalerweise ist die Situation eher ruhig), sind in seinem Fall besonders kompliziert, weil er Wert darauf legt, immer wieder zu beteuern, dass das romantische Modell seine Bezugsgröße ist, dieses aber sehr weit von seiner tatsächlichen Erfahrung entfernt ist. Anderen gelingt es, verschiedene Tricks anzuwenden, um diese Anstrengung der Gehirnzellen zu vermeiden. Das gilt vor allem für jene Personen, die einfach den Dingen ihren Lauf lassen und sich innerhalb einer reinen Kontinuitätslogik bewegen. Genauso, wie sie die Unebenheiten des Alltags glätten, um ganz heimlich, still und leise ihr System eines Lebens zu zweit zu etablieren, weichen sie den störenden Fragen mit ruhigen und vernünftigen Äußerungen aus: Klar, ihre Geschichte gehört in Sachen Verliebtheit nicht gerade zu den aufregendsten, aber sie ist unkompliziert und läuft ohne Probleme. In der Ruhe, die man miteinander teilt, liegt eine größere Tiefe und Wahrheit als in all den oberflächlichen und geschwätzigen Melodramen. »Es läuft ganz von allein!« – so lautet einer ihrer Fetisch-Slogans, und »So ist es nun mal!«.

Während das neue Liebesmodell seine Eigenschaften nur langsam enthüllt, hat das Verblassen des romantischen Modells paradoxerweise den Weg für eine Reaktivierung der traditionellen Position eröffnet, die lediglich mithilfe der Technik des bedeutungslosen Morgens und anderer Flugbahnen der Kontinuität dem heutigen Geschmack angepasst wird – und dies, obwohl das alte Beziehungsregime nach dem zweihundert Jahre andauernden Ansturm der Gefühle (die in ihrem Kampf schließlich Unterstützung durch die Autonomisierung der Sexualität erhielten) endlich geschlagen schien. Eine solche Entwicklung ist unbestritten auf den archaischen Charakter der Imagination zurückzuführen, die sich immer noch an das alte Modell klammert, während die neuen Praktiken in Sachen Liebe erfinderisch und wagemutig nach neuen Wegen tasteten. Es ist frappierend festzustellen, dass das Modell der romantischen Liebe, das doch in seinen Anfängen so revolutionär und im Verhältnis zu den Verhaltensweisen seiner Epoche so progressiv war, heute zu einem konservativen Bremsklotz geworden ist, der die Art und Weise, wie ein jeder zu lieben bzw. besser zu lieben versucht, nicht mehr reflektiert. Das hat einen einfachen Grund: Es blieb zweihundert Jahre lang starr, als stünde es jenseits der Zeit. Wir haben es heute tatsächlich mit einer Krise der Liebesimagination zu tun, die schleunigst bewältigt werden sollte, will man mühsame Flickarbeit und emotional armselige Rückzugsgefechte vermeiden und statt dessen die neue emotionale Sensibilität befreien und ihr die nötige Legitimität verleihen.

Verlassen wir für einen Augenblick den Bereich der Liebe. In allem, was das Alltagsleben betrifft, ob es sich um die Kindererziehung handelt, den Umgang mit Geld oder sogar um die Entspannung, hat sich innerhalb von weniger als einem Jahrhundert ein sehr tief greifender anthropologischer Wandel vollzogen. Früher legte das »Ancien Regime der Gesten« (Thuillier, 1977) auf manifeste und sichtbare Weise das Verhalten eines jeden fest, denn die Verhaltensweisen innerhalb sozialer Gemeinschaften waren homogen und wurden auf beinahe identische Weise reproduziert. Die Mutter brachte ihrer Tochter bei, wie sie ihr Baby wickeln und stillen musste, und die Familie aß das, was sie schon immer gegessen hatte. Heute scheint es, als gäbe es nichts mehr, was nicht der Hinterfragung der Moderne unterzogen werden könnte – vor allem nicht die alten Verhaltensweisen: Es wird einem sogar geraten, ein besonders kritisches Auge auf sie zu werfen. Wie soll man sein Kind erziehen? Ein Meer von Büchern und Zeitschriften bietet seine Antworten auf eine unerschöpfliche Quelle von Fragen an. Der heutige Mensch ist zu einem *homo scientificus* geworden, der sein eigenes Leben wie einen Versuchsgegenstand behandelt. Er isst nicht mehr so wie früher einfach das, was er schon immer gegessen hat. Er ist innovativ, und vor allem möchte er bis ins kleinste Detail wissen, was er da auf dem Teller hat und was genau geschieht, wenn er es verspeist. Er möchte, dass die Medien zu seiner besseren Information die besten Diätspezialisten, Biologen, Chemiker, Psychologen und Philosophen interviewen. Er möchte nicht mehr dumm essen.

Auch noch der kleinste Aspekt dessen, was uns umgibt, wird mittlerweile in Frage gestellt und debattiert; wir betreten die Epoche der allgemeinen Reflexivität. Um Antworten zu finden, kann ein jeder Bücher und Zeitschriften lesen oder Fernsehsendungen anschauen, in denen Expertenmeinungen allgemein verständlich dargestellt werden. Doch das genügt nicht. Die Ratschläge sind immer zu weit von den konkreten Fragen entfernt, zu abstrakt, unpassend und widersprüchlich. Wenn es darum geht, seine eigenen Schlussfolgerungen zu ziehen, kann die persönliche Erfahrung durch nichts ersetzt werden. Der *homo scientificus* ist nicht nur ein Rezipient wissenschaftlicher Informationen. Er ist vor allem ein

Experimentator, der im Labor seines eigenen Lebens pausenlos Tests durchführt, Bewertungen vornimmt und die unterschiedlichsten Elemente und Ereignisse, die ihm begegnen, evaluiert. In meinem letzten Buch »Ego«, einem eher theoretischen Band, habe ich im Hinblick auf die Frage nach dem Verhältnis des Individuums zu seinen gesellschaftlichen Rollen eine wissenschaftliche Kontroverse mit François Dubet (1994) begonnen. Er zeigt, wie sich der heutige Mensch im Namen der Erfahrung mehr und mehr aus den Rollen löst, die ihn früher von außen konstruiert haben. Ich persönlich denke, dass er sich in Wahrheit nur aus einer ganz bestimmten Art von Rollen löst. Doch diese Kontroverse ist hier zweitrangig. Was zählt, ist die zentrale Schlussfolgerung François Dubets: Das Individuum durchlebt heute in allen Bereichen seines Lebens gesellschaftliche Erfahrungen, die ihm in ihrer Summe erlauben, sich selbst als Subjekt zu konstruieren.

Genauso ist es auch in der Welt der Liebe. Anthony Giddens (1992) hat die These aufgestellt, dass die romantische Liebe durch den Aufstieg der Autonomie und der Reflexivität erschüttert wurde; der emotionale Idealismus ist ebenso unhaltbar geworden wie die Unterwerfung unter die Tradition. Denn ein jeder möchte selbst, bis hinein in die kleinste Kleinigkeit und ganz konkret prüfen, ob die Gefühle, die er hat, auch gerechtfertigt sind und er die richtige Wahl getroffen hat. Wir haben gesehen, mithilfe welcher Vorgehensweise diese Expertise durchgeführt wird. Manchmal sind es Überlegungen wahrhaft wissenschaftlicher Art, oft ist es ein eher grober Denkvorgang. So hat zum Beispiel Gildas für seinen Frühstückstest kein wirkliches Untersuchungsprotokoll angelegt. »Ich denke mir so meine Sachen, aber ich stelle keine Fragen. Das ist keine richtige, hundertprozentig durchdachte Studie. Wenn der andere zum Beispiel irgendwas an sich hat, was dich nervt, geht es darum, zu prüfen, ob es trotzdem funktionieren könnte.« Und was Agathe betrifft, so hat sie bewusst alles ignoriert, was sie zu einem negativen Ergebnis hätte bringen können, und das einfach nur, weil John so aufmerksam war. Die wissenschaftliche Erprobung wird einer gefühlsmäßigen Wahrnehmung untergeordnet, die ausschlaggebend für die Meinung ist. Ein solches Vorgehen ist zweifellos unvermeidlich, denn die Kriterien, die mit ins Spiel kommen, sind zu zahlreich und schwer beobachtbar, als dass rein rationale Überlegungen zu einer Entscheidung führen könnten. Der Einsatz des Sensoriums ist also eine notwendige Technik. Daraus resultiert indessen eine bemerkenswerte Konsequenz: Die Erfahrung der Liebe ist keine Erfahrung wie jede andere (Beck, 2001), sie ist eine gefühlsmäßige Erfahrung, die allzu unvermittelte Gedanken in Sinnlichkeit hüllt und auf subtile Weise Emotionen freisetzt.

Welchen Platz nimmt der Morgen danach innerhalb der Erfahrung der Liebe ein? Diejenigen, die sich voll und ganz auf die Seite der Flugbahnen der Kontinuität schlagen, neigen dazu, ihm jede Bedeutung abzusprechen – wie sie dem Experimentieren im Allgemeinen jede Bedeutung absprechen. Ihr Leben ist »eben so«, und dazu gibt es auch nichts weiter zu sagen. Andere könnten im Namen des großen Anfangsgefühls, das in den Denkweisen eine wichtige Referenz bleibt, die Bedeutung des Morgens danach verschleiern. Doch das ist deutlich seltener. Selbst wenn die Liebe unter größtmöglicher Einhaltung des romantischen Codes mit einem fulminanten Gefühlsausbruch beginnt, ist die lange Geschichte, die darauf folgt, regelmäßig durchsetzt von Episoden, im Rahmen derer die beiden Partner mehr oder weniger offen die Tragfähigkeit ihrer Bindung testen: Das Experimentieren ist in Liebesdingen unumgänglich geworden – besonders dann, wenn sich das anfängliche Feuer der Liebe als reines Strohfeuer erweist. Wie hell dieses Feuer auch immer geleuchtet haben mag, stellt der Morgen danach heute eine wesentliche Testphase dar. Für diejenigen, die sich schon vorher in besonders verbindlicher Weise auf die Beziehung eingelassen haben, ist dieser Morgen nach der Liebesnacht die Gelegenheit für eine feierlichen Bestätigung ihrer Bindung. Für diejenigen, für die das nicht der Fall war, ist er ein zentraler Moment des Entdeckens und Klärens. Idealerweise kommt es bei dieser Gelegenheit natürlich zu keinerlei negativer Beobachtung. »Ideal ist es, wenn da schon vorher die Keimzelle eines Gefühls ist und sich die beiden dann an diesem Morgen begeistert entdecken« (Virginie). Was beim Camping mit »Mister Brummbär« nicht gerade der Fall war.

Die Rolle des Morgens danach in der Testphase ist noch zentraler, wenn die Geschichte erst am Vorabend ganz unerwartet begonnen hat. Auch wenn man noch nicht sagen kann, dass es sich hier um ein verallgemeinerbares neues Modell handelt, führt die Autonomisierung des Sexuellen von der beziehungsmäßigen Bindung immer häufiger zu dieser Art von Flugbahnen, die sich vorherige Liebeserklärungen sparen. Der historische Wandel der Liebe bezieht sich vor allem auf dieses Testen und auf die Formen des Gefühlsausdrucks. Plötzlich und unerwartet beginnende Flugbahnen sind kein Sonderfall, sondern mittlerweile sehr verbreitet und symptomatisch für das Experimentieren. Denn wenn es keine vorausgehende gemeinsame Geschichte gibt und somit auch keine Orientierungspunkte, passiert am Morgen danach alles mit noch größerer Intensität und Geschwindigkeit. Beobachtungs- und Analysefähigkeiten werden entscheidend. Der kleinste Urteilsfehler oder eine Nachlässigkeit in der Bewertungsarbeit können einen in eine Sozialisationsdynamik hineinreißen, aus der man sich später nur schwer wieder lösen kann. Anders liegen die Dinge, wenn, wie im Fall von Rodolphe, eine Fixierung auf die Sexualität besteht, verknüpft mit der Weigerung, sich in einen Alltag einzufügen. Dann ist es sehr viel einfacher, das Maß der eigenen Befriedigung abzuschätzen und die Dauer der Beziehung zu managen. »Manchmal entscheidest du das schon vorher, ob es nur für eine Nacht ist und dann Schluss. Aber wenn du mehr Nähe zu der Person spürst, bleibst du. Das hängt auch davon ab, wie es in der Nacht gelaufen ist. Wenn es mit der Person gut war, hast du Lust zu bleiben und das Abenteuer fortzusetzen. Wenn es nicht gut gelaufen ist und dich das Ganze nirgendwo hinführen wird, gehst du lieber. Für mich ist der Geschlechtsakt nichts, was nur um seiner selbst willen vollzogen wird. In gewisser Weise ist das von meiner Seite auch eine Bindung. Vielleicht keine langfristige, aber auch keine ganz kurzfristige – eine mittelfristige: zwei oder drei Wochen.« Doch der Preis, der dafür »langfristig« zu zahlen ist, ist die Unmöglichkeit, eine dauerhafte Beziehung aufzubauen (mit Ausnahme einer Beziehung ohne Zusammenleben) und eine Familie zu gründen. Das Experimentieren bezieht sich also nicht nur auf den Partner, der wie jedes andere Konsumprodukt getestet werden könnte. Die größte Schwierigkeit liegt woanders, nämlich im Testen seiner selbst. Denn das Ich wird ein anderes sein, und man wird auch je nachdem, in welchem Maße man sich auf die Paarbeziehung einlässt, nicht mehr der- oder dieselbe sein. Am Morgen danach entscheidet man also nicht in erster Linie über den anderen, sondern zu allererst über sich selbst.

Die Verwandlung der Gefühle

Die Liebe als Erfahrung bedeutet nicht das Ende der Gefühle. Wenn man unter Romantik das zügellose Durchgehen der Sinne versteht, das es einem ermöglicht, das Gewöhnliche hinter sich zu lassen, dann ist auch unsere Zeit romantisch – vielleicht sogar mehr als jene, die sich selbst dieses Etikett gab. Gegenseitige Aufmerksamkeit und Zärtlichkeit innerhalb von privaten Beziehungen sind heute wie nie zuvor zu einem Massenphänomen geworden. Nur das idealisierende Modell, das einzig und allein auf den als schicksalhaft erlebten anfänglichen Gefühlsüberschwang fixiert ist, ist im Niedergang. Die Gefühle werden nicht weniger und auch nicht schwächer; sie ändern nur ihre Form und nehmen innerhalb der Liebesgeschichten einen anderen Platz ein.

Die Liebe ist nicht mehr vollständig durch die anfängliche Erschütterung im Augenblick der Begegnung definiert; sie ist in der Gegenwart verankert und offen für die Zukunft. Jeder Tag bringt neue Enthüllungen, neue Überraschungen. Eine heute noch kleine Liebe kann schon morgen zur großen Liebe werden.

Die Liebe verliert ihren abstrakten Charakter, ihre Idealisierungen, die Gefühlsausbrüche auslösten, indem sie über die Realität hinwegtäuschten. Sie beruht nun auf konkreten Menschen und Dingen, sie ist eine pragmatische Liebe. Gefühlsausbrüche fallen nicht mehr vom Himmel, sondern haben ihren Ausgangspunkt, wie viele Exaltationen des Realen, mitten im Ereignis. Die Exaltation tritt an die Stelle der Idealisierung.

Die Liebe war ein pauschalierender und einender Faktor – da sie zu etwas Abstraktem gemacht wurde, war die geliebte Person ein Ganzes, das keine Diskussion erlaubte. Heute partizipiert sie voller Aufregung und Neugier am Kult des Details und der Pluralität von Identität. Man kann auch nur für ein paar Teilstücke einer Person Leidenschaft empfinden.

Die Liebe spaltete Männer und Frauen in zwei Lager, wobei letztere (die den Vorteil hatten, aus der Abschaffung des alten Beziehungsregimes als Gewinnerinnen hervorzugehen) die glühenderen idealistischen Revolutionärinnen waren. Die Erfahrung der Liebe, die der Sexualität einen beträchtlichen Raum einräumt, bringt die

Männer sehr viel aktiver ins Spiel. Männer und Frauen entdecken Seite an Seite neue Gefühlswelten.

Die Liebe erlebte ihre Höhen und Tiefen im Warten, im Vermissen und im Leiden – konnten die glücklichen Liebenden so viel Liebesleid aufwiegen? Heute ist Liebe die Suche nach geteilter Freude und gemeinsamem Wohlbefinden. Einfach der Traum vom Glück.

Die Verwandlung der Gefühle bringt eine besonders starke Fixierung auf den Morgen danach mit sich, besonders dann, wenn keine gemeinsame Geschichte vorausgegangen ist. Manchmal im Schlechten: ungemütliche Morgen, Angst und Ärger. Aber manchmal auch im Guten: Ein Morgen voller Zauber ist wie eine verspätete Liebe auf den ersten Blick, aber ganz sanft und ohne Verbrennungen. Der Morgen danach ist zu einem entscheidenden Moment geworden, nicht nur im Ablauf von Beziehungsflugbahnen, sondern auch unter dem konkreteren Aspekt der Entstehung von Gefühlen. Denn die Sensibilität ist am Morgen danach besonders groß. Sie kann gar nicht anders, denn die Sinne müssen besonders wachsam sein, um die gedankliche Verwirrung in feste Bahnen lenken zu können. Dennoch besteht immer noch genug Verwirrung. Und unter unseren Augen entwickelt sich eine wahre Kultur der gefühlsmäßigen Erfahrung. Denn das große, einzigartige, beinahe göttliche Gefühl ist unwahrscheinlich geworden, es muss durch tausend kleine Emotionen ersetzt werden, von denen jede so intensiv erlebt wird, dass es ihnen, Stück für Stück aneinandergesetzt, genauso gut gelingt, die Seele zutiefst zu berühren. Dank der Exaltation durch die Liebe kann noch der lächerlichste Augenblick von märchenhaftem Zauber sein. Stroh kann sich zu Gold verwandeln.

Schlussfolgerung / Gebrauchsanweisung

Was macht man nun mit einem solchen Buch, nachdem man es gelesen hat? Es ist kein praxisorientiertes Handbuch, das Ratschläge gibt, wie man sich an einem Morgen danach am besten zu verhalten hat, sondern ein analytisches Buch, das versucht, die Wirklichkeit so zu beschreiben, wie sie ist. Dennoch ist es keinesfalls ausgeschlossen, ja sogar sehr wahrscheinlich, dass der Leser in dem Augenblick, in dem er einen neuen Morgen danach erlebt, versucht, in dem Buch auch einige Handlungsanleitungen und Rezepte für sein Glück zu finden. Ich möchte mir deshalb erlauben (auch wenn ich mich damit wirklich an der äußersten Grenze dessen positioniere, was es heißt, Soziologie zu betreiben), in aller Vorsicht zwei kleine Ratschläge zu geben.

Der erste betrifft den Morgen selbst. Der Morgen danach ist heute zu einem entscheidenden Moment geworden, einem Moment, in dem ein Leben plötzlich auf einen völlig neuen Kurs umschwenken kann. Natürlich kommt es nicht jedes Mal zu einem solchen Umschwenken: Es gibt viele ganz normale Morgen ohne Folgen. Doch allein schon die Möglichkeit einer solchen biografischen Wende verleiht diesem Kontext fast immer eine ganz besondere Prägung, eine charakteristische und doch zugleich nur schwer näher bestimmbare Stimmung. Letztere ist deshalb nur so schwer näher zu bestimmen, weil sämtliche Orientierungspunkte verschwimmen: Der Morgen danach spielt sich außerhalb der Zeit und des gewöhnlichen Lebens ab, in einer vieldeutigen vierten Dimension, die durch das Fehlen fester Normen den Weg für Sinneswahrnehmungen frei macht. Die dabei empfundenen Emotionen und Gefühle sind nicht immer besonders groß und magisch. Sie sind eher diffus, verwirrend, zart. Und manchmal auch unangenehm (verschiedene Formen von Ärger), auch dann, wenn es ein verliebter Morgen danach ist (Angst, den Erwartungen nicht zu entsprechen). Und dennoch handelt es sich immer um eine einzigartige Erfahrung, die es mit aller Intensität zu leben gilt: Man sollte den geheimen Charme und die vergängliche Magie auskosten und sich ihr nach Lust und Laune hingeben, voller Neugier in die Entdeckung einer intimen Fremdheit voller Überraschungen eintauchen und vor allem: die Unsicherheit und Nicht-Definiertheit der Situation zu schätzen wissen – was nicht unbedingt immer ein sehr angenehmes Erlebnis ist. Aber solche Momente sind im Leben zu selten, als dass man beim kleinsten unangenehmen Gefühl schon vor ihnen fliehen sollte. Denn diese Unsicherheit, die Unbehagen hervorrufen kann, bedeutet vor allem, dass das Drehbuch für die Zukunft noch nicht geschrieben ist. Weil die Person die gesellschaftlichen Rahmen verlassen hat, die ihr normalerweise ihren Weg vorschreiben, befindet sie sich an der Weggabelung ihrer Zukunft (und es gibt mehr als zwei Wege: tausend verschiedene Entscheidungen können getroffen werden). Es gibt sehr wenige Augenblicke im Leben, in denen das Individuum so frei und so sehr für sein eigenes Leben verantwortlich ist.

Der nächste Punkt betrifft den Umgang mit diesem Buch. Ich gebe hier für viele Gesten und Situationen Verstehensschlüssel an die Hand, indem ich das Augenmerk auf das lenke, um was es in diesen Situationen wirklich geht. Am Morgen danach ist nichts bedeutungslos. Ich könnte mir deshalb vorstellen, dass man versucht sein könnte, dieses Buch als eine Art Fortbildungslektüre zu lesen, die einem dabei helfen soll, diesen entscheidenden Moment immer besser zu managen. Doch ich muss den Leser warnen; er sollte seine Distanz wahren. Ich rate ihm zum Beispiel entschieden davon ab, einen Morgen danach mit *Der Morgen danach* in der Hand zu erleben!

Heißt das, dass der Soziologe dazu verurteilt ist, bei seinen Büchern zu bleiben, und uns in unserem täglichen Leben gar nicht weiterhelfen kann? Diese Vorstellung weise ich entschieden von mir! Ich habe bereits weiter oben darauf hingewiesen, dass der moderne Mensch ein *homo scientificus* ist, der sein eigenes Leben zunehmend wie einen wissenschaftlichen Untersuchungsgegenstand behandelt. Er stellt sich über alles und jedes Fragen, informiert sich über die neuesten Forschungsergebnisse. Unser Leben ist nun einmal so, und nichts kann diese historische Entwicklung hin zu einer allgemeinen Reflexion stoppen: Jeder möchte heute einen intelligenten und kritischen Blick auf sich selbst haben. Meine Bemerkung bezieht sich deshalb einzig und allein auf die Methode: Auf welche Art und Weise sollte man sich solcher Informationen bedienen und sie in seinen persönlichen Erfahrungen nutzen? Es wäre ein Fehler, leben zu wollen wie in einem Buch. Man lebt niemals wie in einem Buch. Zum Glück. Übrigens vergisst man das Gelesene schneller, als man glaubt. Und das schlummernde Wissen erwacht nur dann, wenn es in einer Situation benötigt wird. Genauso ist es mit dem Morgen danach: Die Reflexion findet in kleinen Happen statt, in einem Paralleldenken, das für die Details des gegenwärtigen Augenblicks offen ist.

Der Morgen danach ist ein starker Moment im Rahmen dieser neuen Lebensweise, die die Erfahrung der Liebe darstellt. Und wie Ihnen alle Wissenschaftler bestätigen werden, gelingt ein Experiment dann am besten, wenn man sich zuvor die entsprechenden theoretischen Werkzeuge zu Eigen gemacht hat: Mit klaren Ideen ins Laboratorium zu kommen, erlaubt es einem, sehr viel mehr zu verstehen. Aber dann, im Laufe des Experiments, gilt es, die Bücher und alten Theorien zu vergessen. Denn nur dann zeigt sich das überraschend Neue. Wir wissen bislang noch sehr wenig über den Morgen danach. Er bleibt ein abenteuerliches Gelände, das es urbar zu machen gilt, eine Welt des Wissens, die noch zu entdecken ist.

Zur Methode

Ich hatte gedacht, eine Untersuchung zum Morgen danach würde schwierig werden. Ich habe mich geirrt. Zwar war es für die Befragten manchmal nicht ganz einfach, die Erinnerungen an die Vergangenheit wieder hervorzukramen, aber sie machten sich mit offensichtlicher Motivation und viel Vergnügen an diese Arbeit, ein Vergnügen, das daraus erwächst, dass man sich zu den besonders intensiven Augenblicken seines Lebens zurückbegibt. Um den fälschlicherweise erwarteten Gefahren zu begegnen, hatte ich beschlossen, mich dem Gegenstand der Untersuchung mit einer Reihe von (angenehmen) vorausgehenden Fragen zur Welt der Fiktion zu nähern. Hierfür habe ich eine Vielzahl von Romanen wieder und wieder gelesen. Meine Überraschung und Enttäuschung waren groß. Denn (mit einigen schönen Ausnahmen, denen in diesem Buch ein Ehrenplatz eingeräumt wurde) musste ich feststellen, dass die Schlüsselszene meistens unterschlagen wurde; der Morgen danach hat in der Literatur nur einen Nischenplatz. Zwischen den nächtlichen Liebesspielen und den Ereignissen des Tages, die darauf folgen, werden dem Morgen allenfalls einige kurze Übergangszeilen zugestanden. Dies steht in einem verblüffenden Kontrast zum Film, wo sich die Kamera im Gegensatz dazu lange bei dem ungewissen Erwachen, den kleinen Verwechslungen, der nachlässigen Bekleidung und dem improvisierten Frühstück aufhält. Diese unterschiedliche Behandlung des Morgens danach ist keineswegs dem Zufall geschuldet, sondern erklärt sich durch die besonderen Modalitäten, nach denen der Morgen danach abläuft und die sich durch die Dominanz der gefühlsmäßigen gegenüber der reflexiven Intelligenz auszeichnen; die Sinne (und vor allem der Blick) leiten das Denken. Der Morgen danach ist eine sehr visuelle Sinneserfahrung, die sich an die mehrdeutigen Details einer ungewohnten, fremden Normalität heftet – Details, die intuitiv in einem Bild wahrgenommen werden und zu kompliziert sind, um in einem Text wiedergegeben zu werden.

Ich hatte gedacht, die Untersuchung würde schwierig werden, und ich habe mich geirrt. Die Befragten machten sich das Thema sehr rasch zu Eigen, drückten sich voller Lebendigkeit und Natürlichkeit aus und wandten dabei ihren eigenen Wortschatz an – alles

Zeichen dafür, dass sie stark in die Frage involviert waren. Ich habe bereits darauf hingewiesen, dass dabei immer wieder der Begriff »petit matin« (was – im Gegensatz zu »premier matin« = »Morgen danach« – »früher Morgen« bedeutet; A.d.Ü.) auftauchte. Aber da war noch ein weiteres Wort, das immer wieder zur Sprache kam: »die Person«. Der Freund (oder die Freundin), der (oder die) Bekannte und der (oder die) Geliebte wurden aus dem Mund vieler zu dem sehr viel vageren »die Person«. Zwar klingt das immer noch etwas vertrauter, als einfach »jemand« zu sagen (was auch ziemlich oft der Fall war, vor allem, wenn es sich um einen Morgen mit bösem Erwachen handelte), aber dennoch wird durch die Allgemeinheit dieses Begriffes betont, wie unsicher die Orientierungspunkte geworden sind. Die Bedeutung des Morgens danach erwächst just aus der Tatsache, dass hinsichtlich des Status »der Person« Unsicherheit herrscht – die Befragten haben also genau das richtige Wort gefunden. Die Lebendigkeit und Natürlichkeit ihrer Aussagen stellten mich jedoch im Hinblick auf die textliche Wiedergabe vor einige Probleme. Sollte ich vulgäre Begriffe abschwächen? Das hätte bedeutet, nicht nur die Worte falsch wiederzugeben, sondern die Drastik der Empfindungen selbst abzuschwächen. Der Leser möge also Worte wie »Scheiße!«, von denen der Text nur so wimmelt, entschuldigen – sie schienen mir nötig, um das Ereignis wahrhaftig wiederzugeben. Hingegen wurde das Gesagte von Gestotter und nichtssagenden Füllwörtern ein wenig bereinigt und die »Hmms« und »Najas« wurden nur dann beibehalten, wenn sie Ausdruck eines wichtigen Zögerns waren, auf das man hinweisen wollte.

Der Einstieg in die Interviews war sehr frei gestaltet, so dass die Befragten die Möglichkeit hatten, in ihren eigenen Worten und möglichst spontan von dem zu berichten, was ihnen zum Begriff des Morgens danach in den Sinn kam. Darauf folgten dann sehr präzise Fragen, um Stück für Stück, Geste für Geste, Anhaltspunkte herauszuarbeiten, die es der Erinnerung ermöglichen würden, Gestalt anzunehmen. Diese dichte Befragung war von der ständigen Sorge darum begleitet, die für quantitative Untersuchungen charakteristische Unterordnung der Befragten zu vermeiden. Im Geiste des verstehenden Interviews (Kaufmann, 1996) wurde immer dem eigenen Ausdruck der Befragten der Vorrang gegeben, um die den befragten

Personen eigenen narrativen Logiken und Analysekategorien zur Geltung zu bringen.

Die Befragten wurden gebeten, sich einen (oder auch zwei, im Fall von Juliette, der es nicht gelingen wollte sich beschränken, sogar vier) Morgen danach auszusuchen und in Bezug auf diese/n dann systematisch immer mehr ins Detail zu gehen; zu anderen Erfahrungen sollten dann nur in aller Schnelle noch einige Elemente geliefert werden. Jeder hat also bestimmten Geschichten den Vorrang gegeben, und »die Person« hatte von da an auch Anrecht auf einen (natürlich fiktiven) Vornamen, was es nun ermöglicht, die biografischen Entwicklungen durch die verschiedenen Kapitel dieses Buches hindurch zu verfolgen. Somit ist also eine doppelte Lektüre möglich: zum einen die klassische, die dem zentralen Argumentationsfaden folgt, und zum anderen eine transversale, biografische Leseweise, die die Geschichte der Hauptpersonen rekonstruiert, welche unter verschiedenen Blickwinkeln beschrieben wird. Für denjenigen, der diese zweite Leseweise bevorzugt, kann der biografische Index als Hilfe dienen.

Wie bei der ethnologischen Methode wurden die ausgewählten Personen eher als Informanten betrachtet; sie bilden keine repräsentative Stichprobe (Kaufmann, 1996). Die Unterschiede in Bezug auf Alter und Herkunftsmilieu der Befragten stellen keine echte Variable dar, die dann in ein vergleichendes Arbeiten an den Daten der verschiedenen Kategorien münden müsste, sondern sind schlicht und einfach eine Garantie für die Vielfalt der gesammelten Erfahrungen. Die jüngeren Altersstufen sind jedoch überrepräsentiert, und das aus zwei Gründen. Zunächst liegt das daran, dass in der Jugend die Häufigkeit, mit der ein Morgen danach erlebt wird, größer ist und sich nicht selten in kurzen Abständen eine Beziehungsgeschichte an die andere reiht. Zum zweiten liegt es daran, dass der Morgen danach als zentrales Gründungsereignis (und darüber hinaus der Wandel des Liebesmodells) ein historisch neues Phänomen ist, das sich an den jüngeren Generationen besser zeigen lässt.

Ich hoffe, dass dieses Buch leicht zu lesen ist, was jedoch nicht bedeutet, dass es ihm an theoretischem Gehalt fehlen würde. Ich rechne mich zur Strömung der *grounded theory*, die versucht, ihre Theorien Schritt für Schritt ausgehend von ganz konkreten empirischen Details zu formulieren (Kaufmann, 1996). Daraus ergeben sich ganz unterschiedliche Theorieebenen, je nachdem, für welche Schreibweise man sich in dem jeweiligen Buch entscheidet. In *Ego* zum Beispiel wurde die theoretische Abstraktion bis zu ihrem Maximum betrieben. Hier hingegen nehmen die theoretischen Konzepte erst langsam Gestalt an und werden überall an konkrete Situationen rückgekoppelt. Dabei handelt es sich nicht um ein niedrigeres Theorieniveau oder um Vulgarisierung, sondern um einen anderen Moment in der Theoriebildung, der durch ein ständiges Hin und Her zwischen Empirie und Theorie gekennzeichnet ist. Für denjenigen, der sie sehen kann und will, sind die Konzepte bereits präsent und auch extrahier- und verallgemeinerbar. Der lebendige Reichtum des Materials, in den sie eingebettet sind, beschränkt manchmal ihre explizite Reichweite; der Leser muss also selbst eine gewisse theoretische Anstrengung vollbringen, wenn er sie nach seinen Vorstellungen verwenden will. Im Gegenzug bietet diese Schreibweise, die sich um eine implizite Theorie rankt, auch eine Reihe von Vorteilen. Sie ermöglicht es, ein Dokument zu erstellen, in dem das Material selbst zu sprechen scheint, und das noch auf sehr vielsagende Weise. Ein solches Ergebnis wäre natürlich ohne die Qualität der Aussagen niemals zu erreichen; viele der Geschichten sprechen ganz von selbst. Aber sie sind theoretische Werkzeuge, die sich auf unaufdringliche Weise anbieten und dieser Expressivität ihre ganze Tragweite verleihen. Weiterer Vorteil: die Herstellung dieses Buches und das Schreiben selbst. Seit Beginn der Sozialwissenschaften haben sich das literarische und das wissenschaftliche Schreiben immer weiter auseinanderentwickelt (Barou, 1992). Diese Entwicklung scheint für die gängigeren wissenschaftlichen Dokumente, also theoretische, methodologische und pädagogische Texte sowie Expertisen etc., unumgänglich. Aber vielleicht nicht für alle. So bietet beispielsweise das persönliche Forschungstagebuch noch ganz andere Möglichkeiten (Lourau, 1988). Oder auch der besondere Moment der noch impliziten, in ein lebendiges Material eingebetteten Theorie. Es bleiben noch neue literarische Formen zu entwikkeln. Warum sollte man nicht auch von kleinen soziologischen Kunstwerken träumen?

Biografischer Index

AGATHE

23 Jahre
Schiffshostess
Derzeit eine Beziehung mit John.
Der erste Morgen danach mit John liegt vier Monate zurück.
Index: S. 27, 30, 44, 48, 53, 57, 58ff., 71, 102, 109, 169f., 186f., 199, 209, 219, 231, 236, 238, 245, 270

ALBAN

23 Jahre
Student
Derzeit eine Beziehung mit Lisa; die beiden wohnen nicht zusammen.
Der erste Morgen danach mit Yasmine liegt fünf Jahre zurück.
Die Beziehung dauerte danach acht Monate.
Der erste Morgen danach mit Lisa liegt vier Jahre zurück.
Index: S. 17, 21f., 44, 56, 117f., 121f., 220f., 224, 226f., 265ff.

ANNA

28 Jahre
Psychologin
Derzeit eine Beziehung mit Érik.
Der erste Morgen danach mit Érik liegt neuneinhalb Monate zurück.
Index: S. 21, 25, 43, 46f., 49, 55, 68, 75f., 120, 124, 145ff., 172f., 185, 187, 201, 204f., 234f., 247

BORIS

28 Jahre
Aufsichtsperson
alleinstehend
Der erste Morgen danach mit Prudence liegt acht Jahre zurück.
Die Beziehung dauerte danach noch eineinhalb Jahre.
Index: S. 22, 34, 52, 64, 76, 87, 97, 109ff., 150, 172, 176f., 179, 184, 187, 198, 222, 224ff., 248ff.

CHARLES-ANTOINE

33 Jahre
Notar
alleinstehend
Der erste Morgen danach mit der »Holländerin« liegt zwei Jahre zurück.
Die Beziehung dauerte danach noch zehn Tage (nach dem Sommer).

COLOMBINE

24 Jahre
Handwerkerin
Derzeit eine Beziehung mit Franck.
Der erste Morgen danach mit Franck liegt drei Jahre zurück.

ERIKA

44 Jahre
Krankenschwester
Derzeit eine Beziehung (aber nicht mit Luc).
Der erste Morgen danach mit Luc liegt 25 Jahre zurück.
Die Beziehung dauerte danach noch drei Jahre, unterbrochen von längeren Trennungsphasen.

FANNY

25 Jahre
Leitende Angestellte
Derzeit eine Beziehung mit José.
Der erste Morgen danach mit Gilberto liegt fünf Jahre zurück.
Die Beziehung dauerte danach noch einen Monat.
Der erste Morgen danach mit José liegt drei Monate zurück.

GABRIELLE

52 Jahre
Sekretärin
Zur Zeit verheiratet mit André, drei Kinder.
Der erste Morgen danach mit André liegt 31 Jahre zurück.

GEORGETTE

77 Jahre
Rentnerin
Witwe
Der erste Morgen danach mit Léon liegt 57 Jahre zurück.
Die Beziehung dauerte danach noch 54 Jahre.
Index: S. 15, 89f., 253, 255, 259

GÉRARD

55 Jahre
Informatiker
Derzeit eine Beziehung mit Monique.
Der erste Morgen danach mit Monique liegt drei Jahre zurück.
Index: S. 74, 186, 212

GILDAS

25 Jahre
Angestellter
alleinstehend
Der erste Morgen danach mit Julien liegt zehn Monate zurück.
Die Beziehung dauerte nur einen Morgen lang.
Index: S. 45, 49, 51f., 57, 62, 67, 81ff., 85, 101, 104, 112f., 116f., 176, 179, 181, 183, 185, 199, 211, 236, 244, 270

ISA

26 Jahre
Angestellte (Zeitvertrag)
Derzeit eine Beziehung mit Tristan.
Der erste Morgen danach mit »dem Holländer« liegt sieben Jahre zurück.
Die Beziehung dauerte danach noch eineinhalb Jahre.
Der erste Morgen danach mit Tristan liegt drei Jahre zurück.
Index: S. 29f., 35ff., 70f., 159ff., 173, 175, 191, 194ff., 210f., 220, 229ff.

JULIETTE

27 Jahre
selbständig (Barbesitzerin)
Zur Zeit verheiratet mit Guillaume, ein Kind.
Der erste Morgen danach mit Romano liegt zehn Jahre zurück.
Die Beziehung dauerte danach noch einige Monate.
Der erste Morgen danach mit Guillaume liegt sechs Jahre zurück.
Index: S. 44, 46, 54ff., 62f., 65, 67, 72, 75, 79ff., 85, 97, 114ff.,

121, 126, 140ff., 169, 238, 250f., 280

MANUEL

25 Jahre
Kaufmann (arbeitslos)
Er bezeichnet sich selbst als »alleinstehend mit Freundin« (Déborah).
Der erste Morgen danach mit Ingrid liegt fünf Jahre zurück. Die Beziehung dauerte nur einen Tag.
Der erste Morgen danach mit Déborah liegt drei Jahre zurück. Die Beziehung dauerte danach noch drei Jahre, mit sechs Unterbrechungen von je zwei bis drei Monaten; derzeit leben sie eine sehr freie Beziehung.
Index: S. 47, 98, 104, 106, 120, 130, 237, 239

MARLÈNE

47 Jahre
Kosmetikerin
Zur Zeit verheiratet mit Fernand, zwei Kinder.
Der erste Morgen danach mit Fernand liegt 22 Jahre zurück.
Index: S. 24, 29, 66, 73, 191, 244

PIÈRRE

28 Jahre
arbeitslos
Derzeit eine Beziehung mit Marinette.
Der erste Morgen danach mit Marinette liegt zwei Wochen zurück.
Index: S. 20, 31, 44f., 49, 85, 188, 201, 204f., 211, 246

RODOLPHE

24 Jahre
Immobilienmakler
Derzeit eine Beziehung mit Charlotte; die beiden wohnen nicht zusammen.
Der erste Morgen danach mit Charlotte liegt elf Monate zurück.
Index: S. 19, 47, 55f., 59, 67, 73f., 98, 103ff., 135f., 138, 157f., 175, 177, 180f., 239, 241, 272

SOPHIE

31 Jahre
Schiffshostesse
alleinstehend
Der erste Morgen danach mit Sébastien liegt zehn Jahre zurück.

Die Beziehung dauerte danach noch sieben Jahre mit Unterbrechungen (nur drei Jahre wirklich gemeinsamen Lebens).
Index: S. 19, 43, 49, 51, 57, 74, 77, 99, 113f., 155, 175, 220, 240f., 249f.

TRISTAN

28 Jahre
Angestellter
Derzeit eine Beziehung mit Isa.
Der erste Morgen danach mit Isa liegt drei Jahre zurück.
Index: S. 231

VINCENT

22 Jahre
Kellner
Derzeit eine Beziehung mit Aglaé.
Der erste Morgen danach mit Aglaé liegt drei Jahre zurück.
Index: S. 16, 22ff., 29ff., 47f., 58, 70f., 73, 76, 78f., 88, 97, 105, 107, 111f., 118, 128, 133, 149f., 159ff., 172f., 175f., 181, 184f., 188, 190f., 193ff., 210ff., 217, 220, 222, 225f., 229, 237, 247

VIRGINIE

23 Jahre
Studentin
alleinstehend
Der erste Morgen danach mit Léopold liegt fünf Jahre zurück.
Die Beziehung dauerte danach noch vier Jahre.
Der erste Morgen danach mit Raoul liegt vier Monate zurück.
Die Beziehung dauerte danach noch drei Monate, ohne dass die beiden zusammengewohnt hätten.
Index: S. 46, 48ff., 56, 65ff., 83ff., 89, 96, 100f., 118, 140f., 180ff., 186, 215, 220f., 223, 246, 271

WALTER

41 Jahre
selbständig
geschieden
Der erste Morgen danach mit Diane liegt einen Monat zurück.
Die Beziehung dauerte danach noch eine Woche.
Index: S. 16, 23, 32, 62, 68, 97, 104, 189, 197, 198

Literatur

Alberoni, F. (1981), *Le Choc amoureux. Recherches sur l'état naissant de l'amour,* Paris, Ramsay.

Alberoni, F. (1994), *Le Vol nuptial. L'imaginaire amoureux des femmes,* Paris, Plon.

Alhinc-Lorenzi, M.-P. (1997), »Étude de cas d'une cohabitation juvénile. Le rôle des objets comme marqueurs de l'intégration conjugale«, Mémoire de DEA de Sciences sociales, Université Paris 5, sous la direction de P. Gaboriau.

André, C., Lelord, F. (1999), *L'Estime de soi,* Paris, Odile Jacob.

Bec, P. (1978), *La Lyrique française au Moyen Âge (XIIe – XIIIe siècles),* Paris, Picard.

Barou, J. (1992), »Littérature et sociologie«, *Informations sociales,* n° 20.

Beck, U. (2001), »La religion séculière de l'amour«, *Comprendre,* n° 2.

Berger, P., Luckmann, T. (1980), *Die gesellschaftliche Konstruktion der Wirklichkeit. Eine Theorie der Wissenssoziologie*, Frankfurt a. Main, Fischer.

Berger, P., Kellner, H. (1988), »Die Ehe und die Konstruktion der Wirklichkeit. Eine Abhandlung zur Mikrosoziologie des Wissens«, in: *Soziale Welt,* 1965, Heft 3, S. 220–235.

Bertaux, D. (1997), *Les Récits de vie,* Paris, Nathan.

Bidart, C. (1997), *L'Amitié, un lien social,* Paris, La Découverte.

Bologne, J.-C. (1986), *Histoire de la pudeur,* Paris, Olivier Orban.

Bozon, M. (1993), »L'entrée dans la sexualité adulte: le premier rapport et ses suites«, *Population,* n° 5.

Bozon, M. (1998), »Amour, désir, durée. Cycle de la sexualité conjugale et rapports entre hommes et femmes«, dans Bajos N., Bozon M., Ferrand A., Giami A., Spira A., *La Sexualité au temps du sida,* Paris, PUF.

Bozon, M. (2001), »Orientations intimes et construction de soi. Pluralité et divergences dans les expressions de la sexualité«, *Sociétés contemporaines,* n°41–42.

Bozon, M. (2002), *Sociologie de la sexualité,* Paris, Nathan.

Brown, E., Fougeyrollas-Schwebel, D., Jaspard, M. (1991), »Le petit déjeuner des Français«, Rapport de recherche, IRESCO.

Caradec, V. (1997), »De l'amour à 60 ans«, *Mana,* n° 3.
Chalvon-Dermersay, S. (1996), »Une société élective. Scénarios pour un monde de relations choisies«, *Terrains,* n° 27.
Chaumier, S. (1999), *La Déliaison amoureuse. De la fusion romantique au désir d'indépendance*, Paris, Armand Colin.
Corbin, A. (1987), »La relation intime ou les plaisirs de l'échange«, dans Perrot M., *Histoire de la vie privée,* tome *4, De la révolution à la grande guerre,* Paris, Seuil.
Corcuff, Ph. (1998), »Justification, stratégie et compassion. Apport de la sociologie des régimes d'action«, *Correspondances,* n° 51.
Cyrulnik, B. (1989), *Sous le signe du lien. Une histoire naturelle de l'attachement,* Paris, Hachette.
Desjeux, D. (1999), »L'expérience de l'altérité, entre minimisation des risques et maximisation de la découverte«, Colloque du collège international
du voyage, *L'Alimentation du voyageur,* 10 décembre 1999.
Dubar, C. (1998), »Trajectoires sociales et formes identitaires clarifications conceptuelles et méthodologiques«, *Sociétés contemporaines,* n° 29.
Dubet, F. (1994), *Sociologie de l'expérience,* Paris, Seuil.
Durkheim, E. (1999), *Der Selbstmord*, Frankfurt a. Main, Suhrkamp.
Fischler, C. (1993), *L'Homnivore. Le goût, la cuisine et le corps,* Paris, Points-Odile Jacob.
Gauléjac, V. de (1996), *Les Sources de la honte,* Paris, Desclée de Brouwer.
Giddens, A. (1992), *The Transformation of Intimacy. Sexuality, Love and Eroticism in Modern Societies,* Stanford, Stanford University Press.
Goffman, E. (1988), »Les ressources sûres«, dans Goffman E., *Les Moments et leurs hommes,* textes recueillis et présentés par Yves Winkin, Paris, Seuil/Minuit.
Goffman, E. (1991), *Interaktionsrituale: über Verhalten in direkter Kommunikation*, Frankfurt a. Main, Suhrkamp.
Guerrand, R.-H. (1986), *Les Lieux, histoire des commodités,* Paris, La Découverte.
Javeau, C. (1998), *Prendre le futile au sérieux,* Paris, Cerf.
Jouvet, M. (1992), *Le Sommeil et le Rêve,* Paris, Odile Jacob.

Kaufmann, J.-C. (1996), *Frauenkörper – Männerblicke*, Konstanz, UVK
Kaufmann, J.-C. (1999a), *Das verstehende Interview,* Konstanz, UVK.
Kaufmann, J.-C. (1999b), *Mit Leib und Seele. Theorie der Haushaltstätigkeit*, Konstanz, UVK.
Kaufmann, J.-C. (2002), *Singlefrau und Märchenprinz. Über die Einsamkeit moderner Frauen*, Konstanz, UVK.
Kaufmann, J.-C. (2001), *Ego. Pour une sociologie de l'individu,* Paris, Nathan.
Lahire, B. (1998), *L'Homme pluriel. Les ressorts de l'action,* Paris, Nathan.
Le GALL, D. (1992), »Secondes amours: aimer la raison ?«, *Revue internationale d'action communautaire, 27/67*.
Le Gall, D. (1997), »La première fois. L'entrée dans la sexualité adulte d'étudiants de sociologie«, *Mana,* n° 3.
LOURAU, R. (1988), *Le Journal de recherche,* Paris, Méridiens-Klincksieck.
Mesure, S., Renaut, A. (1999), *Alter ego. Les paradoxes de l'identité démocratique,* Paris, Aubier.
Muxel, A. (1996), *Individu et mémoire familiale,* Paris, Nathan.
Perrot, M. (éd.), *Histoire de la vie privée,* sous la direction de Ariès P. et Duby G., tome *4, De la Révolution à la Grande Guerre,* Paris, Seuil.
Raffin, T. (1987), »L'amour romanesque: mythe et réalité d'un mode féminin d'engagement matrimonial«, *Dialogue,* n° 96.
Schurmans, M.-N., Dominicé L. (1997), *Le Coup de foudre amoureux. Essai de sociologie compréhensive,* Paris, PUF.
Segalen, M. (1998), *Rites et rituels contemporains,* Paris, Nathan.
Simmel, G. (2001), *Philosophie des Geldes*, Frankfurt a. Main, Suhrkamp.
Singly, F. de (1996), *Le Soi, le Couple et la Famille,* Paris, Nathan.
Singly, F. de (2000), *Libres ensemble. L'individualisme dans la vie commune,* Paris, Nathan.
Singly, F. de, Chaland K. (2001), »Quel modèle pour la vie *à* deux dans les sociétés modernes avancées?«, *Comprendre,* n° *2.*
Théry, I. (1993), *Le Démariage. Justice et vie privée,* Paris, Odile Jacob.

Thévenot, L. (1998), »Pragmatiques de la connaissance«, dans Borzeix A., Bouvier A., Pharo P., *Sociologie et connaissance. Nouvelles approches cognitives,* Paris, Éditions du CNRS.
Thuillier, G. (1977), *Pour une histoire du quotidien au XIXe siècle en Nivernais,* Paris-La Haye, Mouton.
Vincent, J.-D. (1986), *Biologie des passions,* Paris, Odile Jacob.

JEAN-CLAUDE KAUFMANN

Jean-Claude Kaufmann
Singlefrau und Märchenprinz
Über die Einsamkeit moderner Frauen
2002, 272 Seiten, broschiert
ISBN 3-89669-944-X
édition discours 26

Jean-Claude Kaufmann
Schmutzige Wäsche
Zur ehelichen Konstruktion von Alltag
1995, 318 Seiten, broschiert
ISBN 3-89669-831-1
édition discours 2

Jean-Claude Kaufmann
Frauenkörper – Männerblicke
1996, 336 Seiten, broschiert
ISBN 3-89669-860-5
édition discours 10

Jean-Claude Kaufmann
Mit Leib und Seele
Theorie der Haushaltstätigkeit
1999, 315 Seiten, broschiert
ISBN 3-89669-886-9
édition discours 15

Jean-Claude Kaufmann
Das verstehende Interview
Theorie und Praxis
1999, 150 Seiten, broschiert
ISBN 3-89669-885-0
édition discours 14

Jean-Claude Kaufmann
Singlefrau und Märchenprinz
Über die Einsamkeit moderner Frauen
2002, 271 Seiten, broschiert
ISBN 3-89669-944-X